VALIDATION ROCKET

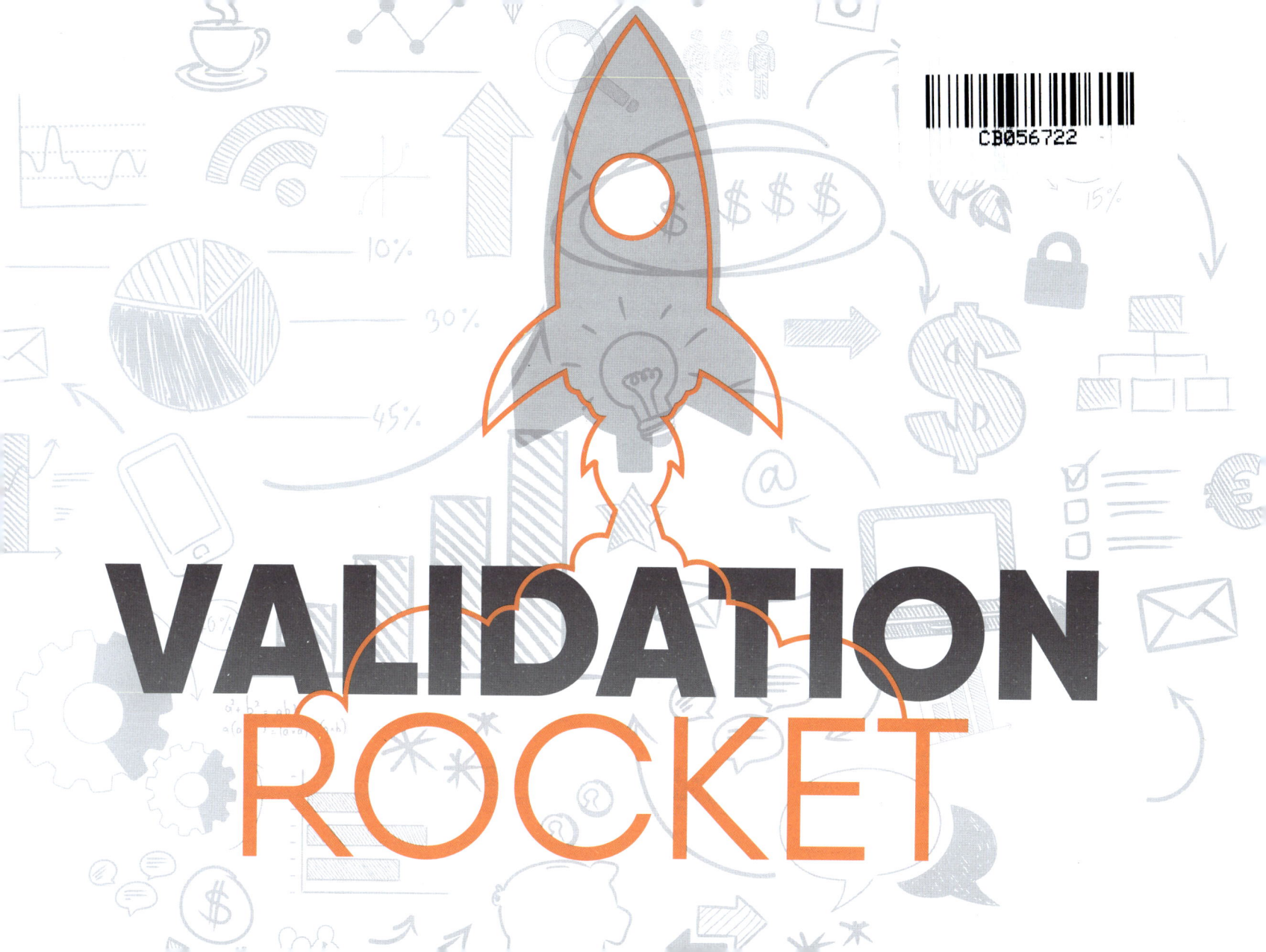

VALIDATION ROCKET

Copyright © 2021 da Starlin Alta Editora e Consultoria Eireli.
ISBN: 978-85-508-1553-4

Todos os direitos estão reservados e protegidos por Lei. Nenhuma parte deste livro, sem autorização prévia por escrito da editora, poderá ser reproduzida ou transmitida. A violação dos Direitos Autorais é crime estabelecido na Lei nº 9.610/98 e com punição de acordo com o artigo 184 do Código Penal.

A editora não se responsabiliza pelo conteúdo da obra, formulada exclusivamente pelo(s) autor(es).

Marcas Registradas: Todos os termos mencionados e reconhecidos como Marca Registrada e/ou Comercial são de responsabilidade de seus proprietários. A editora informa não estar associada a nenhum produto e/ou fornecedor apresentado no livro.

Impresso no Brasil – 1ª Edição, 2021 – Edição revisada conforme o Acordo Ortográfico da Língua Portuguesa de 2009.

Publique seu livro com a Alta Books. Para mais informações envie um e-mail por autoria@altabooks.com.br

Obra disponível para venda corporativa e/ou personalizada. Para mais informações, fale com projetos@altabooks.com.br

---

Dados Internacionais de Catalogação na Publicação (CIP) de acordo com ISBD

L864v Lopes, Dan
         Validation Rocket: O Livro / Dan Lopes. - Rio de Janeiro : Alta Books, 2021.
         320 p. : il. ; 24cm x 17cm.

         ISBN: 978-85-508-1553-4

         1. Empreendedorismo. 2. Validation Rocket. 3. Metodologia. I. Título.

2021-172   CDD 658.421
                                                   CDU 65.016

Elaborado por Vagner Rodolfo da Silva - CRB-8/9410

Produção Editorial
Editora Alta Books

Gerência Editorial
Anderson Vieira

Gerência Comercial
Daniele Fonseca

Produtores Editoriais
Illysabelle Trajano
Thiê Alves

Editor de Aquisição
José Rugeri
j.rugeri@altabooks.com.br

Assistente Editorial
Ian Verçosa

Equipe Editorial
Luana Goulart
Maria de Lourdes Borges
Raquel Porto
Rodrigo Dutra
Thales Silva

Equipe de Design
Larissa Lima
Marcelli Ferreira
Paulo Gomes

Equipe de Marketing
Livia Carvalho
Gabriela Carvalho
marketing@altabooks.com.br

Coordenação de Eventos
Viviane Paiva
eventos@altabooks.com.br

Assistente Comercial
Filipe Amorim
vendas.corporativas@altabooks.com.br

Revisão Gramatical
Fernanda Lutfi
Thamiris Leiroza

Capa e Projeto Gráfico
Joyce Matos

Erratas e arquivos de apoio: No site da editora relatamos, com a devida correção, qualquer erro encontrado em nossos livros, bem como disponibilizamos arquivos de apoio se aplicáveis à obra em questão.

Acesse o site **www.altabooks.com.br** e procure pelo título do livro desejado para ter acesso às erratas, aos arquivos de apoio e/ou a outros conteúdos aplicáveis à obra.

Suporte Técnico: A obra é comercializada na forma em que está, sem direito a suporte técnico ou orientação pessoal/exclusiva ao leitor.

A editora não se responsabiliza pela manutenção, atualização e idioma dos sites referidos pelos autores nesta obra.

Ouvidoria: ouvidoria@altabooks.com.br

Rua Viúva Cláudio, 291 – Bairro Industrial do Jacaré
CEP: 20.970-031 – Rio de Janeiro (RJ)
Tels.: (21) 3278-8069 / 3278-8419
www.altabooks.com.br – altabooks@altabooks.com.br
www.facebook.com/altabooks – www.instagram.com/altabooks

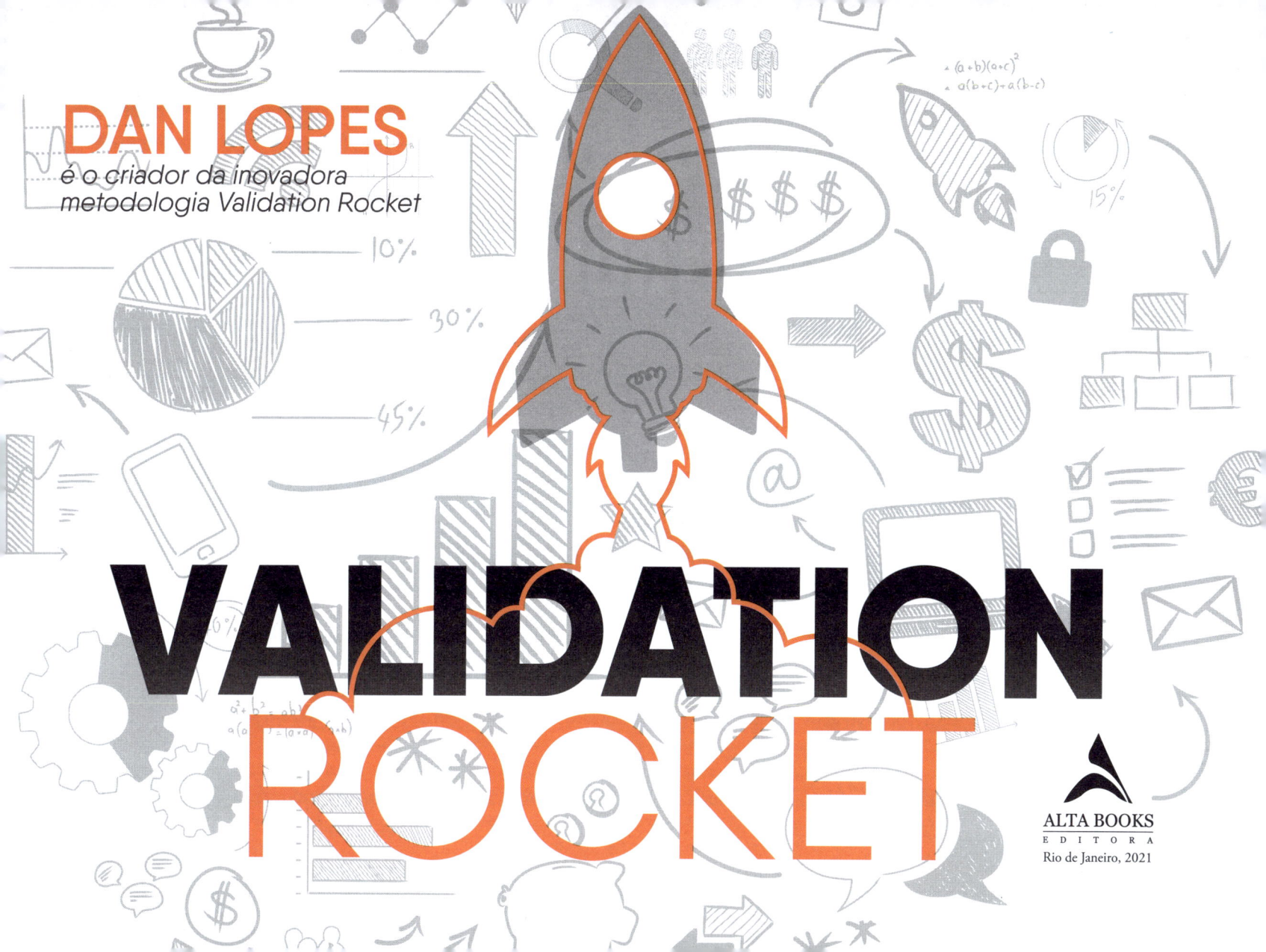

DAN LOPES
é o criador da inovadora metodologia Validation Rocket

VALIDATION ROCKET

ALTA BOOKS
EDITORA
Rio de Janeiro, 2021

Sobre o Autor

Dante Guilherme de Jesus Lopes, mais conhecido como Dan Lopes, é o criador da inovadora metodologia Validation Rocket, uma ferramenta prática e efetiva para lançamento de ideias, projetos e negócios inovadores, utilizada por mais de 5 mil empreendedores e inovadores corporativos espalhados pelo Brasil.

Nascido em março de 1984 na cidade de Pitangueiras, no interior de São Paulo, e há mais de 14 anos morando em São Paulo, capital, Dan é graduado em Engenharia Metalúrgica pela Escola Politécnica da USP, pós-graduado em Gestão de Negócios pela Fundação Dom Cabral e atualmente Mestrando em Empreendedorismo pela Faculdade de Economia, Administração e Contabilidade da USP.

Após a graduação, atuou como consultor na 5àSec e na Johnson & Johnson, e trilhou carreira corporativa na Nexa Resources (antiga Votorantim Metais), onde desempenhou diversas funções na área de Pesquisa, Desenvolvimento e Inovação Industrial até 2014, quando optou por seguir sua jornada como empreendedor e dedicar-se integralmente aos próprios negócios.

Em 2011, mesmo ano em que entrou na Nexa, Dan fundou a Empreendi na Rede e, em 2015, a Validation Rocket, consultorias de empreendedorismo e inovação cujo portfólio contempla empresas do porte de Danone, Votorantim S.A., Avon, Votorantim Cimentos, Algar Agro, GM, Cia de Talentos e Algar Telecom, além de milhares de clientes pessoa física em busca do sonho de ser dono do próprio negócio.

Dedicatória

Seria uma imensa injustiça da minha parte não dedicar este livro a duas pessoas que me ajudaram a ser quem eu sou e a construir o pouco que construí até hoje. Se não fosse por elas, eu certamente não teria chegado até aqui e não teria a honra — e a oportunidade — de escrever este livro e colocá-lo nas suas mãos.

A primeira delas, e não haveria como ser diferente, é minha mãe, Suzana, que me conhece melhor do que ninguém, e, desde sempre, aturou minhas peripécias e mal humor, sem deixar, sequer por um segundo, de me incentivar e estimular a perseguir meus sonhos e objetivos. Não há palavras no mundo para agradecer essa guerreira incansável e inabalável, referência absoluta em nossa família, que me apoiou e me ofereceu suporte e conselhos nos momentos mais difíceis e desconcertantes, erguendo a bandeira da esperança para que minha chama empreendedora não apagasse. Obrigado por existir, mãe.

A segunda pessoa é meu querido amigo e mentor Marco Antônio Ângora. Incrível imaginar que no começo eu o odiava e hoje (e sempre) dedico este livro a ele. Em janeiro de 2011, me tornei trainee em sua equipe e não concordava com a postura desleixada dele no que dizia respeito ao meu desenvolvimento. Nos primeiros cinco meses, eu quase pedi para mudar de área. Ainda bem que esperei um pouco mais. Teria sido o maior erro da minha vida! Com o passar do tempo, nós nos entendemos e, quando finalmente entramos em sintonia, que parceria incrível e quantas descobertas! O Marco era capaz de extrair o melhor de mim numa velocidade impressionante e, se não fosse pela confiança que ele depositou e pelos constantes e cada vez maiores desafios, eu não teria pedido demissão em maio de 2014 para me dedicar de corpo e alma ao que hoje é a Validation Rocket. Recordo-me o dia em que o chamei para uma conversa para comunicá-lo da minha saída. Ele olhou nos meus olhos e disse: "*Você nasceu para brilhar. Mantenha o foco e a disciplina que você chegará longe. Ah, e não se esqueça. Estarei sempre torcendo por você e te acompanhando nas redes sociais.*" Foi exatamente isso que fiz; mantive o foco e a disciplina. E foi exatamente isso que ele fez; torceu, vibrou, mandou boas energias e me acompanhou, mesmo a gente estando distantes fisicamente. Me enche os olhos falar do Marco porque enquanto estou digitando essas poucas palavras para agradecê-lo eu sei que ele está lá no céu fazendo os anjos darem risada, e claro, dando bronca naqueles menos atentos.

Sumário

Introdução — xii

Parte 1
Voo de Reconhecimento — 4

Capítulo 1
A Metodologia Validation Rocket — 7

Capítulo 2
Os 9 Estágios do CVR — 12

Parte 2
Aquecendo os Motores — 18

Capítulo 3
Estágio 1 - Alinhar — 21

Capítulo 4
Estágio 2 - Modelar — 27

Parte 3 – Preparando para Não Explodir 182

Capítulo 5
Estágio 3 - Desafiar 185

Capítulo 6
Estágio 4 - Priorizar 193

Capítulo 7
Estágio 5 - Planejar 201

Capítulo 8
Estágio 5 - Propulsor -
Fase 1 - Corpo do Propulsor 207

Capítulo 9
Estágio 5 - Propulsor -
Fase 2 - Plano de Voo 245

Parte 4
3, 2, 1... 278

Capítulo 10
Estágio 6 - Construir 281

Capítulo 11
Estágio 7 - Lançar 283

Capítulo 12
Houston... we've had a problem here 286

Parte 5
Torre, Câmbio, Permissão para Aterrissar? 288

Capítulo 13
Estágio 8 - Avaliar 291

Capítulo 14
Estágio 9 - Revisar 294

Felizes Descobertas 300

Mensagem Final 304

Introdução

Era um espetáculo à parte assistir às corridas do jamaicano Usain Bolt, o maior velocista de todos os tempos e o único a acumular 3 medalhas olímpicas nos 100 e nos 200 metros rasos (2008, 2012 e 2016). A diferença entre Bolt e os concorrentes era impressionante e não raramente ele cruzava a linha de chegada com mais de um corpo de vantagem para o segundo colocado, fazendo aquilo parecer fácil mesmo numa batalha com os homens mais rápidos do planeta. Mas Bolt não nasceu e já no dia seguinte saiu levantando poeira, não é mesmo? Antes de abocanhar títulos e mais títulos e bater recorde atrás de recorde, o grandalhão seguiu o mesmo processo que qualquer criança segue: primeiro ela engatinha e ganha os primeiros arranhões; depois, arrisca os primeiros passos — e no começo cai muitas vezes — com o objetivo de ir gradativamente aprendendo e conhecendo a si mesma até atingir o ponto de equilíbrio e sair por aí batendo perna e dando uma tremenda dor de cabeça para os pais. É mais ou menos assim que acontece, concorda? Nada melhor do que aprender fazendo.

Saiba que no empreendedorismo e na inovação não é diferente. Há um processo sequencial e cíclico, de constante aprendizado e crescimento. A grande sacada dos longos anos de trabalho que você está prestes a aprender foi desvendar cada parte desse processo, tintim por tintim, e, a partir daí, organizá-los numa sequência lógica circular, ou melhor, numa metodologia chamada Validation Rocket (VR), de modo a habilitar qualquer indivíduo, time, departamento ou empresa que queira empreender e/ou inovar a percorrer esse caminho sem torrar dinheiro, sem tomar riscos desnecessários, sem medo de fracassar e, acima de tudo, maximizando consideravelmente as chances de sucesso.

E para que isso aconteça, basta seguir os 9 Estágios do Ciclo Validation Rocket que serão apresentados ao longo das próximas páginas.

Em cada ciclo você estruturará sua ideia, projeto ou negócio, usando uma ferramenta chamada FOGUETE (daí o termo **Rocket** em Validation Rocket). No Foguete, você dará asas à imaginação. O céu é o limite. Depois você mapeará e priorizará as incertezas e dúvidas (que SEMPRE existirão), selecionando APENAS UMA para VALIDAR por ciclo (daí o termo **Validation** em Validation Rocket), pois seria humanamente impossível e praticamente improdutivo atacar todas ao mesmo tempo. Na prática, você estará afunilando o escopo do projeto de maneira a torná-lo mais palpável, factível e exequível. *Como isso se dá?*

Elaborando um plano de validação focado, enxuto e efetivo na ferramenta chamada PROPULSOR, devidamente pensada para que você dimensione uma validação que esteja dentro do seu alcance e dos recursos que tem disponível, dando passos que suas pernas aguentam e sem gastar um centavo a mais do que necessário (na maioria das vezes nenhum centavo precisa sair do bolso para fazer as primeiras validações). Você verá que realmente não há espaço para sofisticação, preciosismo e perfeccionismo quando o assunto é validação de soluções e negócios inovadores. Mostrarei como obter resultados inacreditavelmente extraordinários amplificando suas competências e seus recursos com pitadas de criatividade e simplicidade — usando e abusando da ousadia.

Quando a dupla Foguete e Propulsor estiver pronta é hora de... LANÇAR! "Mas lançar o quê?", você me pergunta. Eu respondo: LANÇAR SEU FOGUETE, ou seja, executar, colocar em prática cada atividade que você listou no plano de validação para dar vida ao seu projeto/negócio e colocá-lo nas mãos dos primeiros clientes. E não se engane: você colocará seu projeto para avaliação e validação do mercado DESDE O PRIMEIRO CICLO.

É isso mesmo. Você lançará UM Foguete em todo e qualquer ciclo para fazer uma validação específica (daquela dúvida ou incerteza previamente priorizada). Com o tempo você fará validações cada vez melhores e maiores, e aumentará substancialmente suas chances de sucesso. *Por quê?* Porque estará aprendendo com clientes de verdade, colhendo insights valiosos e substituindo achismos, suposições e incertezas — questionáveis e por vezes duvidosos — por dados, fatos e informações — inquestionáveis e irrefutáveis. Em outras palavras, você estará lançando Foguete atrás de Foguete, e é daí que vem o termo LANÇADOR DE FOGUETES (LF), cada vez mais popular dentro da comunidade Validation Rocket.

E então você me faz uma outra pergunta: *Qual a vantagem de ser um LF?* Bem, são algumas vantagens na verdade! LFs são pessoas mais produtivas, mais bem-sucedidas, mais bem resolvidas, mais equilibradas, com as vidas pessoal e profissional em perfeita harmonia e, sobretudo, saudáveis, dispostas, resilientes e que encaram a adversidade como oportunidade de crescimento e aprendizado.

Você está procurando alguma vantagem, ou algumas, para sua vida, seja você um aspirante a empreendedor, um empreendedor ou um inovador corporativo? Posso dizer que era exatamente isso que eu estava procurando para minha vida quando criei a Validation Rocket de um jeito que não só eu pudesse chegar lá, mas *qualquer* pessoa por conta própria e assim parar de ter uma vida caótica, desgovernada e fora de controle. Isso significa que apesar do nome Validation Rocket, a metodologia não tem nada de Ciência de Foguete. Muitíssimo pelo contrário. Ela é fácil de ser aprendida e você — aspirante, empreendedor ou inovador corporativo — não precisa ter bagagem técnica ou qualquer conhecimento prévio de negócios ou ferramentas de empreendedorismo, vendas e inovação para aplicá-la agora mesmo às suas ideias, projetos ou negócios já estabelecidos.

Se é isso que você quer para sua vida, seja bem-vindo à Validation Rocket. Quanto antes você aprender e aplicar rigorosamente os passos do Ciclo Validation Rocket, mais rapidamente se transformará em um LF, e, consequentemente, mais cedo colherá as vantagens que só um LF é capaz de desfrutar!

Mas, antes, lembre-se: nem Usain Bolt, nem nenhum outro grande nome dos negócios — do empreendedorismo, das artes, das ciências ou dos esportes — nasceu campeão. Eles aprenderam a se tornar vencedores e só pisaram no degrau mais alto em suas respectivas áreas porque deram o primeiro passo, depois outro, depois outro, e assim sucessivamente, até dominarem o processo e compreenderem como aprimorar-se ininterruptamente com os próprios tropeços e acertos. Com você não será — e não deveria ser — diferente. E a Validation Rocket foi construída para ser sua companheira nesta jornada. Ela o ajudará a construir seu próprio destino e a escrever sua própria história, dia após dia. Não espere que seja fácil. No entanto, tenha certeza que esta será a SUA jornada rumo ao sucesso e à gratidão!

Aperte os cintos e tenha uma excelente decolagem.

Voo de Reconhecimento

"Nada é difícil se for dividido
em pequenas partes."

Henry Ford

Parte 1

A Parte 1 é um sobrevoo introdutório na metodologia Validation Rocket. Aqui, você será passageiro de um breve voo pela Validation Rocket com o objetivo de começar a se habituar e a se familiarizar com essa nova e completa maneira de desenvolver, testar e lançar soluções e negócios inovadores. Nas partes e capítulos seguintes, em que destrincharei com riqueza de detalhes cada etapa da Validation Rocket, você já será o copiloto. Além de abastecer você com os conceitos indispensáveis para construir empreendimentos de sucesso, este livro foi construído para que você, leitor ou leitora, coloque a mão na massa à medida que avança na leitura. Isso significa que, caso já tenha uma ideia ou um projeto de empreendedorismo ou inovação corporativa que queira tirar do papel, você não precisará esperar chegar ao fim do livro para começar a aplicar a Validation Rocket. Caso ainda não tenha algo engatilhado, sem problemas. Não há prejuízo algum. Muito pelo contrário. O que vem pela frente é uma tremenda e inesgotável fonte de inspiração, conhecimento e aprendizado. Você só tem a ganhar!

Seja por um caminho, ou por outro, a expectativa é que quando finalmente ler a última página você assuma o manche principal e controle o seu próprio destino por meio do empreendedorismo e da inovação.

Capítulo 1 — A Metodologia Validation Rocket

Para que serve

A Validation Rocket (VR) é um passo a passo completo para concepção, validação e criação de produtos, serviços e negócios inovadores, que ensina a você otimizar recursos/competências e investir o mínimo possível, ou nada, para chegar a resultados extraordinários, sem sofrimentos, sem desperdícios e sem ter que usar um monte de modelos adaptados que em vez de ajudar só complicam, atrapalham e desmotivam!

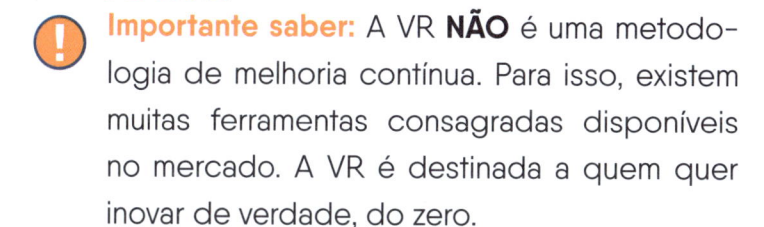

> **Importante saber:** A VR **NÃO** é uma metodologia de melhoria contínua. Para isso, existem muitas ferramentas consagradas disponíveis no mercado. A VR é destinada a quem quer inovar de verdade, do zero.

Para quem é

A VR está direcionada para três grandes públicos: 1) Aspirantes a empreendedores, ou seja, quem desejar empreender, mas ainda não tem uma ideia/projeto/negócio; 2) Empreendedores, isto é, pessoas que já empreendem, mas sentem que podem voar mais alto; 3) Inovadores corporativos, ou seja, pessoas que querem fazer a diferença dentro da empresa onde trabalham.

Aplicabilidade

Em 2011, quando surgiu o projeto que, mais tarde, em 2014, resultaria na primeira versão comercial da metodologia, o objetivo era atender um pequeno e crescente grupo de negócios — as startups. No entanto, e para a minha feliz surpresa, a metodologia vem sendo aplicada, e trazendo resultados excepcionais, em projetos de diversas naturezas — até em menos ou nada tecnológicos ou inovadores —, tais como: projetos sociais, projetos cujas soluções são produtos físicos (bens), projetos cujas soluções são serviços puros, além, é claro, do público-alvo inicial formado pelos empreendedores de startups. E não para por aí. A VR se provou cirurgicamente precisa para gerar resultados relevantes e sólidos para empresas de médio e grande porte, tornando-se uma poderosa aliada no desenvolvimento de portfólio de projetos de inovação.

Pré-requisitos

Apesar do nome, a VR não tem nada de Ciência de Foguete. Ela é fácil de ser aprendida e você não precisa ter bagagem técnica ou qualquer conhecimento prévio de negócios ou ferramentas de empreendedorismo, vendas e inovação, para aplicá-la agora mesmo às suas ideias, projetos ou mesmo negócios já estabelecidos.

Qual é a sacada por trás da VR

As duas maiores dificuldades de quem empreende (dentro e fora de empresas) são: organizar as ideias ("colocar no papel") e, evidentemente, o que vem depois disso, que é tirar a ideia do papel e transformá-la em realidade, preferencialmente uma realidade que pare de pé por bastante tempo. A primeira é a menos problemática e dolorida, pois, como dizemos por aí, "o papel" aceita qualquer coisa. Além do mais, existe uma penca de modelos e ferramentas que se propõem a isso (modelagem de negócios é o termo técnico, e caiu na boca do povo a partir de meados da década de 1990). Já a segunda dificuldade, bem, não há dúvidas que essa é a maior barreira de todas. Não existe uma proposta clara, fácil, simples, efetiva e, principalmente, dinâmica, flexível e adaptável para converter aquele belo conjunto de afirmações contido no papel em ações práticas, factíveis e exequíveis para dar vida à ideia e ao tão aclamado sonho de empreender.

O mais próximo disso que existe é o conhecido Plano de Negócios, que, embora esteja por aí há décadas e seja um instrumento efetivo para projetos de soluções conhecidas pelos clientes e que estejam dentro de mercados também conhecidos, pouco agrega quando o assunto é inovação autêntica e desbravamento de novos mercados — esteja ela sendo proposta por uma startup ou por uma empresa estabelecida —, pois carece de mecanismos básicos de validação e mitigação de risco, isto é, constantes interações com o lado de fora e iterações realistas para ajustar e refinar a mira. Evidentemente, a elaboração do Plano de Negócios gera aprendizado ao exigir fundamentação teórica, pensamento sistêmico e a visão do todo e, por isso, abre um leque de oportunidades para que o empreendedor reflita sobre o projeto, adquira conhecimentos e habilidades, e, ainda que raramente, identifique potenciais falhas na concepção do negócio como um todo. Só que não é nada prático, desperdiça-se muito tempo e, às vezes, muito dinheiro. É muito tempo dedicado à elaboração de um longo plano, que, no fim das contas, é repleto de premissas, assunções e hipóteses, que, quando colocado à prova pela primeira vez, depois de semanas ou meses de escrita, cai por terra tão logo descobre-se que a primeira suposição não era verdadeira, ou seja, não passava de uma premissa sem fundamentos.

Que tal reunir em um único lugar um ferramental prático de modelagem ("tirar a ideia da cabeça e colocar no papel") e de transformação do modelo em ações práticas e executáveis para dar vida ao projeto ("tirar do papel e transformar em realidade"), cujos elementos estejam perfeitamente conectados por um mecanismo iterativo (cíclico) e dinâmico (permanente e constante interação com o mercado) em que necessariamente os resultados em cada ciclo servem como ponto de partida para ajustar e refinar o modelo anterior e dar início a um novo ciclo (e assim sucessivamente), e com isso mitigar riscos, reduzir incertezas e maximizar as chances de sucesso? Este é o pulo do gato da Validation Rocket.

E como tudo isso foi possível?

Resumindo sete anos em poucas palavras, para chegar a esta configuração que você está prestes a conhecer não só foi preciso identificar os principais fatores críticos para sucesso e fracasso em projetos de inovação, como também estudar 52 metodologias, conceitos, fundamentos, teorias, manuais de boas práticas e ferramentas relacionados aos mais diversos temas, mas especialmente os destinados à estratégia, design, desenvolvimento de negócios, planejamento, execução e gestão de projetos. E quando digo estudar, quero dizer que mergulhei em profundidade mesmo, não fiquei só no estudo e na identificação dos pontos fortes e fracos de cada um deles. Contei com muita colaboração de gente de fora do projeto. Na verdade, a Validation Rocket foi cocriada e coconstruída por pelo menos uma centena de empreendedores, especialistas, entusiastas, professores, investidores, amigos, colegas e familiares, além de ter se fortalecido sobremaneira com os infinitos feedbacks — espontâneos e induzidos — recebidos dos participantes dos diversos treinamentos aplicando o esboço do que viria a ser a Validation Rocket. Foram incontáveis sessões de ideação, workshops e oficinas ao longo desses anos todos para encontrar a melhor configuração —

conceitual e prática — para que a Validation Rocket pudesse de fato conduzi-lo ao sucesso e ao empreendedorismo de alta performance.

E, de uma vez por todas, cá estamos.

Como a VR está estruturada

A VR é formada pelo Ciclo Validation Rocket (CVR) e três Ferramentas de Lançamento (Caixa-preta, Foguete e Propulsor). O CVR é um passo a passo cíclico e intuitivo que divide a jornada rumo à concepção, validação e criação de soluções e negócios inovadores em 9 estágios. Já as Ferramentas de Lançamento são os modelos preenchíveis utilizados ao longo do CVR para dar corpo, alma e vida ao projeto/solução/negócio.

Sua missão em todo e qualquer CVR será colocar à prova (ou validar, termo que utilizarei a partir de agora) uma parte do seu projeto, desde o primeiro ciclo, não importa se é um projeto de startup ou de inovação corporativa, e não importa se está apenas no campo das ideias ou já está bem maduro. Esse processo contínuo de validação — chamado de lançamento (de foguetes) — é o instrumento-chave que abastecerá o projeto com dados e informações reais, CVR após CVR, criando condições para ajustes e refinamento ao longo do caminho até que se atinja um nível de confiança aceitável (pelo próprio time) para realizar o lançamento definitivo da solução/negócio. Todo o conhecimento, aprendizado e experiência acumulados após n lançamentos (isto é, n CVRs) encaminharão o projeto para uma solução cobiçada pela clientela. Por essa razão, quanto mais FOGUETES forem lançados, melhor. E, por isso, digo que os indivíduos, times e empresas que aprendem os mecanismos da metodologia VR se tornam **Lançadores de Foguetes** (LFs), ou seja, verdadeiras máquinas de validação e inovação (as vendas são apenas consequência).

Capítulo 2

Os 9 Estágios do CVR

O CVR é dividido em 9 estágios sequenciais:

- ESTÁGIO 1 – ALINHAR
- ESTÁGIO 2 – MODELAR
- ESTÁGIO 3 – DESAFIAR
- ESTÁGIO 4 – PRIORIZAR
- ESTÁGIO 5 – PLANEJAR
- ESTÁGIO 6 – CONSTRUIR
- ESTÁGIO 7 – LANÇAR
- ESTÁGIO 8 – AVALIAR
- ESTÁGIO 9 – REVISAR

Figura 1
Ciclo Validation Rocket

ALINHAR > MODELAR > DESAFIAR > PRIORIZAR > PLANEJAR > CONSTRUIR > LANÇAR > AVALIAR > REVISAR

LANÇAMENTOS: CICLO 1 > CICLO 2 > CICLO 3 > CICLO "N"

A seguir, apresentarei resumidamente cada um dos estágios e mais adiante os explorarei com riqueza de detalhes, um a um. Comecemos pelo primeiro, o ESTÁGIO 1 — ALINHAR.

ESTÁGIO 1 — ALINHAR

Missão do ESTÁGIO 1 — ALINHAR: agrupar e consolidar todas as informações relacionadas ao seu projeto até aquele momento, independentemente de ser somente uma ideia recém-proposta ou um negócio já estabelecido tentando atingir novos horizontes. Neste estágio, o intuito é registrar de modo organizado e estruturado as motivações e as inspirações que levaram ao surgimento da iniciativa, às realizações, conquistas e avanços obtidos e à visão de futuro do empreendimento, isto é, onde imagina-se que o negócio estará em dado momento no futuro.

A Ferramenta de Lançamento que você utilizará no ESTÁGIO 1 — ALINHAR é chamada **CAIXA-PRETA** e no devido momento vocês serão introduzidos um ao outro.

ESTÁGIO 2 — MODELAR

Missão do ESTÁGIO 2 — MODELAR: fazer a modelagem da sua ideia, do seu projeto, ou, como se diz por aí, do seu negócio. O intuito é idear, gerar insights, encorpar e incrementar o modelo inicial a partir de um olhar sistêmico, holístico, buscando entender e conectar as diferentes vertentes de um negócio. Na VR, os modelos de negócio são formados por 13 componentes distintos (chamados de "peças"): Gatilho, Clientes, Mercado, Regulação, Solução, Atributos, Benefícios, Efeitos Colaterais, Diferenciais, Facilitadores, Entradas, Saídas e Approach.

A Ferramenta de Lançamento que você utilizará no ESTÁGIO 2 — MODELAR é chamada **FOGUETE** e muito em breve você compreenderá cada uma das 13 peças e como usá-las.

ESTÁGIO 3 – DESAFIAR

Missão do ESTÁGIO 3 – DESAFIAR: assumir o papel de advogado do diabo para analisar friamente o seu modelo de negócio e peneirar cada componente com o objetivo de separar informações comprovadas e fatos consumados das suposições, ou seja, aquelas afirmações que *acredita-se* (ou espera-se, deseja-se, imagina-se, pretende-se) que sejam verdadeiras ou válidas para justificar o modelo de negócio, mas ainda não se levantou as evidências críveis (a partir de fontes/ferramentas confiáveis) que comprovem sua autenticidade, veracidade ou procedência. Tais suposições são chamadas de **HIPÓTESES**, portanto, ao final do Estágio 3 você terá em mãos o **MAPA DE HIPÓTESES**.

A Ferramenta de Lançamento que você utilizará no ESTÁGIO 3 – DESAFIAR também é o **FOGUETE**, tal como no ESTÁGIO 2 – MODELAR.

ESTÁGIO 4 – PRIORIZAR

Missão do ESTÁGIO 4 – PRIORIZAR: vasculhar o MAPA DE HIPÓTESES e encontrar a hipótese na qual o seu modelo de negócio mais depende, ou seja, aquela hipótese que é o pilar de sustentação de tudo que foi pensado e, por isso, se ruir (isto é, não for comprovada ou verdadeira) detona o projeto inteirinho. Essa hipótese será chamada de **HIPÓTESE DA MORTE**. Em todo e qualquer modelo negócio há sempre uma, e apenas uma, hipótese com todo esse potencial de destruição em cada ciclo, muito embora possa parecer que outras hipóteses tenham igual capacidade. O tema é tão crítico que até mesmo projetos promissores podem falhar por priorizarem uma falsa HIPÓTESE DA MORTE.

A Ferramenta de Lançamento que você utilizará no ESTÁGIO 4 – PRIORIZAR também é o **FOGUETE**, tal como nos Estágios 2 e 3.

ESTÁGIO 5 – PLANEJAR

Missão do ESTÁGIO 5 – PLANEJAR: todos os esforços serão dirigidos para montar um plano de ação/validação (aqui chamado de **PLANO DE VOO**) focado em trazer as evidências para você atestar a validade da HIPÓTESE DA MORTE. A ideia no Estágio 5 não é sair elaborando qualquer estratégia e depois transformá-la num bando de ações isoladas. No planejamento da validação nos CVRs você otimizará ao máximo os recursos disponíveis no projeto, reduzindo idealmente a zero o consumo de recursos de terceiros ou externos (leia-se dinheiro de terceiros). Quanto mais enxuto, ágil e econômico, melhor.

A Ferramenta de Lançamento que você utilizará no ESTÁGIO 5 – PLANEJAR é chamada **PROPULSOR**.

ESTÁGIO 6 – CONSTRUIR

Missão do ESTÁGIO 6 – CONSTRUIR: executar as atividades de construção do método de validação, conforme planejado no PLANO DE VOO, ou seja, construir o MÉTODO para testar a HIPÓTESE DA MORTE. O MÉTODO de validação é a ponte que liga o seu modelo de negócio com o mercado e os possíveis clientes, é o efetivo ponto de contato do seu projeto com quem está do lado de fora. Por essa razão, a materialização do MÉTODO de validação merece atenção total. Um belo e perfeito plano no papel de nada serve sem uma execução digna e à altura. Execução é a alma do negócio.

O ESTÁGIO 6 – CONSTRUIR utiliza como base o PLANO DE VOO construído no **PROPULSOR**.

ESTÁGIO 7 – LANÇAR

Missão do ESTÁGIO 7 – LANÇAR: executar as atividades do PLANO DE VOO. É nesse estágio que você lançará cada um de seus foguetes. No entanto, essa fase abrange a execução concomitante das atividades de atração do público-alvo e daquelas que envolvem o monitoramento da interação do público-alvo do CVR em questão com o método de validação escolhido e construído. É precisamente essa interação que gerará os dados, as informações e os insights, isto é, os insumos necessários para você concluir se a HIPÓTESE DA MORTE é falsa ou verdadeira.

O ESTÁGIO 7 – LANÇAR utiliza como base o **PLANO DE VOO** construído no **PROPULSOR**.

ESTÁGIO 8 – AVALIAR

Missão do Estágio 8: processar tudo que foi gerado durante a construção, a sensibilização e a interação método-alvo, e, então, concluir se a HIPÓTESE DA MORTE está ou não validada. Seu foco estará depositado na avaliação dos dados e informações coletadas no ESTÁGIO 6 – CONSTRUIR e, principalmente, no ESTÁGIO 7 – LANÇAR.

ESTÁGIO 9 – REVISAR

Missão do ESTÁGIO 9 – REVISAR: revisitar os estágios 1, 2, 3 e 4, atualizando, alterando, incluindo ou removendo considerações e afirmações de acordo com o conhecimento e os aprendizados acumulados no(s) ciclo(s) anterior(es). Esse estágio marca o início de um novo CVR, independente da validação ou invalidação da HIPÓTESE DA MORTE. O intuito é compor, recompor ou recombinar as peças para que a estratégia de validação e o PLANO DE VOO (ESTÁGIO 5 – PLANEJAR) do novo ciclo sejam ainda mais efetivos e tragam resultados melhores e mais rapidamente. Em outras palavras, o objetivo principal é ajustar de forma progressiva a mira para que cada foguete lançado seja mais certeiro e voe cada vez mais longe.

Aquecendo os Motores

"A melhor maneira de começar é parar de falar e começar a fazer."
Walt Disney

Parte 2

Para começar a aquecer os motores, a Parte 2 será integralmente dedicada aos dois primeiros estágios do CVR: ESTÁGIO 1 — ALINHAR e o ESTÁGIO 2 — MODELAR.

No ESTÁGIO 1 — ALINHAR você resgatará e organizará as motivações que o inspiraram a começar o projeto, e as realizações e conquistas que o trouxeram até o presente momento, bem como imaginar (caso ainda não tenha feito) como o negócio estará daqui a alguns anos, o que significa propor uma visão de futuro. Para cumprir a missão do Estágio 1, você utilizará a CAIXA-PRETA, a primeira (de quatro) ferramenta da metodologia VR.

No ESTÁGIO 2 — MODELAR você concentrará energias em tirar a ideia da cabeça e colocá-la no papel de maneira organizada e estruturada (modelo de negócio), utilizando o FOGUETE, a segunda ferramenta da VR. O Estágio 2 é o mais longo e mais intenso de todos os estágios. São páginas recheadas com conceitos, dicas e, principalmente, exemplos e mais exemplos reais para ilustrar e reforçar as discussões, tudo com o intuito de munir você com o que há de melhor. E o estado da arte da modelagem de negócios para amplificar suas chances de sucesso e reduzir significativamente os desperdícios (de dinheiro, de tempo, de paciência) e as chances de insucesso.

E, antes de seguirmos em frente para a explicação do ESTÁGIO 1 — ALINHAR, deixe-me fazer um convite aos empreendedores e inovadores corporativos que tenham ideias e projetos que queiram transformar em realidade. Que tal arregaçar as mangas e colocar a mão na massa? A partir deste exato momento, o conteúdo foi elaborado para que você e seu time consigam ir praticando ao mesmo tempo em que leem o livro. Não é preciso esperar chegar ao fim do livro para começar a aplicar.

E aí, preparado para copilotar?

Capítulo 3

Tudo parece ser impossível até que seja feito.
Nelson Mandela

ESTÁGIO 1 – ALINHAR

Independente da maturidade do novo negócio, convido você, aspirante a empreendedor, empreendedor ou inovador corporativo, a aceitar que a metodologia VR representa o início de uma nova jornada. Permita que a VR eleve gradativamente sua performance a níveis extraordinários para produzir e entregar resultados e impactar de um modo que até mesmo você duvidaria em outras circunstâncias. Quanto maior for a conexão entre você e sua ideia/projeto/negócio com a Validation Rocket, melhores e mais rápidos serão os ganhos, e aqui não me refiro unicamente a ganhos ou retornos financeiros ou reconhecimento. Paz de espírito e uma vida mais equilibrada emocionalmente são apenas alguns benefícios imateriais proporcionados pelo uso da Validation Rocket, o que eu digo por experiência própria.

E, para que esta união aconteça e produza frutos duradouros, o Ciclo Validation Rocket (CVR) começa propondo logo de cara – no **ESTÁGIO 1 – ALINHAR** – uma conversa franca e aberta sobre o seu projeto e tudo que foi feito até então. Para que a Validation Rocket provoque melhorias substanciais na sua performance empreendedora é imprescindível que todas as informações, conhecimentos e aprendizados coletados e gerados ao longo da jornada até aqui sejam resgatados e registrados com total transparência e sem receios. Quanto mais rica e detalhada for essa etapa, menos retrabalho será necessário nas etapas seguintes, e, consequentemente, mais rápido o time entrará em estado de fluxo para acelerar a entrega de mais e melhores resultados.

Infelizmente, é cada vez mais comum encontrar times que não registram detalhes, avanços e marcos importantes da trajetória da própria iniciativa. E, ao se esquecerem de fazê-lo, ou não darem a devida atenção à reunião dos elementos que compõem a própria história, o time está abrindo mão de empreender em alta performance e de construir negócios de sucesso capazes de transcender a barreira do tempo. O histórico, ou melhor, a gestão do conhecimento de um projeto/negócio, não só fornece subsídios para promoção de melhorias, ajustes e correções para aumento gradativo da capacidade de entrega e da efetividade de cada entrega, como também é a base para monitoramento dos avanços e da performance do empreendimento. Além disso, a consolidação sistemática dos acontecimentos, informações e fatos do passado também é fundamental para atrair, integrar e treinar novos membros. Quanto mais rápido todos estiverem alinhados e prontos para começar a contribuir, melhor. E o Estágio 1 serve para isso.

Querendo ou não, esse saudável hábito passará a fazer parte da rotina do seu projeto, pois TODOS os ciclos começarão obrigatoriamente pelo Estágio 1. O primeiro ciclo é o momento de resgatar e reconstruir aquilo que muitas vezes se perdeu ao longo do tempo. E, portanto, é o mais delicado e demorado. Entretanto, nos demais ciclos, o Estágio 1 tende a ser mais rápido, uma vez que do segundo ciclo em diante você não partirá do zero.

Ferramenta de Lançamento: CAIXA-PRETA

A Ferramenta de Lançamento que será utilizada no ESTÁGIO 1 — ALINHAR é chamada **CAIXA-PRETA** e, conforme veremos nas páginas seguintes, ela é composta de três conjuntos de informações: **1) Motivação**, **2) Realizações & Conquistas**, e **3) Visão** (de futuro).

Motivação

O objetivo é compreender o que motivou ou inspirou você a pensar na sua ideia de negócio. Foi uma oportunidade de corrigir um problema? Foi uma necessidade

CAIXA-PRETA

ESTÁGIO 1 – ALINHAR

Data da última atualização:

MOTIVAÇÃO

Qual a motivação ou a inspiração que te levou a ter essa ideia de projeto/negócio? Como foi que tudo começou? Anote aqui como foi que a ideia surgiu. Quanto mais detalhado e autoexplicativo, melhor.

REALIZAÇÕES & CONQUISTAS

Quais as realizações e as conquistas obtidas até agora? Registre exatamente tudo aqui. Quanto mais detalhado e autoexplicativo, melhor. E lembre-se: não menospreze seus avanços, por mais que ache que não foram significativos.

VISÃO (DE FUTURO)

Como você imagina seu projeto daqui a 5, 10 ou 20 anos? O que espera ter construído até lá? Quanto mais detalhado e autoexplicativo, melhor. E não se esqueça: não existe limite para empreendedores de alta performance.

Para mais informações, acesse: www.validationrocket.com

VALIDATION ROCKET

Figura 2
Caixa-preta

Quer colocar a mão na massa?
Acesse o site www.validationrocket.com/livro e baixe o modelo para impressão da CAIXA-PRETA.

não atendida pelas ofertas de mercado? Foi a possibilidade de criar algo melhor ou mais barato, de atender um público diferente, de fazer algo mais rápido e melhor, ou otimizar um determinado processo?

Mesmo que seu projeto sofra mudanças substanciais, ou até mude completamente (não se surpreenda caso isso aconteça), saber a motivação que despertou seu ímpeto para aquela ideia ajudará em vários sentidos. Ajudará a mapear a evolução e o crescimento do projeto, fundamental para metrificar a performance geral e a capacidade de realização do time. Ajudará a contar a história do seu negócio para o mundo (o que não é exagero da minha parte) e engajar novos sócios, investidores, credores, parceiros, funcionários, colaboradores e defensores, além de inspirar futuros empreendedores. Ajudará você a resgatar suas origens e ser sincero consigo mesmo, com seus pares e com seus familiares nos momentos de tomar as decisões mais difíceis na sua jornada (inevitáveis, diga-se de passagem), uma vez que sua motivação para aquele projeto e a maneira como você o conduz estão conectadas ao seu propósito de vida e missão como ser humano, mesmo que talvez você ainda não tenha notado ou reconhecido essa influência na sua empreitada.

E, você, o que o motivou a chegar até aqui?

Realizações & Conquistas

Este é o momento para declarar livremente cada avanço conquistado pelo time no projeto. Precisamos registrar todos os marcos do negócio, um a um, e sem rodeios. Tudo aquilo que você e o time entenderem que foram viradas de chave importantes para o projeto deve ser registrado, descrevendo com riqueza de detalhes e fornecendo considerações relevantes tanto para o próprio negócio quanto para pessoas de fora do projeto. Depois do momento de epifania que motivou a ideia do seu novo negócio, quais avanços e realizações foram obtidos? A ideia ainda está na sua cabeça ou você já conseguiu avançar um pouco mais? Chegou a colocar no papel? Fez alguma sondagem inicial com amigos ou potenciais clientes? Construiu ou desenvolveu um boneco, um MVP ou um protótipo para testar a validade da sua proposta? Já precisou repensar o projeto? Se sim, quantas vezes? Obteve apoio de pessoas ou empresas influentes e de renome no segmento? Estabeleceu parcerias relevantes para o negócio?

Qual a importância da linha do tempo de todas as realizações e conquistas de um empreendimento? É bem simples. Os marcos do projeto simplesmente revelam a capacidade de execução e entrega do time. Imagine que você é um grande investidor e um empreendedor se aproxima e diz que tem uma grande ideia de um aplicativo de celular, que trabalhou duro e, finalmente, o primeiro protótipo está pronto para ser testado. Nada de errado, certo? Talvez você como investidor pudesse se interessar, caso fosse sua tese de investimento. Agora, e se esse mesmo empreendedor dissesse que levou exatos 5 anos para atingir esse estágio? Mudaria sua percepção? Provavelmente sim, não acha? Seja honesto consigo, com o time e com as demais partes interessadas ao consolidar e apresentar o verdadeiro histórico de realizações de determinado projeto, mesmo que você acredite que não tenha realizado tantas coisas assim. Investidores de risco de startups frequentemente afirmam que investem na combinação time-*timing*-ideia, não somente na ideia.

Uma leitura possível da linha do tempo dos marcos do projeto é a relação persistência–insistência do time. Persistência é a intuição de que mesmo com alguns tropeços é possível seguir pelo caminho escolhido. Persistência tem uma conotação extremamente positiva, além de estar fortemente associada à resiliência, que é a capacidade intrínseca de um indivíduo de absorver chacoalhões sem espanar, ou seja, manter-se focado e concentrado até nos cenários mais hostis e inóspitos. Por outro lado, insistência é continuar cometendo repetidas vezes o mesmo erro sem realizar que o caminho deve ser repensado. A conotação é horrível e as consequências, bem, são ainda piores. Tempo, paciência, energia e dinheiro vão para o saco por conta da insistência, que pode ser diretamente associada à teimosia. Acredite, você preferirá um milhão de vezes que você e seu time sejam reconhecidos como persistentes e perseverantes do que como teimosos, turrões ou cabeças-duras.

Quais foram as realizações e conquistas que você obteve no seu projeto até agora?

Visão

Conhecer a visão para futuro do projeto é tão importante quanto o que te levou a ter a ideia do negócio e suas conquistas ao longo da empreitada. Aonde você quer chegar com sua ideia? Quais são seus objetivos com o empreendimento? O que espera que seja construído e em quanto tempo? Muitos desvios, tropeços e acertos acontecem na jornada do empreendedor, e é muito fácil se perder quando não há uma visão de futuro clara. Mas fique tranquilo. Não se trata daquele documento superburocrático e sem sentido pregado nas paredes de grandes organizações, que nem mesmo o presidente sabe o que está escrito ou para que serve. A visão de futuro deve ser de fácil compreensão por qualquer pessoa envolvida no projeto. Pode até ficar colada na parede, mas deve ser clara a todos. Não haveria de ser diferente disso.

Outro aspecto que destaco é a mutabilidade da visão. A visão não é algo estático, cravado em pedra, que nunca mais será modificado. Ela deve ser mais inteligente do que isso. A dinâmica do ambiente de negócios e a velocidade das transformações tecnológicas exigem que o time revisite periodicamente a visão, pois o contexto pode inviabilizar o sonho. Lembre-se do papel de ferramenta de gestão do conhecimento da Validation Rocket, que o convida para registrar toda e qualquer alteração no projeto, inclusive os motivos que a provocaram. No entanto, não se esqueça do binômio persistência–insistência. Apenas fique atento para não achar que o projeto não está seguindo adiante por conta da visão, e, por isso, modificá-la frequentemente. Você pode se perder facilmente se isso acontecer.

Agora é a sua vez!
Missão: Preencher a CAIXA-PRETA

Sua missão aqui é preencher a CAIXA-PRETA e registrar tudo que lembrar sobre os avanços do seu projeto. Não deixe nada de fora.

Capítulo 4

A melhor maneira de prever o futuro é criá-lo.
Peter Drucker

ESTÁGIO 2 – MODELAR

Com todos na mesma página é hora de partir para o entendimento de como seu projeto foi e está estruturado, levando em consideração suas peculiaridades e buscando a maior riqueza de detalhes possível. No ESTÁGIO 2 — MODELAR tudo que já foi produzido e pensado sobre a ideia será capturado e distribuído em um modelo de negócio que contém 13 diferentes perspectivas conectadas entre si e que possibilitam a visualização sistêmica do negócio. Mas o processo não se resume a isso. A modelagem vai bem mais além, mergulhando nas nuances do projeto a ponto de ser capaz de implodi-lo da forma como foi idealizado.

O estágio de modelagem é um momento de incentivo à reflexão e à autocrítica a respeito de exatamente tudo aquilo que era até então tido como "verdade" no projeto. Ao contrário do que alguns empreendedores gostariam, a modelagem não se propõe a ser um instrumento que ratifique seus pontos de vista ou exalte as melhores qualidades do projeto. Muito pelo contrário. O papel desse estágio é ir a fundo e questionar tanto a validade do modelo quanto a consistência dos argumentos de defesa, afim de desconstruir o projeto, oferecendo subsídios para reconstruí-lo em bases mais sólidas e sustentáveis, visto que em última instância a modelagem nutre sua iniciativa via um intenso e rico processo de *brainstorming* (ideação).

Com o ESTÁGIO 2 — MODELAR a Validation Rocket não só traz a proposta de desconstrução do seu projeto, como também busca fazê-lo o quanto antes na sua jornada. *Por quê?* Porque estamos falando de elevar sua performance empreendedora a níveis incríveis, e qualquer desperdício de tempo, recurso e esforço, retardará o processo, ancorando sua velocidade e afastando as futuras novas conquistas. Não é isso que você quer, não é mesmo?

Ferramenta de Lançamento: FOGUETE

O ESTÁGIO 2 — MODELAR acontece no **FOGUETE**. Essa ferramenta possui **13 peças** diferentes para você enxergar sua ideia de negócio sob uma perspectiva integradora e sistêmica, a fim de expandir seu nível de consciência sobre a iniciativa. O FOGUETE organizará seus pensamentos, as informações preexistentes sobre o projeto e sua linha de raciocínio lógico de maneira estruturada. O FOGUETE atua também na ampliação do seu campo de visão a respeito do próprio projeto ao propor questões desafiadoras, despertando e apurando seu estado de atenção para o contexto e realidade de mercado.

Figura 3
FOGUETE: Ideia geral

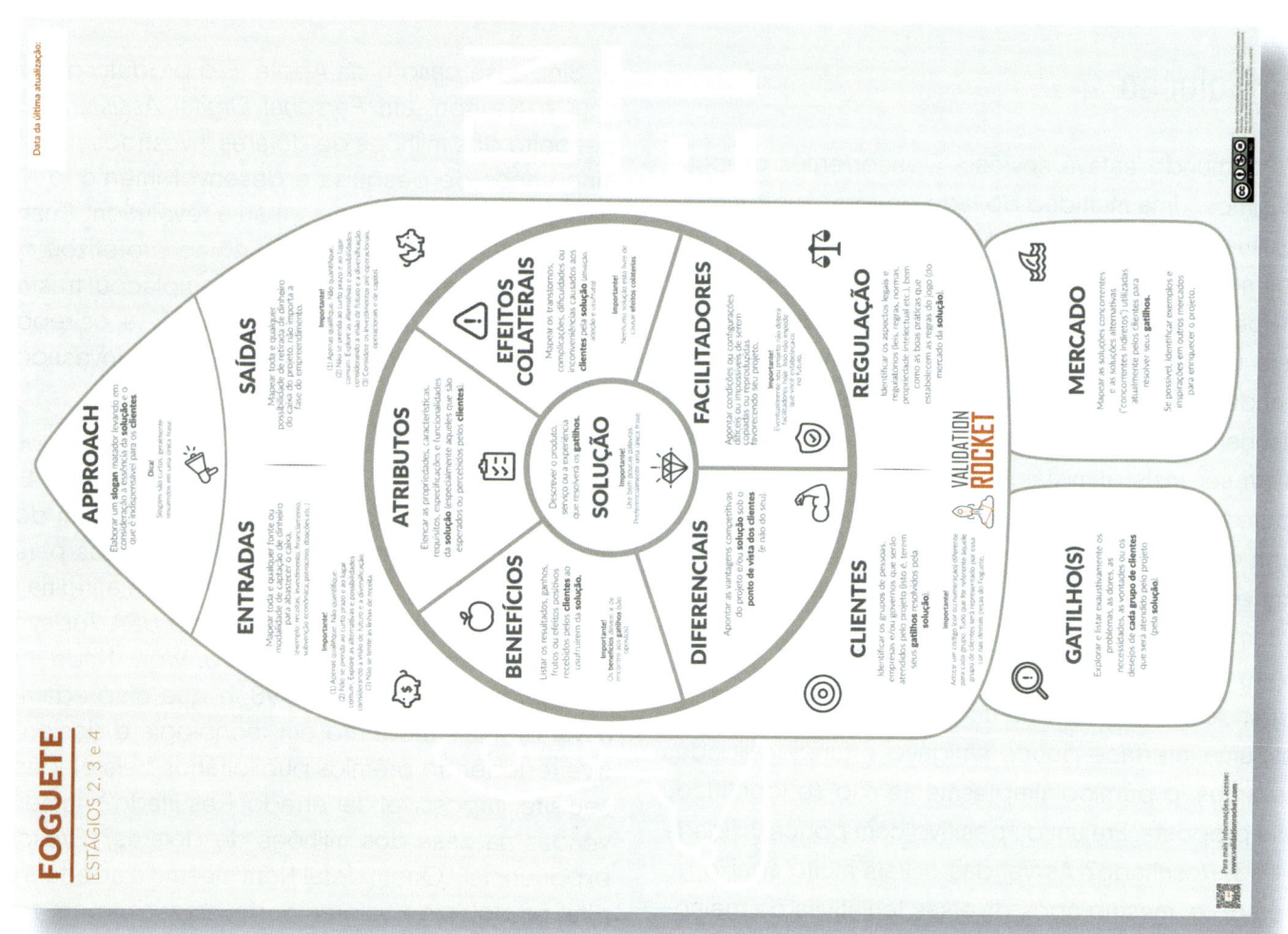

Figura 4
FOGUETE: Modelo completo

Capítulo 4 — ESTÁGIO 2 — MODELAR

Peça Solução

1992. O mundo estava ansioso. Concorrentes preocupadíssimos. Uma multidão do lado de fora. Auditório lotado. Audiência alvoroçada. Mídia especializada tomando os melhores assentos. Câmeras e flashes a postos. De repente as luzes se apagam. Silêncio absoluto na plateia. Iluminação apenas no palco. Finalmente chegara o grande momento. Oito anos de espera desde o último lançamento relevante. As projeções comerciais não podiam ser mais otimistas, afinal, a fórmula era infalível: produto inovador, tecnologia de ponta, novo conceito, design exclusivo e legião de fanáticos pela marca. Seria um estouro. Ninguém tinha dúvidas. Aplausos, choro e gritos de emoção. Em 1993, o produto revolucionário chegou ao mercado e... tchan, tchan, tchan, tchan... foi um grande fiasco. Além de uma série de questões técnicas, uma interface pouco amigável e funcionalidades irrelevantes, o público simplesmente não se identificou com a proposta. Era um dispositivo com pouca utilidade em 1993. Resultado? As vendas caíram muito abaixo do esperado e, mesmo após diversas tentativas de melhoria, a linha de produtos foi descontinuada em 1998 pelo recém-contratado CEO, Steve Jobs.

Sim, esse caso é da Apple. E o produto que fracassou, o Newton, um *Personal Digital Assistant* (PDA). A despeito dos milhões de dólares investidos nos mais de cinco anos de pesquisa e desenvolvimento, o Newton, o dispositivo "nothing less than a revolution" ("nada menos do que uma revolução"), como profetizou o então CEO da Apple, John Sculley, não emplacou, frustrando a comunidade de apaixonados pela marca, os repórteres, os funcionários e, claro, o conselho e os investidores da empresa.

Janeiro de 2000. Intervalo do Super Bowl, a final do campeonato de futebol americano nos Estados Unidos, cujo custo do minuto comercial é um dos mais altos do mundo. Empreendedores a postos para a estreia da campanha de US$1,2 milhão que atingiria o topo da lista no medidor de anúncios do *USA Today* e seria a mais aclamada daquele evento. Wow. Nada mal para uma startup fundada em 1998, e que empregara o que havia de mais moderno em tecnologia e design, inclusive recebendo prêmios publicitários pela elegância do seu site. Impossível dar errado. Resultado? Aumento das vendas na casa dos milhões de dólares? Crescimento exponencial? Quem dera! Nem mesmo a abertura de capital na bolsa de valores norte-americana em fevereiro daquele mesmo ano foi capaz de engrenar o negócio. Em novembro de 2000, mesmo ano do comercial no

Quer colocar a mão na massa?
Acesse o site www.validationrocket.com/livro e baixe o modelo para impressão do FOGUETE.

(!) **Importante saber:** Para melhor aproveitar o FOGUETE, a dica é ler a primeira vez absorvendo o máximo de conteúdo, mas sem começar a aplicar ao seu projeto à medida que lê. Apenas faça anotações e registre lembretes. Isso dará a você uma visão de todo o FOGUETE e as interligações das 13 peças. Terminada a primeira leitura volte ao início, releia e, agora sim, arregace as mangas e coloque a mão na massa conforme desenrola a leitura. Só então avance para o ESTÁGIO 3 — DESAFIAR.

BLOQUINHOS DE NOTAS ADESIVAS

Quando estiver modelando seu FOGUETE impresso no tamanho A1, utilize os bloquinhos de notas adesivas menores (38mm x 50mm ou com dimensões similares) e não os maiores (75mm x 75mm ou 76mm x 76mm, por exemplo).

Não faça itens ou listas em uma mesma nota adesiva. Insira apenas uma palavra ou sentença. Isso é crucial para que o ESTÁGIO 3 — DESAFIAR aconteça sem transtornos.

Não custa reforçar que o texto inserido em cada nota adesiva precisa ser legível e, principalmente, autoexplicativo. Se alguém não compreender o que está escrito, será necessário reescrever de modo a chegar a uma sentença mais clara.

Super Bowl, a companhia fechou as portas e decretou falência, queimando mais de US$300 milhões. Essa foi a Pets.com, uma loja virtual de alimentos e acessórios para animais domésticos, e de sua premiada campanha "Because Pets Can't Drive!" ("Porque pets não podem dirigir"), estrelada pelo mascote da companhia, um fantoche feito com meias.

Esses são só dois casos de fracasso. Com certeza você conhece tantos outros casos de grandes empresas, startups e pequenos negócios que falharam completamente e sequer entraram para história, como o Newton e a Pets.com. Mas por que o Newton e a Pets.com falharam? Por que uma gigante como a Apple erra o alvo mesmo dispondo de recursos e profissionais gabaritados? Por que startups evaporam todos os dias mesmo quando são consideradas projetos extremamente promissores? A resposta é simples. Porque a inovação está *apenas* na cabeça das pessoas mergulhadas na ideia, no projeto, ou no negócio, e, infelizmente, de ninguém mais. Elas entram num estado de hipnose que as cega e ensurdece completamente. É um estado de alucinação tão profundo que simplesmente implode o mais promissor dos projetos, mesmo quando os bolsos estão cheios e os times são qualificadíssimos. Nesse estado, aspirantes a empreendedores, empreendedores e inovadores corporativos se isolam da realidade, do contexto e do mercado. Investem rios de dinheiro (e tempo) para pesquisar e desenvolver produtos e serviços que só fazem sentido naquela redoma que eles próprios criaram, mas que, de fato, não prestam para nada, não servem a um propósito realmente crucial na vida dos clientes e consumidores, e, por isso, inevitavelmente caem no esquecimento. É o que chamo de *Transe da Idealização*, cujas consequências são catastróficas. Para a Apple, por exemplo, ainda houve folego financeiro para dar a volta por cima, principalmente sob a nova Era marcada pela volta de Steve Jobs à empresa. Para Pets.com, bem, o que restou foi ao menos uma triste história para contar.

O Transe da Idealização

O Transe da Idealização é um estado de delírio que toma as mentes dos idealizadores tão logo a ideia ganha vida. Quando entramos no transe nós nos tornamos impermeáveis e refutamos toda e qualquer informação contrária ao que temos "certeza" estar certo. Cria-se um laço emocional muito forte com o projeto, um laço capaz de nos estrangular caso não tomemos as devidas precauções para permanecer com olhos e ouvidos bem abertos. Não é simples força de expressão quando chamamos nosso projeto de "filho". Ali reside uma mensagem perigosíssima. A sensação é que no Transe da Idealização os idealizadores se blindam de tal maneira como se o mundo fosse composto somente de inimigos que desejassem todo o mal possível. O criador protege a criação das "ameaças" externas da mesma maneira que a fêmea protege o filhote dos predadores famintos. É realmente impressionante a fúria, a revolta e até os insultos cuspidos pelos idealizadores quando eles estão imersos no Transe da Idealização e ouvem alguém criticar ou mesmo propor uma abordagem distinta na melhor das intenções para enriquecer o projeto. Só falta escorrer uma baba gosmenta do canto da boca deles. Cansei de presenciar situações como essas nos eventos de startups e reuniões com analistas, gerentes, diretores, vice-presidentes e presidentes de médias e grandes empresas.

> **Importante saber:** Quanto mais tempo é dedicado à estruturação do esboço inicial, mais profundo e duradouro será o Transe da Idealização, pois maior será a ligação emocional com o projeto.

A maioria esmagadora dos projetos que tive contato ou estudei a respeito fracassou — ou por não ter ouvido futuros clientes, potenciais investidores, sócios, fornecedores e até mesmo um amigo mais próximo, ou por ter se dado conta de que o caminho seguido não levaria a lugar algum quando já não dava mais para voltar atrás e começar tudo de novo, ou seja, quando já não havia mais tempo para recuperar o prejuízo ou recompor a credibilidade e a confiança.

Seja você um empreendedor de startup ou um inovador corporativo o Transe da Idealização tem potencial para causar consequências drásticas na sua vida, nos seus projetos e nos seus negócios. Ao se isolar, você se distanciará da realidade e das pessoas que nela estão inseridas. Isso significa que você andará em círculos, e não sairá do lugar. Cometerá os mesmos erros da mesma maneira, sem aprender coisa alguma, e tornando-se excessivamente improdutivo. Você começará a pensar que o mundo todo está errado e experimentará sensações de solidão profunda. Seus amigos e colegas se afastarão porque você se tornou um indivíduo chato, fracassado, e mais cedo do que imagina você se sentirá frustrado, desgastado e pronto para abandonar tudo, mesmo que você acredite que seja forte e resiliente o suficiente para aguentar a pancada. Acredite em mim. Sabe como sei disso? Porque eu já passei por isso, e mais de uma vez. Hoje eu consigo olhar para trás e ver com sobriedade a quantidade de oportunidades que desperdicei por ter caído no Transe da Idealização. Demorei muito, muito mesmo, para compreender esse processo vicioso e somente então ser capaz de desenvolver uma forma de impedir que você caia nessa cilada... chamada metodologia Validation Rocket. Você não precisa passar por todo esse sofrimento e angústia que eu vivi durante todos esses anos para aprender a construir uma vida empreendedora saudável, baseada em alta performance e com níveis de produtividade muito acima da média.

Evitando o Transe da Idealização

Felizmente, o Transe da Idealização é evitável. Contudo, requer disciplina, paciência e dedicação. Disciplina para aprender e aplicar os passos da VR, e, com isso, gradativamente incorporar em sua jornada as melhores práticas do empreendedorismo de alta performance. Paciência para respeitar seus limites e pavimentar a trilha cujas pernas possam percorrer. Imediatismo e insensatez sairão do seu vocabulário. Usain Bolt não nasceu e já no dia seguinte saiu correndo os 100 metros rasos. Não adianta dar passos maiores do que você é capaz de aguentar. Uma coisa de cada vez para cadenciar o ritmo e aumentar a produtividade. E, finalmente, dedicação para persistentemente encontrar aspectos da natureza humana e/ou organizacional cujas resoluções sejam genuinamente valorizadas pelos públicos de interesse.

Menos tempo na solução

Acontece que quase no mesmo instante em que surge a ideia de negócio nós nos engrenhamos no entendimento do que seria o provável produto ou serviço, imaginando mil caminhos e rabiscando detalhes, especificidades, atributos e funcionalidades — no melhor estilo árvore de natal — na tentativa de diferenciá-lo e torná-lo inovador, disruptivo. Esse é *o momento-chave, o ponto vital* em todo e qualquer tipo de projeto de inovação, seja ele uma startup, um empreendimento corporativo ou uma iniciativa governamental. Há um precipício à frente. O que para os idealizadores parece ser um passo certo rumo ao sucesso é, na verdade, o último passo consciente, e o primeiro pé dentro do buraco negro chamado Transe da Idealização.

É natural — e inevitável — esboçar a solução logo que a ideia vem à cabeça. O processo é saudável e valioso à medida que, ao se esforçar para detalhar o produto, serviço ou experiência, adquire-se uma visão mais robusta da solução que deseja construir e, consequentemente, melhora-se o nível de entendimento das possíveis direções que podem ser seguidas. Estabelece-se assim um sentimento de confiança e firmeza no posicionamento que acaba por injetar combustível nos motores. No entanto, e mais uma vez, *não* empregue tempo demasiado nessa fase, especialmente na etapa que *antecede os primeiros contatos com gente de fora do projeto*. Em maior ou menor grau, sempre ocorrerão mudanças na ideia original, e quanto mais tempo for investido *antes* do envolvimento de pessoas externas, maiores serão as chances de formar um vínculo emocional com o projeto. Um entusiasta do surfe intuitivamente entendeu a importância de receber os *feedbacks* do mercado o mais rápido possível para fugir do Transe da Idealização, e construiu um negócio de extremo sucesso que atingiu a marca de US$1,62 bilhão de receita bruta em 2015. Acredite se quiser. Tudo começou com tiras de tecido de borracha recortadas de vestimentas de surfistas.

Mais do que gastar meses e meses elaborando *a* solução perfeita, *no papel*, o surfista não gastou mais do que alguns dias para transformar a ideia em realidade, e notar a violenta distância entre teoria (o que fora imaginado a respeito dos benefícios e utilidade *antes* dos primeiros contatos com o mundo externo) e prática (efetiva reação dos potenciais clientes à solução/projeto). A proposta inicial objetivava oferecer a oportunidade para surfistas tirarem autorretratos durante a prática do esporte. À época, não havia muitas opções disponíveis e convenientes: contratar profissionais para excelentes imagens, porém a preços exorbitantes; ou arriscar fotógrafos amadores, cuja qualidade do trabalho era péssima. A primeira solução idealizada compreendia uma tira de borracha fixada ao pulso do próprio surfista, à qual podia-se acoplar qualquer tipo de câmera fotográfica (que já existia). O protótipo foi colocado à prova na viagem que o empreendedor fez pela Austrália e Indonésia, em 2001. E os resultados não foram lá essas coisas. Problemas técnicos e de usabilidade surgiram, dentre eles o simples fato de que as câmeras fotográficas comuns não eram resistentes à água e estragariam rapidamente. A aparente falha — *privilégio* de corajosos e destemidos — espantou o Transe da Idealização, economizou fortunas de tempo, dinheiro e energia na pesquisa e desenvolvimento de um produto que ninguém desejava, e, acima de tudo, abriu caminho para aprendizados que dirigiram o projeto para outra jornada. Foi exatamente essa ida a campo pouco tempo depois da idealização (e com a mente, olhos e ouvidos abertos para captar os sinais da verdade) que encorajou Nick Woodman a fundar a GoPro em 2002, empresa que recentemente bateu a marca de mais de 26 milhões de câmeras vendidas em mais de 100 países.

Observe, porém, que investir *menos* tempo esboçando a solução propriamente dita *antes* das primeiras interações externas não significa que você negligenciará o rascunho ou o fará de qualquer maneira, correndo desesperadamente, sem dedicação, sem capricho. Esboçar ou rascunhar não assume conotação negativa. Não é o mesmo que porcaria, algo malfeito. Não é nada disso. Muito pelo contrário. Se no dia zero a roupagem já for porca as chances de nada vingar são enormes. Veremos mais adiante na sessão PROPULSOR como chegar lá levando em consideração o contexto, o modelo e, sobretudo, a disponibilidade de recursos.

Desafio para evitar o Transe da Idealização: síntese

Nas imersões empreendedoras que realizo sempre desafio os participantes a descreverem suas propostas de produtos ou serviços na PEÇA SOLUÇÃO. Porém, não deixo o exercício livre. O desafio é fazê-lo em uma única e muito pequena nota adesiva nas dimensões 38mm x 50mm. Se deixo aberto, os idealizadores escrevem uma bíblia, uns textos gigantescos, quase sem fim. E não é isso que queremos. Não vale trapacear e nem usar mais de uma nota ou bloquinhos maiores. O esforço de sumarização ou síntese é válido por diversos fatores. Ele é um artifício para atrair e reter a atenção do interlocutor, seja ele um futuro cliente, um potencial investidor, um sócio, um fornecedor ou qualquer outra parte interessada que caiba no seu projeto. Em um mercado cada vez mais inundado de "novas ideias" e "soluções inovadoras", quanto mais eficaz e objetivo, maiores e melhores serão as probabilidades de ganhar ouvidos e detonar os menos preparados.

O exercício é útil também para evitar que você se aprofunde demasiadamente em detalhes momentaneamente postergáveis, empenhando energia para construir acidentalmente um universo paralelo, a anos-luz de distância da realidade do mercado consumidor. Debruçar-se na ideia, no projeto, é obviamente necessário, mas não invista muito tempo em imaginar uma série de coisas mirabolantes *antes* de pelo menos começar a sondar os futuros clientes. Quanto mais fundo for o buraco que você cavar, isolado do mundo, maior a probabilidade de morrer soterrado na armadilha da paixão, no Transe da Idealização. Não permita que isso aconteça, e empenhe energia para levar sua solução o mais rápido possível com o intuito de ser testada pelos clientes e por quem mais você desejar e fizer sentido no contexto do projeto (vale ressaltar novamente que na sessão dedicada ao PROPULSOR você aprenderá exatamente como fazer isso).

Mais tempo no modelo de negócio

A solução em si é uma das 13 peças do modelo de negócio do FOGUETE. Isso significa que existem outros 12 aspectos a serem considerados. Dedicar a maior parte do tempo somente elucubrando a solução, como acontece na grande maioria dos projetos, é um erro recorrente, pois o modelo ficará capenga (além do risco de entrar no Transe da Idealização). Sem interações com o mundo externo, a partir das quais compreende-se comportamentos e necessidades daqueles que serão servidos, é muito difícil acertar a mão. Na realidade, as chances são mínimas. As outras 12 peças do FOGUETE — Gatilho, Clientes, Mercado, Regulação, Atributos, Benefícios, Efeitos Colaterais, Diferenciais, Facilitadores, Entradas, Saídas e Approach — são igualmente importantes, ou até mais importantes quando falamos de início da aplicação da Validation Rocket, pois forçam a abertura dos olhos para outros pilares essenciais para o sucesso de negócios inovadores. Como veremos mais tarde no livro, as peças do FOGUETE estão intimamente conectadas. É preciso distribuir a energia no entendimento de *todas*, sem exceção. Se não estiverem em perfeita harmonia, o modelo degringola e o projeto vai por água abaixo.

Com a Validation Rocket você será induzido explicitamente a desenvolver competências robustas de autoconsciência e autorreflexão para não entrar no Transe da Idealização. Ainda assim, para garantir que não haja recaídas no processo, o CVR conta com mecanismos para conceber e enriquecer o projeto *sob a perspectiva dos clientes*, reduzindo a níveis mínimos a subjetividade e os devaneios dos idealizadores, e maximizando a geração de insights baseados em dados e fatos. A metodologia VR acelerará o contato do projeto com o mercado, com os agentes de fora do projeto, sejam eles clientes, parceiros, consultores, especialistas, investidores, amigos ou conhecidos. Só que não a todo custo, de qualquer jeito, e sem preparo. Cada CVR trará conhecimento e profundidade para o projeto, seu discurso e sua argumentação, a partir da leitura e vivência da realidade, da verdade que só o mundo lá fora pode trazer. Você estará cada vez mais confiante para interagir com o público externo, que só tende a crescer conforme o projeto prospera, isto é, a cada foguete lançado. É fundamental forçar-se para manter-se em alerta permanente, no modo de empatia absoluta e escuta ativa. A missão não é simplesmente enviesar as intervenções e interações na tentativa de confirmar que estamos certos ou errados. Ouvidos, olhos e mente abertos para extrair lá de fora a verdade. Há oportunidades escondidas até nas negações e rejeições que recebemos.

Peça Gatilho

Matemática. A maioria de nós é avessa às ciências exatas — matemática, física e química — e muito dessa aversão, infelizmente, é por conta da forma como o conteúdo é compartilhado pelos educadores. Não estou dizendo que é culpa deles, mas sim do método de ensino antiquado presente na maioria das instituições de ensino. E se, de repente, fosse possível solucionar esse problema, ensinando de uma maneira mais intuitiva, respeitando o tempo de aprendizagem de cada indivíduo e, por que não, divertida, agradável e prazerosa? Foi assim que um tio, em agosto de 2004, começou a ensinar matemática para a sobrinha.

Salman utilizava parte do seu tempo livre após o trabalho para conduzir Nádia pelas trilhas da matemática. Na ocasião, Salman, o tio, morava em Boston, e a sobrinha, Nádia, em Nova Orleans. Por isso, inicialmente as sessões ocorreram por telefone e *Yahoo Doodle* (uma espécie de calendário online). Inacreditavelmente, o bloqueio de Nadia desapareceu e ela começou a aprender de verdade. Os irmãos de Nádia, Arman e Ali, se interessaram ao ver a irmã aprendendo, e Salman começou a ensiná-los também. Em algum tempo, o então funcionário de um fundo de *hedge* estava dando aulas para diversos familiares. Em 2006, quando já não dava mais para atender a todos, remotamente e ao vivo, Salman migrou para o YouTube e gravava vídeos para que todos assistissem. De lá para cá, ele nunca mais parou. Em 2008, ele fundou uma empresa sem fins lucrativos para continuar ensinando. Em 2009, abandonou o emprego para se dedicar integralmente ao projeto, e 9 meses depois recebeu a primeira doação no valor de US$100 mil de Ann e John Doerr (John é uma lenda dos investimentos em startups, tendo investido em empresas como Amazon.com, Intuit e Google). Em 2010, Salman recebeu US$2 milhões do Google e US$1,5 milhão do Bill & Melinda Gates Foundation. E foi assim, resolvendo uma dor profunda de aprendizagem de matemática, que Salman Khan, despretensiosamente, criou a Khan Academy, uma organização pioneira da educação online cuja missão é "prover educação gratuita e com qualidade mundial para qualquer pessoa, em qualquer lugar", registrando em 2016 a média de 8 milhões de estudantes por mês acessando a plataforma e aproximadamente 50 milhões de usuários registrados.

Se eu não houvesse introduzido a Khan Academy (KA), ainda assim você compreenderia rapidamente do que se trata apenas navegando na primeira página do site da organização (www.khanacademy.org), pois a solução é clara (cursos online), assim como o problema a ser resolvido (dificuldades de aprendizagem e métodos de ensino antiquados e não adaptativos). Em outras palavras, é evidente o *para que serve* a KA. Pena que nem tudo é assim. Cansei de contar o número de vezes que vejo, ouço ou leio sobre um produto ou serviço e simplesmente não tenho a menor ideia do que se trata, o que faz, qual a finalidade ou para que serve. E você, quantas vezes já se pegou perguntando "para que bulhufas serve isso?" esse mês? Comece a reparar e você se surpreenderá com a resposta.

A quantidade de "soluções" construídas que não servem para coisa alguma é impressionante. Praticamente todos os dias você se depara com uma dezena delas e acaba nem percebendo de tão inúteis e irrelevantes. E aqui não estou falando dos casos em que, por causa do nosso completo desconhecimento, não sabemos para que determinado produto ou serviço serve. Um médico não é obrigado a entender sobre mecânica automotiva, nem um físico quântico a respeito de fertilizantes agrícolas. Estou falando daquelas situações em que de fato o produto ou serviço não serve para absolutamente nada mesmo, não resolvem nada e, como se já não fosse suficiente, criam mais problemas, adicionam complexidade desnecessária e complicam a vida dos clientes, em vez de facilitá-la, simplificá-la ou melhorá-la. Essa é uma das razões para a palavra soluções, no início do parágrafo, estar entre aspas, pois qualquer coisa criada para efetivamente *resolver/corrigir um problema, aliviar/curar uma dor, eliminar um medo, solucionar/mitigar uma necessidade, satisfazer um desejo ou saciar uma vontade* é considerada uma solução na Validation Rocket. Ao passo que aquilo que não tem utilidade e/ou complica em vez de descomplicar é apenas mais um produto ou um serviço (que inevitavelmente morrerá).

O fato é que negócios de sucesso são construídos conhecendo-se em primeiro lugar, e, acima de tudo, o que merece ser abordado por atrapalhar a vida, por ser uma pedra no caminho dos clientes, sejam eles Pessoas Físicas, empresas e/ou governos. O assunto é tão crucial para a sustentação de qualquer empreendimento que é abordado em uma peça específica no FOGUETE, chamada *gatilho*.

Definição de gatilho

Gatilho é qualquer *problema, necessidade, dor, sofrimento, insatisfação, desejo, anseio* ou *vontade* que aflige indivíduos, times, empresas ou governos, que *hoje* não é atendido(a), ou é apenas parcialmente atendido(a), e, o mais importante, que merece ser abordado, resolvido, por ter legitimidade. Em outras palavras, é algo que impede o desenvolvimento, que atrasa a vida, que bloqueia a evolução, que inibe o crescimento. Gatilho é uma âncora que prende ou retarda o caminho dos clientes, amarrando-os de tal forma que não conseguem cumprir suas próprias missões e objetivos, não atingem o destino em suas jornadas. Gatilho é toda e qualquer barreira que impede um cliente de entregar seu máximo, de crescer, de se desenvolver e de evoluir.

Num momento da história em que se inverteu a relação de poder e as empresas acostumadas a determinar tendências e impor padrões perderam seus postos e foram desbancadas por aqueles que são (ou deveriam ser) servidos, no caso, os clientes, soa razoável aos seus ouvidos primeiro criar um produto ou serviço autointitulado "inovador" e, então, tentar achar quem se interessaria em comprar ou qual gatilho ele atacaria, ou seja, continuar cuspindo e empurrando produtos e serviços na esperança de as pessoas simplesmente aceitarem? Ou parece ser mais consistente esmiuçar os possíveis gatilhos para então, somente então, partir para a identificação das possíveis soluções que os enderecem, *de verdade*? Caso ainda tenha dúvida sobre a resposta, vejamos mais uma falha épica por ter-se negligenciado o interesse genuíno em conhecer o gatilho dos clientes *antes* de partir para materialização da incrível "solução". Essa é mais uma daquelas obras do acaso em que se descobriu a galinha dos ovos de ouro. Para chegar lá, porém, empenhou-se energia descomunal e, principalmente, torrou-se volume absurdo de dinheiro, na ordem de algumas dezenas de milhões de dólares. E, o mais curioso, é que essa história foi protagonizada por uma das marcas mais premiadas e reconhecidas no mundo quando o assunto é inovação. O tiro literalmente saiu pela culatra.

Uma fórmula química aparentemente milagrosa foi acidentalmente desenvolvida por um determinado pesquisador em um dos tantos laboratórios da empresa. O composto químico era capaz de remover rapidamente odores desagradáveis de praticamente qualquer tipo de tecido, sem manchá-lo, sem resíduos e sem deixar aspecto de molhado. Bastava aplicá-lo na superfície do tecido e pronto, o milagre acontecia. Esse achado nas mãos de uma empresa com essa experiência em inovação, com recursos em abundância, processos, tecnologia e equipamentos sofisticados, profissionais superqualificados e *total entendimento dos gatilhos de seus clientes* não poderia ser menos do que um tremendo sucesso, não é mesmo? Pois bem. Nada seria tão inesperado quanto as vendas fraquíssimas do produto *inodoro*, que levava em sua composição a fórmula milagrosa, e fora destinado técnica e publicitariamente para remoção de odores de tecidos nas dezenas de milhões de lares norte-americanos. Os consumidores não aderiram ao produto, pois não viram utilidade, ou, em outras palavras, porque o produto não servia para coisa alguma. E a questão para esse comportamento hoje nos soa bem simples. Sua casa é "fedida"? Resposta de quase todo mundo: não. Portanto, para que serviria um produto *sem cheiro* para remover *odores indesejáveis* de tecidos domésticos sendo que eu não reconheço ou percebo que há um odor desagradável pairando no ar?

Desesperado, e dispondo de recursos para investigar o que acontecera, o time do projeto lançou-se para compreender os motivos do insucesso, visitando e entrevistando as centenas de consumidores, adentrando seus lares e filmando-os em suas atividades domésticas na tentativa de desvendar o mistério — descobrir por que o milagre não fora reconhecido. E, foi assistindo aos vídeos gravados que os pesquisadores e marqueteiros capturaram um sinal quase imperceptível, mas que estava ali, num sorriso de canto da boca dos consumidores esboçado ao final de cada rodada de limpeza, seja da cozinha, do quarto, da sala ou da casa toda. Bingo! Ali eles entenderam que o produto *sem cheiro* fora um tiro n'água. O produto sem cheiro cumpria com o objetivo de eliminar os odores desagradáveis, mas não era esse o gatilho dos clientes. Os clientes desejavam — subconscientemente — sentirem-se recompensados por terem finalizado a maçante limpeza doméstica. A tacada de mestre veio com a adição de uma *essência agradável* ao produto para aromatizar o ambiente, ou seja, dar ao lar aquele toque final, o "cheirinho de limpeza", colocar a cereja no bolo. A embalagem e a campanha publicitária foram inteiramente repaginadas, e dentro de dois meses com a nova abordagem as vendas dobraram, e no ano seguinte a receita atingiu a ordem dos US$230 milhões. Atualmente, as vendas superam US$1 bilhão anual.

Essa é a história de como a P&G, em 1998, quase implodiu o Febreze, precursor do brasileiro "Bom Ar", por ter ignorado a compreensão do gatilho dos clientes no primeiro momento. O esforço hercúleo subsequente ao fracasso inicial era perfeitamente evitável. Sabe o que é curioso? O produto continua removendo os odores indesejáveis, porém, deixando o ambiente mais perfumado.

Em contrapartida, observe o poder e o valor adicionados a um projeto quando o gatilho é desvendado e entendido em profundidade. É o caso do duplo sucesso da *Intuit*, uma empresa de tecnologia norte-americana fundada em 1983, por Scott Cook e Tom Proulx, atualmente com 8 mil funcionários, 24 escritórios em 11 países e receita anual na ordem de US$5,2 bilhões. O primeiro software da companhia, o *Quicken*, foi introduzido no mercado em 1984, e estava direcionado para o controle de finanças *pessoais* (ou seja, para atender Pessoas Físicas como você e eu). O sucesso foi quase imediato e não demorou para a aplicação dominar o mercado completamente. E não poderia ter sido diferente, pois Cook e Proulx foram habilidosos para primeiro diagnosticar corretamente a dor (gatilho) da clientela, composta essencialmente de pessoas leigas em matemática financeira, e, portanto, avessas a números, e que consideravam finanças pessoais uma pedra no sapato, mas importante para o planejamento e harmonia familiar. Segundo, a partir desse diagnóstico e levando-se em consideração que os usuários não eram, digamos, *experts* em tecnologia e computação (estamos falando de 1984), conceber uma solução simples, fácil de usar, efetiva e intuitiva para aniquilar o gatilho. Detalhe: tudo isso a um preço acessível. O mais incrível, contudo, estava por acontecer. Veja só!

Os softwares de gestão contábil e financeira para empresas sempre foram complexos e sofisticados, pois foram desenvolvidos para serem utilizados por contadores e outros profissionais do ramo. Para os usuários comuns — isto é, praticamente todos os donos de pequenos negócios — era simplesmente um parto usá-lo. Demandava um tempo violento dos próprios donos — tempo esse que eles não dispunham, afinal, precisavam tocar o negócio — ou exigiam uma pessoa dedicada a isso, que, obviamente, custava um precioso dinheiro, ou ainda forçavam a contratação de um contador ou um escritório de contabilidade para fazê-lo. Evidentemente, nenhuma das três era plausível, mas prestar contas era obrigatório. Não tinha para onde correr, mesmo sento um gatilho doloroso e dispendioso. E o que esses guerreiros de pequenos negócios começaram a fazer para gerenciar as finanças básicas dos seus negócios? Pasmem! Utilizar o *Quicken*, aquele primeiro software da *Intuit* (destinado para gerenciamento de finanças *pessoais*). Foi daí que surgiu a ideia para a criação do *QuickBooks*, hoje líder mundial em software de contabilidade para pequenos negócios, que sustentou o crescimento financeiro da empresa durante anos.

Dito isso, farei novamente a pergunta. Soa razoável aos seus ouvidos primeiro criar um produto ou serviço autointitulado "inovador" e, então, tentar achar quem se interessaria em comprar ou qual gatilho ele atacaria, ou seja, continuar cuspindo e empurrando produtos e serviços na esperança das pessoas simplesmente os aceitarem? Ou parece ser mais consistente esmiuçar os possíveis gatilhos para, então, somente então, partir para a identificação das possíveis soluções que os interessem, *de verdade*? Ficou mais fácil responder agora, não é mesmo?

Não tenho dúvida alguma e digo com 100% de certeza: você não quer lançar um produto ou serviço no mercado que ninguém utilizará, certo? Independente do estágio em que esteja seu projeto, você não pode se dar ao luxo de desenvolver uma solução que não seja minimamente interessante *para os clientes* e, para isso, a solução precisa resolver de modo efetivo pelo menos um gatilho real, legítimo e doloroso (que valha a pena ser abordado).

Explorando gatilhos

A ideia aqui não é apresentar todos os tipos de gatilhos existentes. O objetivo é apresentar algumas possibilidades para ajudá-lo a refletir e aprofundar o entendimento sobre o gatilho, ou os gatilhos, do seu projeto, do seu público-alvo. Os exemplos a seguir são de sucesso em seus respectivos segmentos não somente porque os empreendedores são geniais ou executores natos, mas porque foram sagazes para caracterizar em profundidade o gatilho e então buscar uma solução viável economicamente e factível tecnicamente para destruí-lo ou, ao menos, minimizá-lo a níveis suportáveis.

Gatilhos sociais

O empreendedorismo social felizmente ganhou fôlego na última década, e foca a base da pirâmide para resolver as necessidades humanas básicas, devolver a dignidade aos indivíduos postos à margem da sociedade, reduzir a desigualdade e lutar pela igualdade de direitos.

O maior expoente mundial no assunto, considerado o pai dos negócios sociais, é o Prêmio Nobel da Paz de 2006, Muhammad Yunus, com seu programa de microcrédito. Por meio do Grameen Bank, um banco que oferece pequenos empréstimos aos menos abastados, Yunus oportunizou o desenvolvimento econômico e social de uma região paupérrima como Bangladesh, seu país de origem, e influenciou iniciativas semelhantes no mundo todo, tal como a Associação de Crédito ao Empreendedor Pérola, conhecida popularmente como Banco Pérola, no Brasil. O Grameen Bank atende hoje 8,4 milhões de mutuários, dos quais 97% são mulheres, e realiza desembolsos anuais que totalizam US$1,5 bilhão.

A África foi palco de um projeto social motivado pelo acesso restrito à água potável, gatilho que afeta 750 milhões de pessoas. Beber água e irrigar pequenos pedaços de plantação eram (são) tarefas dolorosas quando o principal ingrediente — a água — não está disponível. Aquela cena de mulheres carregando baldes e mais baldes de água na cabeça, percorrendo quilômetros de distância todos os dias é uma dura realidade que desde 1991 está sendo substituída pela elegante solução desenvolvida por dois africanos. A abordagem é genial, ao mesmo tempo que é muito simples e extremamente efetiva. Os baldes eram a solução disponível para transporte de água. Nem de longe eram a melhor alternativa, pela contaminação, pelo desperdício e pelo pequeno volume carregado por viagem. A ideia desses dois astutos empreendedores foi desenvolver um produto que pudesse transportar um volume de água significativamente maior, de maneira mais fácil, que exigisse menos da musculatura, que não machucasse, que fosse reaproveitável e inquebrável. Nasceu aí o Hippo Water Roller, uma bombona plástica no formato cilíndrico acoplada a uma barra, que permite transportar 90kg de água como se fossem 10kg. Mais de 500 mil pessoas, em mais de 20 países, estão se beneficiando dos mais de 50 mil Hippo Roller distribuídos.

Os gatilhos sociais geralmente são latentes e dolorosos, além de explícitos e evidentes. Gatilhos dessa natureza são tipicamente marcados pela ausência, pelo deficit, pela carência, pela falta, pelo acesso limitado e restrito, pela precariedade. Ninguém precisa falar que falta água ou educação (de qualidade) na África, mas ainda assim é preciso caracterizá-lo em profundidade e conectá-lo cuidadosamente com os clientes (próxima peça que será explicada) para não errar o alvo. Normalmente há pouca ou nenhuma subjetividade envolvida para definir um gatilho social. O grande desafio nesses cenários é encontrar a solução com melhor encaixe e efetividade, e o modelo de negócio para sustentar o empreendimento ao longo do tempo. Infelizmente, só montar uma solução incrível capaz de abordar perfeitamente um determinado gatilho social não é nem de longe o suficiente, ou uma garantia, de que o negócio aguentará permanecer no mercado de maneira sustentável.

Gatilhos emocionais (sensoriais, sentimentais e de prazer)

Quase na ponta oposta dos gatilhos sociais estão os gatilhos *emocionais*, que estão mais associados às sensações, aos prazeres, aos sentimentos, aos desejos e às vontades peculiares da natureza humana, sejam eles conscientes ou não. Por isso, os gatilhos emocionais são evidentemente de cunho mais subjetivo, pois lidam com questões interiores, íntimas e até inconscientes dos indivíduos. Apesar de normalmente estarem associados aos consumidores domésticos (pessoas físicas, clientes finais ou consumidores), os gatilhos emocionais figuram dentro das empresas também, ainda que existam controles, processos e sistemas para reduzir a subjetividade, preferências pessoais e outras individualidades em tomadas de decisão e contratações.

Saciar aspirações, alimentar imaginações, divertir, e entreter crianças, jovens e adultos, sempre foram solo fértil para empreendedores sagazes ao longo de toda a existência humana. Óbvio que os gatilhos atacados por empreendimentos de cunho mais emocional não são necessariamente gatilhos de vida ou morte, como os gatilhos sociais. No entanto, esses negócios atendem a questões consideradas relevantes pelas pessoas que sofrem com o gatilho, e que estão conectadas à busca por momentos marcantes para celebração, para o despertar de sensações e para a descoberta de novos horizontes, para a ressignificação de vida e reencontro consigo próprio, ou mesmo para distração e entretenimento, como os extraordinários feitos de Netflix e Spotify, que estudaremos mais à frente no livro. Por agora, vejamos o belo e inspirador exemplo de Ruth, que observando sua filha Bárbara recortar imagens de mulheres adultas de revistas femininas idealizou um dos maiores fenômenos de vendas da história recente.

Na cabeça de Ruth, o ingênuo gesto indica aspirações e desejos bem mais profundos, que, mesmo de modo inconsciente, alimentavam a imaginação da garota: o futuro, a vida adulta, e, quem sabe, o *glamour*, o sucesso, a fama. Por que não, pensou Ruth em 1950, materializar esse desejo, substituindo as bonecas comuns com rostos de bebês, por uma boneca mais sofisticada, requintada e elegante, para que meninas como Barbara pudessem vislumbrar, divertir-se e brincar de "adultas"? O projeto custou a sair do papel e ficou engavetado por alguns anos, pois os custos de fabricação inviabilizaram o produto. Porém, em 1956, Ruth retomou o projeto ao esbarrar em uma boneca parecida na Europa. Em 1959, finalmente, a boneca Barbie — nomeada em homenagem à filha Barbara — fora apresentada ao mundo pela Mattel, empresa fundada por ela e pelo marido, Elliot Handler. Estima-se que mais de 1 bilhão de bonecas Barbie já foram vendidas no mundo. Nada mal para uma empresa que começara fabricando casinhas de madeira.

O mercado de festas de casamentos é muito, muito, muito lucrativo. Noivos e noivas ao redor do mundo despejam quantidades absurdas de dinheiro para celebrar o matrimônio. Mas você já parou para pensar que para chegar ao tão esperado dia do casamento, antes o casal de namorados fica noivo? Será que o momento do pedido de casamento é tão especial que merece cuidados especiais tanto quanto a própria festa de comemoração da união? Se sim, será que é difícil imaginar uma surpresa e organizar, digamos, um pedido de casamento? Bom, a Bruna Brito e a Thais Martanello provaram por A mais B que esse mercado no Brasil é efervescente e bastante promissor. Inspiradas pelos casos de sucesso europeus e norte-americanos, as empreendedoras fundaram O Pedido, a primeira agência brasileira especializada em pedidos de casamento. Pasmem. Em menos de 5 anos de vida, a agência já realizou mais de 200 pedidos de casamento ao redor do mundo.

Gatilhos funcionais (de produtividade, de performance e de conveniência)

Gatilhos funcionais são entraves na vida dos clientes e causam queda de performance e redução de produtividade. São âncoras que impedem o desenvolvimento, a evolução e a conclusão de tarefas e objetivos, retardando a velocidade dos processos e/ou comprometendo a qualidade dos resultados. Diferente dos gatilhos emocionais, os gatilhos funcionais são pouco ou nada subjetivos, e sua correção ou abordagem normalmente proporciona benefícios tangíveis ou quantificáveis. Talvez por isso os gatilhos funcionais sejam os mais atacados por empreendedores, principalmente quando falamos de projetos B2B (business-to-business, ou de negócio-para-negócio). Até porque é raro emplacar vendas empresariais significativas onde não seja possível "comprovar" numericamente os ganhos que serão proporcionados após a implementação da solução sugerida. Não que não seja possível, mas sem "provas" quantificadas ou casos de sucesso representativos, a argumentação fica frágil e as chances de contratação são baixas.

Centenas de milhões de dólares são desperdiçadas todos os anos em decorrência de negligências e fraudes no reporte de despesas de viagens realizadas pelos funcionários de pequenas, médias e grandes empresas. Reduzir essas perdas entrou há mais de duas décadas no escopo da Concur Technologies, uma startup fundada em 1993, e considerada uma das pioneiras na venda de software como serviço (SaaS, da sigla em inglês, *software as a service*). O sucesso foi tão grande que em 2014 a gigante alemã de tecnologia SAP comprou a Concur numa transação estimada em US$8,3 bilhões, a agora se chama SAP Concur. Nada mal para um negócio que começou com a comercialização do software via CD-ROMs em lojas físicas.

A ponta dos consumidores domésticos ou clientes finais também é repleta de gatilhos funcionais. Falei há pouco da mina de ouro escondida no mercado de casamentos, recorda-se? Quem acha que depois do pedido de casamento tudo está resolvido é porque nunca casou. Só quem já casou sabe que organizar as informações da festa, disponibilizar a lista de presentes e confirmar a presença dos convidados são tarefas desafiadoras e trabalhosas. Contratar uma agência ou cerimonialista para fazê-las é uma das alternativas, mas nem sempre cabe no orçamento do casal. Fazer por conta própria, na raça e na "mão", é a opção mais acessível, mas nem de longe a mais rápida ou prazerosa. É muito burocrático, consome muito tempo e gera transtornos e discussões desconfortáveis. E se fosse possível simplificar essa etapa? Que tal um sistema para organizar tudo isso, e que caiba no bolso? Foi assim que nasceu a iCasei, em 2007, site pioneiro e líder no Brasil em construção de sites de casamento e lista de presentes (fictícios e conversíveis) em dinheiro. Em 10 anos de mercado, a iCasei possibilitou a construção de mais de 1 milhão de sites de casamento e a movimentação de mais de R$1 bilhão em presentes em dinheiro. Em 2014, o faturamento superou R$10 milhões.

Dicas para investigação de gatilhos

Decidi redigir esse tópico numa tentativa de contribuir com o desenvolvimento do seu projeto, pois ao longo dos anos aplicando a Validation Rocket notei que mesmo com as explicações verbais e escritas, e as ilustrações por meio de exemplos fictícios e casos reais, meus alunos ainda sentiam dificuldades em registrar o gatilho, e quando o faziam havia certo distanciamento com o resultado esperado e com maior potencial de proporcionar a evolução desejava para o projeto. Vejamos com reduzir esses ruídos e não cair em armadilhas ou labirintos.

O médico e o paciente doente

A melhor analogia que encontrei é a história do médico e do paciente doente. Quando entramos no consultório, o médico não está nos esperando na porta com a prescrição (receita) nas mãos, está? E, se estivesse, você confiaria nesse profissional? Ou estaria seguro em deixar seus filhos aos cuidados dele? Por que então quando estamos na posição de empreendedores, ou seja, "do médico", tentamos prescrever o tratamento (solução) sem antes chegar ao diagnóstico (gatilho)? Um bom médico resgata nosso histórico de visitas (se houver), nos faz perguntas e mais perguntas, nos observa e nos examina para investigar e mapear os sintomas e desvendar as causas da dor. Só depois desses procedimentos, o doutor chega ao diagnóstico médico (nem sempre é fácil, nem sempre é conclusivo, nem sempre é rápido, e nem sempre é o que a gente esperava) e está mais confiante e seguro para prescrever o tratamento que curará a enfermidade (nem sempre funciona, nem sempre tem cura). Nossa parte na história é seguir o tratamento tal qual recomendado para restabelecer nosso nível de produtividade e voltarmos a uma vida normal. Não coloque o carro na frente dos bois. Essa é a primeira dica.

Não esqueça da definição de gatilho

Não percamos de vista a definição de gatilho: gatilho é *um problema, uma dor, uma necessidade, uma vontade ou um desejo* não resolvido ou resolvido parcialmente de maneira pouco ou nada satisfatória. No fim do dia, o que isso significa? Significa que *não* estamos procurando as soluções aqui na PEÇA GATILHO, ou, utilizando nossa analogia, não estamos procurando o tratamento, o remédio para a doença, mas sim diagnosticar a doença, os sintomas e suas causas.

Não predizer os benefícios

Há uma tendência natural de predizermos os benefícios em vez de apontarmos o gatilho. Acontece bastante em projetos com clientes empresariais quando o assunto é, por exemplo, performance e produtividade industrial. *Redução* de desperdícios, *aumento* de produtividade e *diminuição* de tempo de espera são termos empregados na caracterização do gatilho que, de fato, não deveriam ser considerados no gatilho. Redução, aumento e diminuição são termos que caracterizam os benefícios (resultados) esperados pelas potenciais empresas-clientes, mas não o gatilho em si. Lá na frente, na PEÇA BENEFÍCIOS, você terá a oportunidade de registrar tudo isso com detalhes. Nos limitemos aqui ao escopo da PEÇA GATILHO. Quais são as razões que levaram os desperdícios a serem maiores do que o esperado, as causas da produtividade aquém do desejado ou ainda os motivos que levaram o tempo de espera para níveis desconfortáveis? É isso que estamos procurando na PEÇA GATILHO. Claro que o médico objetiva curar a doença e devolver a qualidade de vida ao paciente, mas, para curá-la é preciso conhecê-la, diagnosticá-la.

Gatilhos não contêm ações (verbos)

Recorda-se do Hippo Water Roller, aquele projeto das bombonas plásticas para transporte de água na África? Utilizo com frequência esse exemplo em minhas imersões empreendedoras e é normal os participantes apontarem que o gatilho social abordado pelo projeto é *reduzir* o sofrimento das mulheres e crianças, *facilitar* o transporte da água, *diminuir* a distância percorrida, *aumentar* o acesso ao recurso natural, *melhorar* a qualidade de vida e *devolver* a dignidade para as pessoas beneficiadas pela solução, dentre tantos outros *verbos*. Acontece que *reduzir*, *facilitar*, *diminuir*, *aumentar*, *melhorar* e *devolver* são verbos que caracterizam os objetivos almejados pelo Hippo Water Roller, e não a descrição do gatilho propriamente dita. Os objetivos são sim valiosos e importantes para o empreendimento. Aqui, no entanto, estamos investigando os gatilhos. Na ordem lógica e cronológica de um projeto empreendedor, os objetivos específicos surgem *depois* do diagnóstico do gatilho, e não antes.

Por que *reduzir* o sofrimento das mulheres e crianças? Porque elas sofrem com a escassez de água. Por que *facilitar* o transporte da água, *diminuir* a distância percorrida e *aumentar* o acesso ao recurso? Porque a água é transportada em baldes plásticos, nas cabeças das mulheres, e o volume carregado em cada campanha é pequeno, obrigando-as a percorrerem diversas vezes o mesmo caminho. Por que *melhorar* a qualidade de vida e *devolver* a dignidade para as pessoas? Porque elas vivem à margem da sociedade, praticamente esquecidas, pois não foram agraciadas, e vivem muito abaixo da linha de pobreza, cultivando do jeito que dá o alimento que precisam para sobreviver. As plantas morrem porque falta água. Os animais morrem porque não há água para beber e comida para comer. As pessoas morrem por desidratação e desnutrição extrema. Em outras palavras, o gatilho social atacado pelo Hippo Water Roller poderia ser descrito como a *escassez*, a *falta*, a *carência* de água em regiões rurais africanas, ou seja, empregando-se *substantivos*, e não *verbos*.

Evitar a parcialidade (predeterminar a solução)

Uma das minhas grandes críticas às pesquisas de mercado para desenvolvimento e validação de projetos inovadores reside no fato de que as pessoas envolvidas *não* assumem postura neutra e imparcial, por mais que afirmem de pés juntos o contrário. Por não conseguirmos atingir neutralidade plena, a pesquisa não é um instrumento aplicado para descobrir as verdades, mas sim para buscar confirmações de que a nossa sugestão é a melhor ou a mais adequada para aquele determinado contexto, ou seja, para ratificar e não para clarificar, investigar, como esperado (retomarei este assunto na PEÇA MÉTODO, do PROPULSOR). É esse modelo mental que prejudica o diagnóstico correto dos gatilhos autênticos e genuínos, que merecem ser abordados por soluções sólidas e consistentes. O time se enviesa de tal maneira pelo Transe da Idealização, pelo apego emocional ao escopo original do produto e serviço, que acaba tapando o sol com a peneira. Resultado? Desenvolvimento de produtos e serviços que não prestam para nada, que não servem a ninguém.

> **!** **Importante saber:** Não importa se o gatilho é uma questão de sobrevivência ou uma vontade subjetiva, *o mais importante é saber exatamente qual o gatilho que você resolverá.*

Empreendedores bem-sucedidos são aqueles que, primeiro, sabem identificar o gatilho; segundo, conseguem construir uma solução capaz de resolvê-lo; e, terceiro, constroem um modelo de negócios sustentável em torno dela.

Não deixar espaço para dupla interpretação

Quanto mais bem descrito, melhor. Diferente da PEÇA SOLUÇÃO, na qual a recomendação é não investir muita energia nos instantes iniciais, na PEÇA GATILHO não devemos economizar nem tempo nem palavras. Óbvio que não estou dizendo para sermos prolixos ou exagerados, utilizando páginas e mais páginas vazias de significado e conteúdo, para descrever o gatilho. Entretanto, é mais provável que, para investigar e caracterizar o gatilho do seu projeto na profundidade adequada, você precise mais do que poucas palavras. O exercício de descrição se mostra fundamental para pleno entendimento do que será abordado pelo empreendimento, e para o alinhamento de todos os membros do time. É crucial que essa descrição seja clara para qualquer pessoa que venha a se envolver no projeto, em qualquer momento de sua história. Não deve haver dúvidas ou espaço para dupla interpretação. A caracterização do gatilho é o momento mais crítico do negócio. Quando o gatilho não está definido, não está claro ou não merece ser abordado (não é relevante) as chances de fracasso são enormes. Não vale a pena seguir por esse caminho.

Peça Clientes

Incontinência é um problema que afeta centenas de milhões de indivíduos no mundo, e, ao contrário do que se imagina, não acomete somente idosos e pessoas doentes. Você sabia que a incontinência também atinge adultos saudáveis, e que ainda por cima em números escandalosos: 40% dos adultos com mais de 50 anos e 1 em cada 3 mulheres com mais de 18 anos sofrem com algum tipo de incontinência? Se por um lado a sociedade parece aceitar a imagem de um velhinho frágil e debilitado vestindo fralda geriátrica, por outro, essa mesma sociedade piegas refuta a mínima figura de um adulto em plena flor da idade e no ápice da produtividade fazê-lo, não é mesmo? Quantos adultos vigorosos e trabalhadores você já viu utilizando fraldas para conter incontinência urinária, por exemplo? Eu tenho grandes chances de acertar se dissesse que você não conhece ou não se lembra de um caso, por mais distante que seja. Por quê? Porque os adultos sentem vergonha de vestir "fraldas" tanto por essa questão de aparência social quanto pelo fator psicológico e emocional do indivíduo envolvido na situação, além, é claro, do desconforto físico de um produto que não fora desenvolvido para ser uma peça íntima.

O lamentável fato é que boa parte dos adultos que sofre de incontinência opta por abandonar a convivência social a usar qualquer coisa que lembre — ainda que vagamente — uma fralda. Pense que você é um desses adultos e vai à farmácia para comprar um pacote de fraldas e, quando já se encontra na fila do caixa para pagar, todo tímido, se contorcendo de vergonha, e tentando se esconder de pessoas conhecidas, um colega de trabalho o vê de longe e se aproxima rapidamente para cumprimentá-lo, não dando tempo para você reagir. Você está petrificado e começa a suar frio. Naquele instante, você daria tudo por uma granada de fumaça ninja ou um buraco no chão para enfiar a cabeça de tanta vergonha. Que desconfortável e desagradável, pensa você e seu colega também ao passar os olhos nas suas mãos e encontrar aquele pacotão de um produto tão "atípico" para um adulto. Certamente você não dirá que é para você, ou dirá? E se fosse possível mudar o *status quo* e ressignificar a vida de quem lida diariamente com a incontinência? Umbiguistas arrogantes e neonarcisistas ensimesmados jamais seriam capazes de realizar o feito da Kimberly-Clark, que num gesto de ousadia, altruísmo e empatia ressignificou todo um segmento de mercado e amenizou substancialmente o sofrimento (gatilho) desses adultos.

Os inovadores corporativos da Kimberly foram sagazes e mergulharam na vida dessas pessoas. Foi depois de se colocarem na pele delas, revivendo e reconstituindo cada momento, que o time entendeu a magnitude e a dimensão do sofrimento e do desconforto causado pela incontinência e por não haver soluções legítimas (ou, no mínimo, razoáveis) disponíveis no mercado. Desde a aparência dos pacotes tradicionais de fraldas adultas (parecida com aqueles pacotões de fraldas para bebes), passando pelo incômodo emocional e social de carregar o pacote até o caixa (nos anos que antecederam a explosão da internet e das lojas virtuais), até o toque, a textura, o ajuste e o caimento do produto no próprio corpo (esses pontos são chamados de atributos da Validation Rocket e serão abordados na PEÇA ATRIBUTOS). Tudo foi pensado para minimizar ao máximo a sensação de estar comprando fraldas e a aparência de vestir um produto (que antes era literalmente uma fralda) por baixo da roupa para conter a incontinência. Assim surgiram as calcinhas Depend Silhouette e cuecas Depend Real Fit que devolveram às mulheres e aos homens o direito de ressocializar e retomar sua rotina normalmente. Será que deu certo? No primeiro ano a inovação gerou US$60 milhões em vendas, com um crescimento de 30% já no ano subsequente.

O mercado norte-americano no mundo pós-segunda grande guerra era vigoroso e o poder de compra da população era impressionante e promissor, especialmente comparado com as demais nações solapadas pelas consequências dos confrontos. Não por acaso, virou objeto de desejo de empresários e empreendedores na busca por beliscar um pedacinho do bolo da riqueza exportando para a terra do Tio Sam. A montadora japonesa Honda, que cresceu vertiginosamente no país após a guerra graças ao desenvolvimento de motocicletas bem pequenas, com motores de baixa potência, porém versáteis e ágeis para facilitar a travessia pelos caminhos sinuosos e em meio aos escombros, foi uma das empresas que pleiteou a entrada nos EUA.

A leitura de mercado da Honda estava corretíssima: apontar que não existia mercado estabelecido para as motos pequenas da montadora japonesa, visto que os americanos estavam acostumados com motocicletas maiores e mais potentes, para percorrer maiores distâncias em estradas mais longilíneas, planas e asfaltadas. A saída encontrada pela empresa foi desenvolver um produto compatível com o mercado dos motões, apostando no atributo valor de venda (preço ao consumidor) como diferencial competitivo e chamariz para a clientela (abordaremos com mais detalhes o assunto em PEÇA DIFERENCIAIS), uma vez que os custos de mão de obra eram incrivelmente baixos no Japão. Entretanto, e como consequência dos equívocos da aplicação e análise dos resultados da pesquisa de mercado, a empreitada não poderia ter dado mais errado, pois a marca era desconhecida, o produto não era comprovado e o diferencial de preço pouco importava, uma vez que estamos falando do final dos anos 1950, em um segmento marcado pela presença de Harley-Davison e BMW. Pouquíssimos revendedores toparam o risco de comercializar um produto desconhecido, portanto, pouco confiável, e os que o fizeram se arrependeram amargamente. As novas motocicletas da Honda vazavam óleo e a embreagem desprendia com inacreditável frequência e facilidade. O acionamento da garantia dos produtos literalmente quase quebrou a companhia. Completo fiasco. A motocicleta não emplacou.

A sorte, no entanto, acompanhava os funcionários enviados pela Honda aos EUA. Adivinha o que eles faziam nas horas vagas para aliviar as dores de cabeça causadas pelos transtornos dos negócios moribundos? Eles andavam para lá e para cá, explorando trajetos de terra, pilotando aquelas mesmas motinhos que posicionaram a Honda no *hall* das empresas mais bem-sucedidas de todos tempos, aquelas mesmas motinhos utilizadas para trafegar pelos caminhos tortuosos e esburacados em um país totalmente destruído pela guerra. A inusitada atividade atraiu curiosos de tal forma que não levou muito tempo para sinalizar uma incrível oportunidade de mercado, totalmente inexplorada até então: o mercado de motos para trilhas. E assim a Honda fincou a bandeira japonesa em solo americano e provocou uma disrupção no mercado, incomodando profundamente a concorrência até então nada acostumada com a disciplina, velocidade para aprender e fome de negócios dos japoneses.

O que fez o projeto da Kimberly-Clark ser um tremendo sucesso e o projeto da motona da Honda fracassar piamente?

Clientes no centro do projeto

A resposta à pergunta anterior é simples: os clientes. Ou, sendo mais específico, o que levou o projeto da empresa de cuidados pessoais a ser bem-sucedida no lançamento de dois produtos inovadores e o que afundou a moto da montadora japonesa foi a profundidade de compreensão dos clientes e seus gatilhos.

A Kimberly-Clark demonstrou controle total do projeto, reconhecendo a importância do cliente como *o principal* fator-chave de sucesso e grande trunfo indutor da inovação. Ao estudar, sem vieses ou prejulgamentos, a vida e a jornada dos adultos com incontinência (potenciais clientes/consumidores), a empresa pôde sentir na pele e compreender as preferências, os gostos e desgostos, os hábitos e as razões para determinados comportamentos, os motivos para o desencadeamento da avalanche de emoções e para o borbulhamento de sentimentos de vergonha e constrangimento, bem como as reações e as nuances de cada tomada de decisão, tanto de escolha e de compra quanto de abandono do convívio social. Procedendo dessa maneira, que, diga-se de passagem, é a forma mais assertiva e efetiva de evitar estresses e desperdícios plenamente evitáveis, a empresa norte-americana emplacou dois produtos inovadores que rapidamente ganharam mercado e entraram no dia a dia dos clientes com incontinência.

A Honda, no entanto, ocupa o outro lado da moeda, dominada pelas tentativas educadas de adivinhação e psicografia dos deuses do sucesso, que mesmo bem fora de moda, e, a propósito, quase nada efetivas, continuam sendo as preferidas de startups e corporações em todos os lugares que pesquisei. Baseada na interpretação equivocada da pesquisa de mercado que sinalizou a não existência de mercado para suas motocicletas de baixa cilindrada, a montadora japonesa partiu para a pesquisa e desenvolvimento de um produto mais potente, no inocente e ingênuo ensaio de equiparar-se às motocicletas da Harley-Davidson e BMW. A Honda abaixou a cabeça, desprezou estudar com mais cautela seus potenciais clientes e seus respectivos gatilhos, interesses e anseios (revendedores e cliente final/consumidor doméstico), a estrutura da cadeia de valor e acelerou até dar com os burros n'água. Os revendedores, por exemplo, ficaram ressabiados em vender uma motocicleta desconhecida, de uma marca até então desconhecida em solo americano, ainda por cima muito mais barata do que os produtos das concorrentes (mais barato na cabeça do revendedor é o mesmo que margens menores; parece atraente do ponto de vista do cliente-revendedor?). Do mesmo modo, o cliente final não estava confortável pelas mesmas razões, com um peso claramente maior em relação ao preço de venda, mais acessível do que o esperado. O dito popular "quando a esmola é demais até o santo desconfia" podia muito bem ser aplicado. Tanto um quanto outro, e óbvio, a própria Honda, pagaram um preço alto demais quando os problemas técnicos apareceram.

Somente quando bebeu da fonte mágica chamada *clientes*, isto é, quando compreendeu com profundidade os gatilhos do cliente final (partindo dos anseios por diversão, lazer e descontração dos próprios funcionários da companhia) a Honda foi capaz de virar o jogo, promover uma verdadeira disrupção no mercado norte-americano de motocicletas e desfrutar dos benefícios e regalias daqueles que astutamente não ignoram os clientes nem por um segundo sequer, tal como foi o caso da Kimberly-Clark com a linha Depend Silhouette e Depend Real Fit. Lembra-se do Febreze, da P&G, introduzido na PEÇA GATILHO? O processo foi bastante semelhante. Depois do grande fracasso veio o toque de genialidade. As duas empresas, e tantas outras empresas e startups espalhadas por aí, não precisam torrar milhões e queimar neurônios de gente talentosa para desvendar oportunidades fantásticas.

Definição de clientes

Os exemplos anteriores consolidam a importância de estudarmos os clientes *antes* de partirmos para a proposição de produtos e serviços que, caso contrário, muito provavelmente serão inúteis, não prestando para coisa alguma, a não ser para desperdiçar aquilo que temos de melhor. Se há gatilhos não solucionados há necessariamente indivíduos e/ou entidades jurídicas que são impactados negativamente por isso, e, portanto, ficam impedidos de progredirem e percorrem suas respectivas jornadas, sejam elas uma questão de performance organizacional ou a satisfação de um desejo de cunho íntimo e específico. Na Validation Rocket, clientes são quaisquer pessoas físicas (também chamadas de consumidores) e/ou pessoas jurídicas (organizações não governamentais, empresas públicas, empresas privadas ou qualquer outra forma de constituição jurídico-legal) beneficiadas pelo projeto ao terem seus gatilhos atendidos pela solução, mas, desde que elas *influenciem* direta ou indiretamente, voluntaria ou involuntariamente, consciente ou subconscientemente, alguma ou algumas etapas do processo de tomada da decisão de *compra e/ou consumo/utilização* da solução ofertada.

Repare que a definição de *cliente* na Validation Rocket é bem mais ampla do que simplesmente *aquela pessoa* (física ou jurídica) *que paga* para adquirir, usar ou ter direito ao uso da solução, como estamos acostumados. Para a Validation Rocket, um cliente não obrigatoriamente é o pagante da história, quem desembolsa o dinheiro de fato. O cliente pode assumir o papel tão somente de *usuário*, como uma garotinha (cliente-usuário) que ganha uma boneca de presente da mãe (cliente-pagante). Porém, ambas as categorias influenciam na decisão e ambas se beneficiam do brinquedo ainda que de maneiras distintas. Há situações mais simples em que o cliente-pagante é também o cliente-usuário, e existem situações mais complexas em que acrescentamos na equação os clientes-fornecedores (isso mesmo, um fornecedor ou parceiro pode ser um cliente importante), ou ainda projetos que precisam considerar clientes de níveis hierárquicos distintos, muito comum em projetos direcionados para servir empresas. O fato é que um mesmo projeto pode envolver bem mais do que uma única categoria ou segmento de clientes, conforme apresentarei nos exemplos a seguir. A opção por adotar a terminologia cliente-pagante, cliente-usuário e cliente-fornecedor é apenas uma sugestão. Utilize-a caso se sinta confortável ou incorpore qualquer outra que faça sentido e facilite a comunicação e a apresentação interna e externa do projeto.

Qual o significado dessa definição, na prática, uma vez que ela difere da definição convencional de clientes (aqueles que pagam)? Isso significa que, ao utilizar essa abordagem, você construirá um entendimento mais sólido sobre a jornada que sua solução traçará para atrair a atenção dos atores indispensáveis na cadeia de valor do projeto, e não somente de quem supostamente pagaria por ela. Se assim fosse, você provavelmente ignoraria "forças invisíveis" capazes de afundá-lo debaixo d'água até você se afogar. *É preciso equilibrar os interesses de diferentes agentes dentro de uma mesma iniciativa empreendedora para que ela tenha chances de ser bem-sucedida.* Por essa razão, ao pensar nos clientes, faça a associação com a cadeia de valor e os agentes externos (partes interessadas ou stakeholders) que se beneficiarão diretamente e influenciarão a decisão de compra e/ou utilização/consumo da oferta. Note que não estou dizendo para sair listando um monte de "clientes" para preencher essa peça o quanto antes. O foco é encontrar aquelas que realmente importam e contribuem para a construção da solução, independente do grau ou da profundidade dessa contribuição.

Vejamos, por meio de exemplos, a implicação dessa abordagem mais abrangente.

Configuração de projetos sob a ótica dos clientes

O objetivo dessa seção é apresentar duas das muitas configurações de projetos e negócios sob o ponto de vista dos segmentos de clientes, para que você possa refletir sobre seu próprio empreendimento e promover, se aplicável, a segmentação mais pertinente para fazê-lo decolar. Tenha em mente que não é uma lista levada à exaustão ou exemplos explorados nos mínimos detalhes. O mais importante é observar a lógica da segmentação nos exemplos apresentados. Observe como uma sutil mudança no modelo mental vira da água para o vinho projetos de qualquer setor da economia.

Bridge International Academies

Fundada em 2008, a Bridge International Academies é um negócio social em educação (escolas) que atua na África e na Índia, desenvolvendo comunidades inteiras por meio de um método inovador e tecnologia de ponta. A Bridge nasceu para suprir o deficit educacional infanto-juvenil em países pouco desenvolvidos, começando pelo Quênia. Na prática, esse é o primeiro segmento de clientes coberto pelo projeto: *clientes-alunos*. No entanto, a Bridge não é uma escola comum, como qualquer outra, e nem foi idealizada para figurar ou apenas cumprir tabela. O método de ensino é levado à cabo e adiante por professores cautelosamente escolhidos via um longo processo seletivo e muito, muito treinamento e preparação pós-seleção. Um desafio e tanto para áreas fora do holofote e do glamour, que felizmente foi (e tem sido) superado com maestria pela equipe do projeto ao legitimarem os professores não como *prestadores de serviço*, *funcionários*, *fornecedores* ou *parceiros*, aos moldes do que acontece em milhões de escolas no mundo todo, mas sim como *clientes* da Bridge. Esse modelo mental habilitou o time do projeto a esmiuçar cada mínimo detalhe sob a *perspectiva do educador*, para então muni-lo com o estado da arte de treinamentos, recursos e ferramentas, pavimentando o caminho e dando confiança extrema para os professores impactarem e transformarem a realidade dessas regiões.

Não por acaso, a Bridge gera resultados sólidos e atrai organizações filantrópicas peso-pesado do cenário mundial que provêm recursos financeiros para que o empreendimento amplie e aprofunde o impacto. Essas organizações são *clientes* da Bridge (*clientes-doadores* ou *clientes-filantropos* ou qualquer outro nome que você queira atribuir), o terceiro segmento de clientes nessa linha de raciocínio. O fato de a Bridge não ser uma escola gratuita causa desconfortos nos mais ávidos e fundamentalistas dos negócios sociais, mas por outro lado chamou a atenção de fundos de investimento de impacto (social), que conciliam capital, retorno sobre o investimento e retorno para a sociedade, e enxergaram na Bridge um fantástico instrumento para tangibilizar seus objetivos. Portanto, os fundos investidores da Bridge formam o quarto segmento de clientes identificado (*clientes-investidores de impacto*). E muito se engana aquele que acreditou que os pais dos alunos ficariam de fora dessa.

Os pais dos alunos estão contemplados no modelo da Bridge. Primeiro, pois eles são os responsáveis pelas crianças e necessitam saber o que está acontecendo com elas. Segundo, porque eles *pagam* a Bridge para a educação dos filhos. Em contrapartida, é claro, esperam ver os pupilos aprendendo e evoluindo. É indiscutível que os pais são clientes da Bridge (*clientes-pais*). E, se você não é pai nem mãe de uma criança atendida pela Bridge e sentiu-se propelido a bancar os estudos de uma ou mais delas, basta entrar no site e se tornar um patrocinador. Com US$12 por mês você pode transformar a vida de uma pessoa para sempre. E esse é o sexto segmento de clientes: os *clientes-patrocinadores*.

Com seus *seis*, isso mesmo, *seis* segmentos de clientes (clientes-alunos, clientes-professores, clientes-doadores, clientes-investidores de impacto, clientes-pais e clientes-patrocinadores) a Bridge já transformou a vida de 300 mil crianças e adolescentes em suas mais de 520 escolas, espalhadas no Quênia, Uganda, Nigéria, Libéria e Índia. Nada disso teria sequer saído do papel se os fundadores da Bridge International Academies tivessem aplicado o modelo mental do século XIX para resolver dilemas do século XXI.

SpaceX

A Space Exploration Technologies, ou SpaceX, fundada em 2002 por Elon Musk, revolucionou o mercado aeroespacial mundial de lançamento de foguetes para reabastecimento de estações espaciais e colocação de satélites no espaço. O extraordinário feito de Musk foi retorná-los à superfície terrestre para serem reaproveitados (relançados), algo que nenhuma empresa conseguira. A SpaceX transformou definitivamente o setor, reduzindo os custos de cada lançamento para menos de US$100 milhões, um valor que os mais desprevenidos considerariam exorbitantes, mas que é apenas uma pequena fração do padrão de até então (algumas centenas de milhões de dólares). Dado o contexto de uma empresa fabricante de foguetes aeroespaciais, é rápido distinguir os dois segmentos de clientes da empresa norte-americana: *clientes-empresas (empresas privadas)* e *cliente-governo (empresas ou agências públicas)*. Ambos com gatilhos parecidos, mas com expectativas, demandas e modo de trabalho bastante diferentes (uma coisa é vender para um empresa privada; outra coisa completamente diferente é vender para governos e seus burocráticos e morosos processos, sem falar nos lobbies políticos para aprovação de uma proposta, especialmente nesse caso cujas somas superam a ordem do bilhão de dólares). Essa distinção é fundamental para aparar as arestas do empreendimento e atendê-los adequadamente com a *mesma* solução.

Sendo criterioso na avaliação dos segmentos de clientes da SpaceX, é possível enxergar dentro do segmento de clientes-empresas microssegmentos baseados, por exemplo, na função e influência dos funcionários dentro da empresa-cliente. O comprador pode ser considerado um microssegmento de cliente, e negociará incansavelmente os melhores preços e condições de fornecimento. Essa é a função do departamento de compras. O especialista técnico ou o engenheiro responsável pela especificação e aprovação técnica da solução, por sua vez, possui um conjunto peculiar e diferente de gatilhos, características e expectativas, e é metodologicamente rigoroso na avaliação, por isso pertence a um segundo microssegmento. E o terceiro possível microssegmento corresponde ao executivo responsável (ou aos executivos responsáveis) por assinar o cheque. Essa figura dentro da organização está interessada em colher os benefícios da solução o mais rápido possível para que a conta não demore a fechar. Caso contrário, ele será pressionado e culpado por quaisquer eventualidades e pelo retorno sobre o investimento aquém do esperado.

Observe que não é preciosismo explorar os microssegmentos de clientes na estrutura de um cliente-empresa. A lição de casa é indispensável para que você entenda a rede de poder e influência dentro de uma empresa ou organização. É praticamente o mapa da mina. Sem isso muito bem desenhado, você girará em círculos e não engajará as peças-chave do processo decisório corporativo, e, portanto, nunca conseguirá estabelecer um fluxo sustentável de vendas.

Profundidade da segmentação

Está certo que no começo de uma nova empreitada empreendedora não tenhamos muita profundidade ou demasiado entendimento sobre as nuances do, ou dos, segmentos de clientes que atacaremos com o projeto. Isto é bem mais normal do que equipes que logo de cara já chegam com segmentações mastigadinhas. Nunca é demais reforçar que a Validation Rocket é cíclica e estimula contato permanente com o mercado e o mundo externo ao projeto, munindo-o com os instrumentos para crescer e empreender em alta performance. Você será capaz de diagnosticar com precisão as carências no seu projeto e correr atrás exatamente daquilo de que precisa para dar o próximo passo sem titubear. Vale adiantar desde já que dois dos pontos que mais retardam e afundam projetos promissores são a falta de compreensão dos gatilhos (peça GATILHO) e imprecisão (generalidade ou abrangência extrema) na definição dos segmentos de clientes.

Quanto mais específicos formos na segmentação, melhor. O recorte é importante para concentrarmos energia e extrairmos resultados rapidamente. Lembre-se de que o processo mais certeiro é equilibrar os interesses dos segmentos de clientes dentro da solução, e não sair como um louco criando produtos e serviços inúteis por sequer atender a um único segmento. A harmonia e consonância dos diferentes segmentos de clientes no balanceio da solução é o trunfo de empreendedores sagazes. Deixar aberto ou abrangente demais a segmentação dos clientes compromete a leitura e a extração de dados e informações úteis, além de acrescentar uma complexidade difícil de ser gerenciada, especialmente para quem está dando os primeiros passos no universo do empreendedorismo. Quanto mais detalhes e especificidades para qualificar cada segmento de clientes, melhor.

Desdobramento do estudo dos clientes

Repare na imagem a seguir **(Figura 5)**. Esta foto foi tirada durante uma de minhas imersões empreendedoras no Brasil. Ao contrário do que muitos pensam, as notas adesivas coloridas não são alegorias sem valor, insignificantes, usadas só para deixar o material mais bonitinho. Na realidade, as cores cumprem um papel muito nobre e decisivo. Trata-se de um código de cores para representar, adivinhe o que? Sim, *os segmentos de clientes* que o projeto atenderá. Nas imersões presenciais orientamos para que os times adotem uma cor diferente para cada segmento de clientes. No projeto da Figura 5, o time contemplou quatro seg-

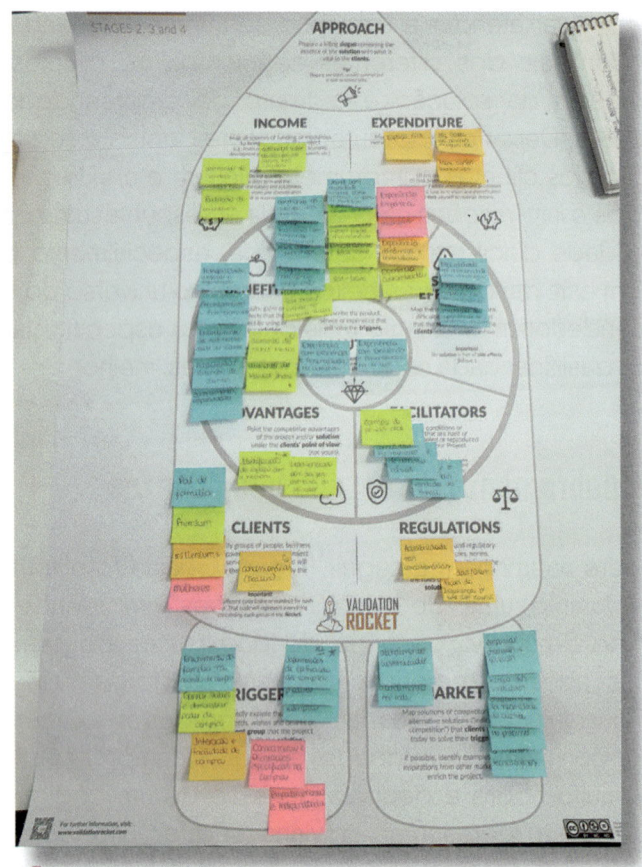

Figura 5
Exemplo de FOGUETE preenchido com projeto real, que ilustra a lógica de construção do modelo de negócio baseado na perspectiva de múltiplos segmentos de clientes

mentos de clientes, representados pelas cores laranja, rosa, azul e verde-limão. Esse é o pontapé inicial para construirmos soluções focadas nos clientes (o que muitas vezes implica na completa desconstrução da ideia inicial, por essa razão afirmei e reafirmei na PEÇA SOLUÇÃO para não investirmos tempo excessivo só na solução e suas funcionalidades antes do estudo sincero dos clientes).

Com o código de cores estabelecido, nos debruçamos nas demais peças que compõem o quebra-cabeça do modelo de negócio, seguindo as cores escolhidas, isto é, se o time está estudando os gatilhos dos clientes, o registro dos gatilhos do segmento de clientes *laranja* deverá acontecer nas notas adesivas de cor *laranja*, o do segmento de clientes rosa terão gatilhos de cor rosa, e o segmento de clientes verde-limão, gatilhos de cor verde-limão. A lógica se desdobra para as demais peças, da mesma maneira. Agora, olhe novamente para a figura e perceba como fica incrivelmente intuitivo construir (desenvolver o projeto equilibrando os interesses dos segmentos) e analisar a estrutura do modelo de negócios por meio do código de cores. Viu como as cores não são apenas alegorias desprezíveis? Basta passar os olhos para identificarmos as nuances de cada segmento de clientes em cada pedacinho do projeto, e, inclusive, identificar que a balança está pendendo mais para um lado do que para o outro.

Consideração sobre as peças Gatilho e Clientes

Gatilho e clientes são duas peças distintas no FOGUETE e foram explicadas separadamente por razões didáticas tanto para a conceituação e definições quanto para modelagem dos projetos. Na prática, contudo, clientes e gatilhos andam juntos, estão lado a lado, fazem parte do mesmo contexto. Não há como descolá-los ou considerá-los isoladamente. Clientes e gatilhos são inseparáveis. Quando procedemos com o diagnóstico dos gatilhos, automaticamente estamos investigando os clientes, independentemente de serem consumidores, empresas ou governos. Tentar fazer a análise isolada dessas duas peças gerará resultados superficiais que prejudicarão a identificação daquilo que é relevante para abordar os gatilhos. Além disso, é importante considerar que normalmente para cada segmento de clientes haverá um gatilho ou um conjunto de gatilhos específicos que não necessariamente será o mesmo para os demais segmentos, e não podemos deixar de registrar isso devidamente. Para isso serve o código de cores.

· · · · · · · · ·

Estudar os clientes é uma parte indispensável do empreendedorismo de alta performance. Porém, como vimos e veremos, não é uma parte com fim em si mesma. Estudar e reestudar a quem serviremos é só o começo da jornada, o substrato que alimentará todas as demais etapas do processo de desenvolvimento do projeto via Validation Rocket. Criar uma solução inovadora e que seja desejada por todos os segmentos de clientes demanda muito mais de nós. Os insights gerados a partir da leitura dos clientes devem ser introduzidos na solução, pois só assim solucionarão gatilhos reais e atenderão expectativas legítimas com precisão e efetividade.

Porém, você deve estar se perguntando: como faço para introduzir os insights que capturei estudando meus segmentos de clientes na minha solução? Os insights podem se manifestar de diversas formas em uma determinada solução. Eles eventualmente se desdobrarão nas características e especificações da solução (PEÇA ATRIBUTOS), ou nos benefícios percebidos, esperados e que necessariamente devem ser entregues aos clientes quando a solução é utilizada/consumida (PEÇA BENEFÍCIOS). Os insights podem ainda ser entendidos e traduzidos como diferenciais competitivos (PEÇA DIFERENCIAIS), ou até mesmo como impactos negativos intrínsecos à solução e que devem ser meticulosamente contornados para que não desequilibrem a balança do projeto (PEÇA EFEITOS COLATERAIS). Os insights se refletem também na percepção sobre o que é ou não valor para os clientes e, consequentemente, se reflete no quanto vale financeiramente a solução — quanto os clientes estão dispostos a pagar — e nas múltiplas opções de monetização do projeto (PEÇA ENTRADAS). E, finalmente, os insights fornecem subsídios para o desenho de uma estratégica de comunicação que caiu como uma luva (PEÇA APPROACH).

Comecemos pela PEÇA ATRIBUTOS.

Atributos

Em 2014, o Banco Inter (antigo Banco Intermedium) foi o primeiro banco 100% digital do Brasil e acabou com essa história de cobranças para tudo quanto é lado, de verdade. O negócio funciona mais ou menos assim: primeiro, não há agências físicas espalhadas por aí, o banco é 100% digital. Em outras palavras, o banco está disponível online 24 horas por dia, 7 dias por semana, 365 dias por ano. Segundo, para abrir uma conta, o interessado não perde tempo indo até uma agência e aguardando por horas na fila para ser atendido e bombardeado com as infinitas solicitações e burocracias. Basta instalar o aplicativo no celular, inserir as informações básicas solicitadas, enviar fotos do documento pessoal com foto e comprovante de residência (para recebimento do cartão de débito) usando o próprio dispositivo e pronto. Em algumas horas, um e-mail é enviado para o endereço cadastrado confirmando a abertura da conta. Terceiro, o agora cliente não paga absolutamente nenhum centavo para manter a conta aberta, para realizar transferências, para sacar dinheiro e dispor de cartão de débito e crédito. O Banco Inter optou por eliminar as temidas e repugnantes taxas e tarifas bancárias, pois entendeu perfeita e precisamente que essa era uma dor insuportável de uma parcela significativa da população brasileira (a receita do banco provém de outras modalidades de serviços financeiros, tema para a PEÇA ENTRADAS, do FOGUETE). Será que o modelo de negócio deu certo? Bom, do primeiro trimestre de 2017 para o primeiro trimestre de 2018 o número total de clientes saltou de 122 mil para 535 mil, num crescimento de 337%. Além disso, o Banco Inter abriu capital na B3, bolsa de valores de São Paulo, sendo avaliado em R$1,9 bilhão. Tremendo sucesso, não acha?

Por outro lado, nem sempre os times estão dispostos a estudar os clientes e tangibilizar seus anseios e demandas no projeto de modo que as soluções sejam certeiras e tenham maior probabilidade de emplacar. Um desses casos foi protagonizado pela japonesa Sapporo, produtora de cervejas, e é no mínimo... curioso.

O que esperar de uma cervejaria? Cervejas, certo? Errado! Que tal água, ou melhor, água diet.

Emagrecer é um dos maiores dilemas da sociedade há gerações. Homens e mulheres nos quatro cantos do mundo estão sempre em busca da fórmula milagrosa para perder aqueles quilinhos indesejados e entrar em forma. Dietas malucas surgem quase todos os dias prometendo cumprir a utópica missão de se livrar das gordurinhas em instantes. Existe dieta de tudo quanto é tipo. Dieta à base de proteínas, dietas só com verduras e legumes, outras compostas somente de líquidos, ou de sopas, além de dietas como as da Lua, do Sol e da madrugada. Há determinados tipos de dieta que põem a vida dos praticantes em risco devido à tamanha restrição alimentar imposta para atingir o tão sonhado peso ideal. A linha que separa o racional do irracional para chegar ao corpo perfeito é muito fina, e uma vez transposta transforma-se em obsessão. A coisa é enlouquecedora ao ponto de levar a cervejaria Sapporo, a mais antiga cervejaria japonesa fundada em 1876, a acreditar que os consumidores ávidos pelo emagrecimento comprariam garrafas de água diet (Diet Water). Isso mesmo. Você não leu errado. Água diet! Essa foi a proeza da Sapporo lá por volta de 2004.

A Sapporo apostou que o novo produto, a tal da água diet engarrafada, seria um tiro certeiro para reforçar o compromisso das pessoas com as dietas malucas para emagrecer. A empresa japonesa supostamente adicionou peptídeos que "perseguiriam" e "eliminariam" as células de gordura do sangue. Na teoria, ótimo. Na prática, um fiasco. Pense rapidamente comigo. Por que raios uma pessoa compraria uma garrafa de água com o apelo de ser diet, sendo que é do conhecimento de todos que o recurso natural água por si só não tem caloria alguma? Veja. Não é uma questão de semântica ou de posicionamento de marketing. Estamos falando de água, afinal de contas. É realmente muito difícil acreditar que um produto como esse decolaria. É ainda mais difícil imaginar uma pessoa se deslocando até o mercado para comprar uma garrafa de Diet Water. Imaginemos que o produto tivesse lá sua efetividade, será que as pessoas pagariam qualquer centavo a mais para comprá-lo se comparado com a água "convencional"? A água diet não durou mais do que alguns meses e a linha de produção foi descontinuada.

O que determinou o tremendo sucesso do Banco Inter e enterrou a Diet Water da Sapporo debaixo de sete palmos de terra? A coerência para traduzir o estudo dos clientes em elementos percebidos como importantes, reconhecidos como relevantes e, acima de tudo, valorizados e procurados *por eles*, os *clientes* da possível solução. Em outras palavras, o fator-chave para o sucesso de um e fracasso de outro foi a habilidade do Banco Inter em incorporar à sua solução os *atributos* valorizados pelos seus futuros clientes, e o devaneio da Sapporo que introduziu *atributos sem o menor valor* para a clientela, a começar pela adoção de um nome no mínimo esquisito e paradoxal (falarei mais na PEÇA APPROACH). Não que seja palatável, mas Coca-Cola Diet até soa natural atualmente. Agora, *água* diet é difícil de engolir.

Definição de atributos

Um passo crucial para construir soluções vencedoras é a capacidade de destrinchar o estudo dos clientes, identificando *as propriedades, as características, os elementos, os aspectos, os requisitos (técnicos ou funcionais), as funcionalidades e as especificações*, isto é, os **atributos** que a solução deve (ou não deve) conter ou apresentar que possam causar impressões no seu público-alvo e influenciar, positiva ou negativamente, a decisão de compra e/ou usufruto ou consumo da solução. Note que não me refiro às estratégias mirabolantes de publicidade e propaganda, ou ao marketing de manipulação, tão empregado pelas indústrias de massa (claro que a comunicação e o marketing são poderosos e indispensáveis para influenciar o futuro cliente, por isso, inclusive, os abordaremos na PEÇA APPROACH; por ora, apenas lembremos que depender exclusivamente da comunicação sem ser realmente capaz de entregar o que foi prometido não é um caminho saudável). Refiro-me a tudo aquilo que está relacionado diretamente com o âmago da sua solução propriamente dita, conferindo qualidades ou defeitos a ela, ou seja, os atributos que fazem parte mesmo da solução.

O Banco Inter compreendeu perfeitamente bem que seus potenciais clientes estavam cansados da burocracia e da papelada dos tradicionais bancos de varejo, e não aguentavam mais esperar horas para serem atendidos e depois mais dias para a conta ser aberta (caso nada desse errado), muito menos pagar tarifas e taxas absurdas para mantê-la e movimentar o sofrido dinheirinho. Até aí nenhuma grande sacada ou novidade, pois o gatilho era doloroso, latente e evidente para qualquer um que estivesse com os olhos abertos. A tacada de mestre, no entanto, foi a modelagem de trás para frente, ou seja, que partiu da interpretação desses sofrimentos (gatilhos), passou pelo reconhecimento do que era ou não relevante que uma solução bancária oferecesse ou apresentasse (pois o Banco Inter já era um banco, só que aos moldes dos demais concorrentes), para então, somente então, desenvolver uma solução que fosse perfeitamente competente para abordar de forma genuína os gatilhos e satisfazer as expectativas da clientela.

Ser 100% digital talvez influencie pouco ou nada na decisão de abrir a conta. De fato, as consequências de ser 100% digital é que são realmente relevantes para os clientes. Ser 100% digital significa não ter os custos violentos para manter as agências físicas, o que, por sua vez, resulta em estrutura operacional enxuta que, por conseguinte, possibilita oferecer o *atributo de gratuidade*, ou seja, não cobrar taxas ou tarifas para abrir, manter ou operar as contas. De longe, esse é o atributo mais atrativo e valorizado pelos clientes que buscam a Conta Digital do Banco Inter (perceba como o gatilho financeiro foi capturado nesse atributo). Arrisco a dizer que se os bancos tradicionais fossem capazes de oferecer um atributo na mesma linha haveria um pequeno grupo de pessoas que ainda preferiria se dirigir até uma agência física pela sensação de segurança por lidar com uma pessoa de verdade do outro lado e pela preguiça emocional de aprender a lidar com uma coisa nova e, portanto, desconhecida (falarei mais sobre o assunto na PEÇA EFEITOS COLATERAIS).

Ser rápido e ágil (tempo decorrido entre a decisão de abrir uma conta e a conta estar definitivamente disponível para movimentação, compreendendo a soma do tempo gasto no deslocamento, na fila e para análise e aprovação da abertura), descomplicado e desburocratizado (sem a montanha de papéis, e fornecendo apenas os documentos comprobatórios mínimos exigidos pela lei brasileira que regulamenta o setor bancário), são atributos que qualificam a Conta Digital do Banco Inter que foram traduzidos a partir da leitura dos gatilhos dos clientes, e materializados por meio do aplicativo para dispositivos móveis desenvolvido pelo banco (solução = conta digital + aplicativo). Abrir a conta e operá-la pelo aplicativo é muito fácil (atributo), simples (atributo) e seguro (atributo), qualidades indispensáveis quando o estudo aponta que os clientes não são tecnologistas (especialistas e adeptos de novas tecnologias). Portanto, quanto mais intuitivo (atributo) e autoexplicativo/guiado (atributo) for, melhor para o cliente e melhor para o banco, uma vez que a maior taxa será a de abertura de novas contas e a menor será a de desistência ou abandono.

Ainda que não saibam nomeá-los ou explicitamente os reconheçam, os clientes valorizam os atributos incorporados à solução do Banco Inter. Os clientes valorizam tais atributos (e os benefícios proporcionados pela solução, como veremos na PEÇA BENEFÍCIOS), pois os atributos da Conta Digital vão ao encontro dos seus gatilhos e expectativas enquanto clientes, à medida que foram concebidos a partir do entendimento genuíno da sua jornada, e acabam com o sofrimento desnecessário gerado pelo posicionamento retrógrado herdado dos bancos com os pés e a cabeça no século passado. Para o Banco Inter, os atributos influenciaram e influenciam positivamente a decisão de abertura e utilização da conta corrente digital. Não é por acaso que a empresa tem visto sua base de clientes crescer vertiginosamente desde a migração para o novo modelo. E não é coincidência que concorrentes "digitais" começaram a pipocar.

Foi exatamente o oposto da Sapporo com a Diet Water. Até certo ponto, a empresa japonesa fez um recorte de mercado e público-alvo interessante e focou os homens e mulheres em busca de perder alguns quilinhos. Só que ao que tudo indica o aprofundamento parou por aí. O segmento de nutrição humana é caracterizado e tipicamente movimentado por novidades constantes, sendo bombardeado quase diariamente por novas promessas, dietas milagrosas, shakes anunciados no melhor estilo poção mágica, alimentos funcionais e por aí a lista se estende por quilômetros, e a maioria não passa de modismo sem efetividade alguma. Todavia, alguém precisa ser responsabilizado pelo fracasso do regime, portanto, vamos culpar a dieta ou o nutricionista, certo? Aquela história do "me engana que eu gosto" parece ser a tônica do setor. Traduzir os anseios por emagrecimento dos consumidores na forma do atributo diet e suas possíveis variações (sem calorias ou com baixa caloria; com baixo teor de açúcares ou sem açúcares) é uma alternativa ardilosamente capturada por grandes marcas de bebidas e alimentos, como a Coca-Cola Company com a Coca-Cola Diet e a Coca-Cola Zero, sucessos absolutos de vendas, visto que os produtos originais continham (e contêm) quantidades absurdas de quilocalorias e açúcares que deixam perplexos os nutricionistas. Até aí tudo bem.

Entretanto, apostar no atributo diet para um produto sabidamente sem caloria, isto é, que não engorda, me cheira muito a excesso de ingenuidade e inocência ou confiança. Eu não me espantaria se os consumidores alegassem que foi uma tentativa de trapaça ou manipulação para vender água a preços mais elevados (falsa impressão de "maior valor agregado" pelo maior benefício supostamente entregue). O fato é que em vez de despertar curiosidade e gerar frisson sobre o lançamento, a Diet Water causou muito mais a sensação de desconfiança a respeito das intenções da empresa e a descrença sobre a efetividade do produto no emagrecimento, pois os consumidores imediatamente conectaram o atributo diet com o benefício esperado "perda de peso" ou "posso tomar que não vou engordar", só que água não engorda nem aqui, nem na China, ou melhor, no Japão, com o perdão da brincadeira. Então, para que ser diet? Consequentemente, esses fatores pesaram totalmente contra o projeto. Os tais dos peptídeos que compunham a fórmula da água diet sequer fizeram cócegas nos consumidores. Atributo sem apelo, não conectado a nada relevante em sua jornada. Tecnicamente falando, e como veremos adiante, atributos que não são percebidos ou que não têm valor algum para os clientes não deveriam entrar na solução, a não ser que sejam imprescindíveis para gerar os benefícios para os clientes. Ainda assim, se não influenciarem a decisão de compra e/ou o usufruto os atributos não precisam ser citados, pois não fazem a menor diferença sob a ótica dos clientes.

Compare os atributos presentes na Conta Digital do Banco Inter com os atributos da Diet Water da Sapporo. Enquanto o banco desenvolveu a solução contendo os atributos que conceberam efetividade para abordar os gatilhos do clientes e atender às expectativas, a Sapporo "acrescentou" um atributo que tranquilamente deveria ser evitado, primeiro, por não agregar valor para o consumidor, segundo, por previsivelmente provocar reações adversas como a desconfiança e descrença, que na Validation Rocket serão abordadas em profundidade na PEÇA EFEITOS COLATERAIS. Por enquanto, vejamos mais exemplos para fixar o conceito da PEÇA ATRIBUTOS.

. . . .

Você se lembra. Tenho certeza. Até bem pouco tempo atrás, não havia soluções viáveis e factíveis para gatilhos profundamente dolorosos que causavam transtornos desagradáveis nos passageiros de táxi (quando ainda não existia a Uber, por exemplo). Quantas vezes você olhou no relógio contando os segundos depois de pedir um veículo sem conseguir se programar direito por nunca saber o horário estimado da chegada do táxi? Quantas vezes você ficou torcendo para que aquele táxi bonitão e brilhoso que acabara de virar a esquina fosse o que solicitara, ou quantas vezes teve que se dirigir até um táxi estacionado próximo e perguntar se era o seu? Quantas vezes voltou a olhar no relógio estimando o horário de descer do carro para não se atrasar ou simplesmente por querer sair logo dali? Quantas vezes desconfiou do trajeto tomado pelo motorista (uma vez que o valor não é prefixado, então quanto maior a distância percorrida e a duração da corrida, mais o taxista fatura)? Quantas vezes se irritou com a resposta negativa do taxista para sua pergunta "aceita cartão?", tendo que catar notas pequenas para completar o valor final? Quantas vezes você ficou remoendo e lamentando o preço estratosférico que pagou por uma corrida de táxi, pois havia calculado de forma equivocada que daria bem menos? É, e imaginar que essas coisas ainda acontecem!

Pois bem. Uber, Lyft, Easy Taxi e 99, para citar só alguns no arcabouço de centenas de aplicativos de táxi ou transporte particular, compreenderam perfeitamente bem os gatilhos da possível clientela, incorporando em suas soluções atributos para abordá-los e eliminá-los diretamente. Primeiro ponto: todos esses projetos disponibilizam aplicativos (atributo) para smartphones; segundo: o cliente deve realizar o cadastro e inserir no ato os dados do cartão de crédito para pagamento diretamente pelo celular (atributo), sem a necessidade de manipular dinheiro em espécie. Usar o app é simples (atributo), intuitivo (atributo) e rápido (atributo). O cliente não precisa ser expert em tecnologia para fazê-lo; terceiro: ao sacar o celular para solicitar o transporte, o aplicativo identifica imediatamente a geolocalização (atributo) do dispositivo, aponta no mapa os veículos mais próximos (atributo) e estima o tempo de chegada (atributo) no endereço identificado; quarto: basta o cliente inserir o endereço de destino que o sistema calcula o valor final invariável — fixo — da corrida (atributo) antes de confirmar a solicitação. Uma vez confirmada a solicitação, o algoritmo busca o carro disponível mais próximo e tão logo o motorista aceite a corrida, o aplicativo exibe na tela do celular do passageiro o nome, a nota de avaliação (voltaremos a falar disso) e o número de corridas acumuladas pelo motorista (atributos), o modelo, a placa e a localização do carro (atributos), permitindo visualizar sua rota (atributo) e a estimativa de tempo (atributo) até chegar ao endereço de origem; quinto: o passageiro, uma vez embarcado, pode ficar tranquilo, pois o motorista segue a rota traçada pelo Google Maps ou Waze (atributo), que, por sua vez, fica registrada no histórico do passageiro (atributo), e ao fim da corrida é enviada por e-mail (atributo). Chegando ao destino, o motorista encerra a corrida pelo aplicativo, automaticamente o sistema debita no cartão de crédito que fora cadastrado (atributo) e emite notificação no celular (atributo) do passageiro, que agora pode pontuar o motorista e a experiência da viagem (atributo). Essa é a nota à qual me referi, que é a média da avaliação feita por todos os passageiros transportados por aquele motorista. Veja como os atributos ao serem identificados a partir da leitura da jornada do cliente e então trazidos para dentro da solução habilitam-na para atacar precisamente aquilo que mais incomoda e atrapalha a vida do passageiro.

Os pesquisadores da saúde e da fisiologia humana, educadores físicos e médicos do esporte estão diariamente combatendo o sedentarismo em todas as possíveis faixas etárias. As pessoas estão se sensibilizando gradativamente e cresce a passos largos o número de indivíduos que calçam o tênis para liberar endorfina. A questão, no entanto, é encontrar uma academia esportiva que preste, que ofereça variedade de equipamentos (atributo), e equipamentos com qualidade (atributo), que estejam em ótimo estado de conservação e com as manutenções em dia (atributo) e, principalmente, a um preço justo e acessível (atributo). No Brasil, ou as academias são ruins e caidinhas, ou são muito caras. Ou seja, ou você engole seco, paga pouco e reza para o equipamento não cair aos pedaços enquanto se exercita, ou também engole o sapo, paga uma fortuna e acessa academias incríveis de alto padrão, com máquinas espetaculares. Cada vez menos pessoas estão dispostas a enfrentar o primeiro cenário (um segmento composto de milhões de potenciais clientes), e nem todo mundo pode pagar para vivenciar o agradável segundo cenário (um pequeno segmento de clientes composto de algumas centenas de milhares de potenciais clientes). O brasileiro sofre com a falta de alternativas entre os dois extremos, quer dizer, não mais. Por quê? Resposta em duas palavras em inglês (uma vez que a inspiração veio dos EUA): Smart Fit.

Combinando o melhor dos atributos dos dois mundos, ou seja, (1) preços extremamente acessíveis a partir de R$59,90 (preço ou valor de venda é um atributo para o cliente da Smart Fit) com débito caindo diretamente no cartão de crédito, sem boletos e sem risco de atrasos (atributo), e com possibilidade de alteração online diretamente no espaço do cliente, uma espécie de intranet dentro do site da companhia (atributo) ou o *token* presente na entrada de cada academia (atributo); (2) adesão e planos flexíveis (atributos): Plano Smart, que dá direito a apenas uma unidade, e Plano Black, geralmente com valor mais elevado, mas que permite ao cliente utilizar qualquer uma das unidades sem pagar a mais por isso (atributo); (3) equipamentos novinhos em folha (atributo), funcionando perfeitamente (atributo), bem cuidados e limpos (atributo) e que têm um dispositivo (atributo) que quando acionado emite sinal para o relógio de pulso no braço do instrutor mais próximo que prontamente se aproxima para auxiliar (atributo); (4) disponibilidade ou número de unidades disponíveis para o cliente (atributo) — só no Brasil são mais de 240 unidades; (5) localização (atributo) — as unidades são localizadas em regiões atrativas; (6) qualidade (atributo) das instalações, e conforto (atributo) e conveniência (atributo) da estrutura e do serviço prestado — as academias são impecáveis; (7) além, é claro, da cordialidade e educação dos funcionários e instrutores (atributos) — não são esnobes e não ignoram os clientes quando solicitados. A Smart Fit é a maior rede de academias esportivas da América Latina, um império fitness com mais de 380 academias no

Brasil, Peru, Colômbia, República Dominicana e México, que acumula mais de 1,5 milhão de clientes.

Pecando pelo excesso
Esquecendo o que realmente importa

O senso comum nos diz que oferecer mais opções significa liberdade de escolha. Como consequência, tendemos a acreditar que se construirmos nossas novas soluções e as abarrotarmos com infinitos atributos elas serão melhores e mais bem aceitas do que se fossem algo mais simples, com uma quantidade reduzida deles. Mera ilusão, por quê? Primeiro, do que adianta uma solução que no papel é linda e maravilhosa, porém é inexequível na prática, ou que levaria anos para ser colocada de pé? Isto é tão verdade que Steve Jobs disse uma vez: "Todo fabricante de automóveis gosta de exibir seu carro-conceito, que deixa a imprensa e os consumidores de queixo caído. O problema é que, quando o carro finalmente é lançado, quatro anos depois, é um lixo. O que acontece? Ora, o designer tem uma peça maravilhosa nas mãos, mas os engenheiros simplesmente não conseguem fabricá-la em série. Na Apple, nós conseguimos." Segundo, a grande maioria dos atributos que enfiamos no produto ou serviço está na cabeça dos idealizadores do projeto, e sequer são percebidos pelos clientes ou agregam algum valor para eles. Se resta dúvidas, conheça o The Coolest Cooler ["O cooler mais legal", em tradução livre], uma combinação fatal de excesso de atributos (promessas inatingíveis) e marketing vazio e manipulador. Observe atentamente se você não conhece algum caso parecido ou se de repente não é o seu próprio caso (falo isso porque eu também já passei por isso).

Em 2014, a campanha do The Coolest Cooler arrebatou mais de US$13 milhões na plataforma Kickstarter, e se tornou, à época, o maior volume já levantado por meio de financiamento coletivo. O produto se propunha a ser "uma festa portátil no formato de cooler, trazendo drinks, música e diversão para ocasiões ao ar livre". Além da função de cooler (atributo) para bebidas (manter o interior em baixa temperatura e "refrigerado") e de apresentar um design arrojado (atributo) com três opções de cores (atributos), a invenção prometia vir acompanhada por uma potente bateria (atributo) removível (atributo) e recarregável (atributo), um liquidificador (atributo) portátil (atributo) de 18 volts (atributo), uma caixa de som (atributo) bluetooth (atributo) à prova d'água (atributo), carregador USB (atributo) para equipamentos eletrônicos, iluminação interna (atributo) em LED (atributo) para eventos noturnos, amarra elástica (atributo) para transportar bugigangas no carrinho embutido (atributo), suporte interior (atributo) para pratos (atributo) e faca (atributo) — que também *fariam* parte do produto — e rodinhas reforçadas (atributo) para transporte na areia, além, é claro, de um abridor de garrafas (atributo). Nossa! Para quem gosta de praia, churrasco e festa, o The Coolest Cooler era uma tentação e parecia um sonho de infância. Continua sendo apenas um sonho. Por quê? Porque até hoje o inventor não conseguiu finalizar o projeto, isto é, nada consistente e robusto foi de fato produzido e entregue. Consequência? Os doadores que colocaram dinheiro para viabilizar o carro alegórico na forma de cooler se revoltaram, lançando ofensas pesadas no site (até hoje no ar para quem quiser checar com os próprios olhos) e solicitando a devolução da quantia "investida".

Meu ponto aqui não é desestimulá-lo a sonhar grande. Pelo contrário. Sonhar pequeno ou sonhar grande dá o mesmo trabalho. Portanto, por que não pensar bem grande, ir além do senso comum e quebrar barreiras e paradigmas? Minha preocupação maior, e o que vejo todos os dias, são os empreendedores megalomaníacos que querem dominar o mundo a qualquer custo, mas que são incapazes de executar suas invenções, e acabam na rua da amargura como aconteceu com o The Coolest Cooler. Não que sejam pessoas mal-intencionadas ou maquiavélicas querendo se aproveitar de boas almas. De fato, a maioria é superbem-intencionada e acredita de verdade que dará certo. As consequências, no entanto, não são somente drásticas e tristes para os idealizadores que, além de tudo se frustram e desistem do sonho de empreender (são o elo mais prejudicado do negócio todo), mas também, e principalmente, para todos aqueles que apoiaram a iniciativa de alguma maneira.

A Validation Rocket entra exatamente nesse ponto para ajudá-lo a tangibilizar sua visão empreendedora, desconstruindo ideias megalomaníacas, e transformando-as em planos superenxutos de execução para serem colocados em prática, agora, neste instante, e não esperar semanas, meses ou anos para começar a colher feedbacks e resultados. É claro que nos momentos iniciais do projeto existirão mais percepções individuais do que verdades sobre os clientes. Com o Ciclo Validation Rocket você gradativamente substituirá os achismos individuais por fatos, identificando e classificando todos os atributos da solução que influenciarão a decisão de compra e usufruto/consumo dos clientes. Os atributos mais atraentes e que deixam a experiência de consumo mais prazerosa e despreocupada devem ser incorporados, ao passo que os atributos danosos, indesejáveis ou inúteis obviamente devem ser afastados de qualquer maneira. Inicialmente, o exercício é desafiador, pois não somos educados para servir ao próximo durante nossa formação como cidadãos e profissionais. No entanto, o sucesso do empreendimento depende substancialmente de um comportamento mais altruísta e empático, somado a uma pitada de realismo, obviamente.

Focar o que importa

Sua percepção sobre o The Coolest Cooler sofreria alguma alteração (positiva ou negativa) se você não soubesse que o liquidificador portátil é de 18 volts? Talvez o material do copo do liquidificador (vidro ou plástico) fosse mais relevante, ou talvez você sequer visse valor no liquidificador em si (afinal, quem gostaria daquele barulhão do equipamento funcionando bem no meio da praia?), quanto mais qual a sua respectiva voltagem ou qualquer outra especificação *técnica* sem relevância para o cliente. Qual a chance da composição da borracha do pneu impactar na decisão de compra e uso de um automóvel utilitário doméstico, ou da temperatura de pasteurização do leite determinar a compra de um iogurte, ou do sistema operacional dos servidores que armazenam os filmes online na escolha da assinatura do serviço de streaming? Para clientes comuns, a resposta é uníssona: NENHUMA. Não há chance alguma desses atributos influenciarem a decisão de compra e utilização da solução. Por quê? Porque elas não fazem a menor diferença sob a ótica dos clientes. Eles sequer percebem que os atributos estão lá, e nas poucas vezes que percebem normalmente não se importam, pois não há impacto algum na jornada deles por isso. E que tal um carro extremamente seguro, um iogurte saudável e gostoso, ou ainda acesso ilimitado a um catálogo de filmes e séries online quase infinito? A percepção muda bastante, não muda? Por qual razão? Porque esses atributos são claramente percebidos pelos clientes. Infelizmente, o fato é que a maior parte dos atributos que os empreendedores acreditam que farão toda a diferença, na realidade, *não fazem diferença alguma para o cliente*.

Para evitar que sua solução pareça um carro alegórico sem utilidade, é necessário colocar o ego de lado e focar aquilo que *agrega valor para o cliente*. Aquilo que não agrega valor para o cliente, e, mesmo assim, é indispensável para colocar a solução de pé e disponibilizá-la, deve ser tratado internamente por você e por seu time. O cliente não tem nada a ver com isso, e nem deveria ter. A Validation Rocket é centrada em satisfazer os gatilhos dos clientes (e não os gatilhos dos idealizadores), por isso, todo e qualquer atributo que é *percebido* ou *reconhecido* por eles, e que eventualmente impacte a decisão de compra e/ou consumo/usufruto deve ser considerada. Todos os demais atributos que *não* influenciam a percepção do cliente devem ficar de fora para evitar distrações indesejáveis (mas não da lista de atributos internos obrigatórios para construir a solução). Não imponha filtros à sua visão e à sua imaginação, permitindo o livre fluxo de potenciais atributos. Não se preocupe com o tamanho da lista agora. Mais para frente você entenderá como priorizá-los e montar planos de validação efetivos e executáveis para lançar um foguete certeiro.

Tomemos novamente o sistema de transporte de água da Hippo Water Roller. Para as mulheres, as clientes do Roller, não importa se as bombonas são de plástico (atributo) ou se a alça é feita de metal (atributo). Para esse perfil de cliente a resistência ao impacto (atributo) e a abrasão (atributo), ou seja, a durabilidade (atributo) da solução é imprescindível. Os trajetos são inóspitos e produtos frágeis não resistiriam por muito tempo; perdendo completamente a utilidade. O "peso" ou a leveza do sistema tanto cheio quanto vazio e o conforto e o encaixe do corpo para transporte são atributos obrigatórios sob a perspectiva do cliente. Caso contrário, seria inviável empurrar ou puxar pelas longas distâncias. Se a tampa é de rosca ou fixada por pressão tanto faz para o cliente, desde que não deixe vazar sequer uma gotinha de água. Não vazar ou ser confiável para transportar um recurso tão precioso figura entre os atributos mais importantes para as matriarcas. A facilidade para encher/descarregar/limpar a bombona é outro atributo crucial, e pouco importa para o cliente se a abertura é na extremidade ou no corpo do cilindro (isto é necessário para o time do projeto). Se para o cliente do iPhone, da Apple, ou do Model 3, da Tesla, a cor da solução influencia diretamente na decisão de compra, na realidade africana — de escassez extrema de água — a cor da bombona não interfere em absolutamente nada! A cor do cilindro talvez, e muito talvez, impacte na temperatura da água pela maior absorção de calor da luz solar para o material na cor preta. Só que, mais uma vez, a situação é tão extrema que é melhor água quente do que não ter água.

Do outro lado da história, existem os atributos internos obrigatórios para colocar a solução de pé. Eles não são percebidos ou reconhecidos pelos clientes (na maioria dos casos), porém não podem ser simplesmente ignorados pelos empreendedores. Essa distinção e percepção conferem mais precisão e efetividade ao projeto. Se a leveza e a resistência são atributos indispensáveis para os clientes, para a equipe do projeto é importante encontrar os materiais e os componentes para construir o equipamento, no caso, o tipo de plástico (atributo) da bombona, da tampa, e o tipo de metal (atributo) da alça. Equilibrar as variáveis como formato (atributos), dimensões (atributos), volume interno útil (atributo) e "peso" (atributo) são questões para o time resolver, e não interessam para esse perfil de clientes. Se a bombona de plástico é cilíndrica ou quadrada não importa para a mulherada desde que seja fácil de transportar (atributo de experiência), mas impacta diretamente no design (atributo) e produção do equipamento. Tecnicamente falando, a posição (atributo) e o diâmetro (atributo) da abertura para carregamento/descarregamento, bem como o tipo de tampa (atributo) e seu material de fabricação (atributo) são considerações internas que precisam ser equalizadas no projeto da solução para que esta seja capaz de entregar a facilidade de coleta demandada pelos clientes.

Uma pitadinha da prática: não se esqueça do código de cores

E antes de partirmos para a discussão da próxima peça, vamos lembrar do código de cores referente a cada segmento de clientes. O código de cores que ganhou vida na PEÇA CLIENTES se espalha pelas demais peças, possibilitando identificar visualmente por meio do uso de notas adesivas coloridas as diferentes perspectivas ao longo do FOGUETE. Os atributos, obviamente, não ficam fora dessa. Cada segmento de clientes muito provavelmente terá um conjunto específico de atributos não coincidente com os demais segmentos considerados no modelo. Por isso, siga as mesmas cores adotadas anteriormente para não perder a sequência. Se eventualmente alguns atributos forem iguais, registre-os em notas adesivas diferentes nas cores correspondentes aos segmentos de clientes. Para facilitar o entendimento, imagine a cena da mãe, do pai e do filho(a) de 5 anos em uma loja de brinquedos. Os atributos do brinquedo variam da mãe, para o pai e, claro, para a criança. Cada conjunto de atributos deve ser capturado em uma cor diferente para representar os diferentes segmentos de clientes.

Benefícios

Como falei anteriormente, os atributos são sem sombra de dúvidas fundamentais na construção de soluções efetivas e desejadas. Só que não podemos parar por aí no processo de leitura, mapeamento e interpretando a jornada dos clientes. Há bem mais para ser explorado, e um bom ponto para ser trabalhado é identificar aquilo que o cliente "ganha" (ou ganhará), a "vantagem" que ele leva ao usufruir da sua solução. Existem casos em que os ganhos são objetivos, diretos e sem rodeios. Em outros, os ganhos são de ordem subjetiva e não visível aos olhos ou registrável em planilha de Excel. Conforme veremos neste capítulo, existem situações em que os "ganhos" ou as "vantagens" se sobressaem consideravelmente aos atributos ou a qualquer outra peça do modelo de negócios do FOGUETE, pesando definitivamente na decisão de compra e usufruto da oferta. Em qualquer uma das situações, no entanto, cabe ao time do projeto encontrar a maneira mais eficaz de demonstrar o potencial dos ganhos e, de fato, entregá-los conforme esperado e prometido aos clientes. Acompanhe os exemplos a seguir.

Fundada em 2012, a Contabilizei é um escritório de contabilidade online para desburocratizar os processos contábeis e facilitar a vida de empreendedores e empresários. A solução desenvolvida pela startup brasileira respeita a legislação (atributo), é segura (atributo), é confiável (atributo), e faz exatamente o que um escritório de contabilidade tradicional faz (atributos) — cálculo de impostos e aviso de vencimento das guias, folha de pagamento e pró-labore, elaboração e transmissão das obrigações acessórias para as diferentes esferas de governo, e relatórios financeiros —, mas com quatro diferenças: (1) é tudo digital e online (atributos); (2) é bem mais barato (atributo); (3) é mais fácil de operar (atributo); (4) é mais transparente (atributo). Essas "pequenas" distinções da Contabilizei para os escritórios convencionais impactam enormemente a jornada dos clientes no que tange à prestação de contas para o governo e o cumprimento das obrigações exigidas pela regulamentação em vigor, promovendo economia considerável de tempo e dinheiro, reduzindo o nível de estresse e desconforto, e abrindo portas para uma rotina de trabalho mais saudável e focada nas atividades que agregam valor de verdade para o negócio.

Vamos aproveitar parte do tempo economizado pela Contabilizei para relaxar preparando um suco delicioso, saudável e refrescante, feito a partir de frutas fresquinhas, mas sem todo aquele trabalhão de picar as frutas, bater no liquidificador, encher o copo e depois ter que deixar tudo limpo? Que tal, então, comprar uma Juicero para o escritório ou para casa?

A Juicero, fundada em 2013 nos EUA, prometia apresentar ao mundo uma tecnologia revolucionária para a produção doméstica de sucos naturais e saudáveis a partir de frutas e vegetais frescos picados. Em 2016, após quase 3 anos e mais de US$110 milhões captados de investidores (a empresa chegou a ser avaliada em US$270 milhões antes sequer de ter mostrado qualquer protótipo funcional que minimamente reproduzisse a ideia milagrosa), o equipamento foi introduzido no mercado e... tchan tchan tchan tchan... foi motivo de chacota pública. A tal revolução não passou de uma maquininha simplória e sem vergonha que custava centenas de dólares e não fazia nada além de espremer saquinhos contendo frutas e vegetais picados para produzir sucos. Até aí, digamos, dava para engolir a proposta. A ridicularização veio com vídeos gravados pelos consumidores espremendo os saquinhos com *as próprias mãos* para fazer o mesmo suco, e, o pior, sem precisar pagar aquela fortuna pelo equipamento! Bastava comprar os saquinhos (vendidos separadamente pela Juicero). É realmente muito, muito, muito difícil acreditar que a Juicero com mais de US$110 milhões na conta não passou de uma grande piada. Resultado? Clientes extremamente insatisfeitos, com a sensação de terem sido feitos de bobos, desferindo uma enxurrada de críticas. E a facada derradeira veio com uma matéria da *Bloomberg* que esmigalhou a Juicero. A empresa fechou as portas em 2017, pouco mais de um ano após a chegada do produto no mercado.

O que faz a Contabilizei crescer a passos largos e atuar em mais de 30 cidades brasileiras poucos anos após a sua fundação, e o Juicero ter apenas uma peça no museu contemporâneo das startups sem sentido? São os *ganhos reais colhidos e percebidos* pelos clientes ou os *benefícios efetivamente entregues* pela solução aos clientes. Enquanto a clientela é autenticamente *beneficiada* pela solução digital da Contabilizei, o mesmo não aconteceu com a espremedora de saquinhos, que na prática não proporcionava ganho algum para os consumidores. Na realidade, as consequências foram diametralmente opostas, causando irritação e indignação com a palhaçada toda.

Definição de benefícios

Muita gente sofre para definir benefícios em modelos de negócios, confundindo e misturando várias definições de fontes distintas. A dica aqui é não pegar emprestado conceitos e explicações usados em outras ferramentas e metodologias. A Validation Rocket desenvolveu uma linguagem própria para evitar tais dificuldades e simplificar a vida do empreendedor. Considere, portanto, que os *benefícios são as implicações, as consequências, os impactos, os resultados ou os efeitos positivos causados na jornada dos clientes decorrentes do usufruto da solução, ou ainda, os ganhos, as melhorias, as vantagens ou os frutos gerados (proporcionados ou entregues são termos igualmente aplicáveis), ou o valor agregado pela solução na vida do cliente*. Ou seja, os benefícios são quaisquer repercussões e reverberações favoráveis ou profícuas decorrentes do uso ou consumo da solução. Colocando de modo mais informal, o benefício é tudo de bom colhido ou recebido pelo cliente quando usufrui da solução, ou a vantagem que ele leva ao aderir à solução.

Duas analogias com a área da saúde ajudam a fixar a definição de benefícios. A primeira é o remédio para dor de cabeça. Qual é o *efeito* que uma pessoa espera quando está com uma forte dor de cabeça e, então, toma um analgésico? Alívio da dor o mais rápido que der, certo? Pois bem. O alívio da dor é o efeito, ou melhor, o benefício do analgésico. Para a segunda analogia, imagine que o médico recomendou a prática de exercícios físicos e uma alimentação mais equilibrada, com menos carboidratos e gorduras, para um paciente sedentário, fora de forma e bem acima do peso. Estudos e mais estudos comprovam que exercitar-se regularmente e seguir uma dieta balanceada levam a pessoa a perder o excesso de peso, ter mais disposição, dormir melhor, ser mais produtiva e feliz e por aí vai. Todos esses resultados são os benefícios tanto dos exercícios regulares quanto da dieta saudável. Bingo!

Tal como vimos que os atributos são traduções obtidas a partir da leitura do que é valorizado e relevante para os clientes, e, da mesma maneira que podem qualificar a solução, também podem desqualificá-la, os benefícios seguem lógica correspondente e baseiam-se no que eles, os clientes, percebem como valor, ainda que ocorra de modo subjetivo, implícito ou indireto. Então, como consequência, sua solução deve ser concebida para *ao menos* gerar os benefícios *esperados*, a exemplo da pessoa com dor de cabeça quando ingere um analgésico (benefício esperado é o alívio da dor), mesmo que os clientes não consigam justificar em palavras ou sequer percebam a entrega do benefício, minimizando ou zerando os efeitos colaterais (ninguém em sã consciência tomaria um remédio que curasse a dor de cabeça, mas acarretasse náusea e vômito, correto?). Caso contrário, a solução não terá chances de sobreviver.

Tipos de benefícios

Os benefícios podem ser separados em dois grupos: *Benefícios Tangíveis* e *Benefícios Intangíveis*. A seguir, apresentarei exemplos para representá-los. Não exporei uma lista exaustiva e nem todas as possíveis categorias ou subcategorias dentro de cada tipo de benefício para não sobrecarregar a leitura. Tome os casos como inspiração e contribuição para a identificação dos benefícios esperados pelos clientes e os benefícios efetivamente entregues pela sua solução, e extrapole para outras veredas não capturadas aqui. A ideia principal é muni-lo com informações indispensáveis para você poder seguir adiante com segurança.

Benefícios tangíveis

Se o benefício proporcionado por uma solução é calculável ou expresso na forma de números, então, o benefício é tangível. Os benefícios tangíveis são representáveis numericamente, ou seja, são benefícios mensuráveis ou quantificáveis. São explícitos, objetivos e diretos, e não requerem mais do que poucas palavras para serem caracterizados e definidos. Soluções que geram benefícios tangíveis normalmente não demandam marketing performático para atrair o público-alvo, pois vão direto ao ponto, sem espaço para subjetividade ou dupla interpretação, uma vez que número é uma linguagem universal. Basta lembrar da economia de 90% com serviços de contabilidade proporcionado pela Contabilizei. O escritório online não necessita de malabarismo publicitário algum para demonstrar isso. Via de regra, os benefícios tangíveis estão associados principalmente a gatilhos de performance, produtividade e financeiro, e, por essa razão, são geralmente apresentados em números absolutos, porcentagens ou taxas/índices. Os benefícios tangíveis são indispensáveis para justificar a contratação da grande maioria das soluções para empresas, mas isso não significa que se restringem aos projetos Business-to-business.

Economia de dinheiro

Diversos casos citados até aqui trazem com eles o benefício tangível de economia de dinheiro. A Contabilizei é capaz de entregar até 90% de economia para donos de micro e pequenos negócios quando comparada com os serviços convencionais prestados pelos escritórios de contabilidade, a SpaceX proporciona redução na ordem de centenas de milhões de dólares ao governo e entidades privadas, o Airbnb ajuda o cliente a economizar ao disponibilizar acomodações mais em conta do que na maioria dos quartos de hotéis de mesmo padrão, a Smart Fit oferece estrutura de qualidade a preços acessíveis, e, finalmente, o Banco Inter que gera economia total ao zerar o custo para abertura, manutenção e movimentação bancária. As soluções desses empreendimentos ajudam os clientes a economizar. A vantagem aqui é claramente financeira!

Otimização (economia de tempo)

Benefícios tangíveis não são relacionados somente a dinheiro ou finanças. Soluções que otimizam tempo são muito bem-vindas! Já ouviu falar do Sem Parar?

O Sistema de Identificação Automática de Veículos (IAV), implementado nas principais rodovias do estado de São Paulo, em 2000, pela empresa Sem Parar, permite que motoristas de automóveis e caminhões realizem o pagamento da tarifa de circulação em rodovias nas praças de pedágio sem que tenham que parar nas cabines para efetuar a transação. Essa simples tarefa além de consumir um tempo valioso das pessoas, pode ser angustiante em dias de grande movimento, especialmente em feriados prolongados, quando as filas de espera podem ser quilométricas (não é exagero da minha parte). Essa solução otimiza o tempo de percurso dos viajantes, reduzindo o tempo total de translado. Para caminheiros, acostumados a ficar dias na estrada, o ganho é na casa de horas, ou dias! Um benefício e tanto para quem vive atrás da direção, não acha?

Aumento de produtividade e redução de desperdício

Excelência operacional. É raro encontrar grandes empresas industriais que não estejam atentas à excelência operacional de suas instalações fabris. Sem operações enxutas e operações estáveis é praticamente impossível ser ou manter-se competitiva. E numa era em que a globalização é realidade, baixa competitividade implica sério risco de encerramento de atividades. Muitos incumbentes e novos entrantes miram precisamente em gatilhos dessa natureza para aumento de produtividade e/ou redução de desperdícios, como é o caso do software Leaf, baseado na lógica Fuzzy, da startup brasileira I-Systems. O Leaf foi implementado na Coca-Cola FEMSA em Jundiaí, interior do estado de São Paulo, e trouxe ganhos significativos de 31%, 42% e 11% na redução da perda por rejeição, borbulhamento e conteúdo líquido, respectivamente. Os ganhos refletem diretamente no caixa da companhia ao reduzir custos associados às perdas. Já a capacidade ociosa faz despencar a produtividade industrial. Por outro lado, centenas de milhões de dólares são desperdiçados todos os anos em decorrência de negligências e fraudes no reporte de despesas de viagens realizadas pelos funcionários de pequenas, médias e grandes empresas. Reduzir essas perdas entrou há mais de duas décadas no escopo da Concur Technologies (hoje chamada de SAP Concur), fundada em 1993, e adquirida pela alemã SAP em 2014.

Benefícios intangíveis

Enquanto os benefícios tangíveis são mensuráveis, objetivos e cristalinos como água, os benefícios intangíveis não são passíveis de quantificação, e, mesmo que o fossem, não incutiriam significado ou aumentariam a percepção de valor de um cliente a respeito da solução, pois não é o que ele procura. Há soluções cujos benefícios não são provados ou comprovados usando cálculos matemáticos, mesmo que lancemos mão da famosa contabilidade criativa. Esses benefícios são subjetivos, abstratos, intangíveis e muitas vezes de cunho sensorial e emocional. Soluções que entregam esse tipo de benefício lidam com os sentidos humanos, envolvem sensações e emoções de diversas naturezas, satisfazem desejos e vontades individuais, e não raramente tangenciam a mente inconsciente. O leque de possibilidades é extenso, virtualmente sem limites ou barreiras, e infinitamente mais abrangente e complexo do que os benefícios tangíveis. Os benefícios intangíveis não são facilmente descritos ou definidos, e a razão, a lógica e o pensamento analítico pouco ajudam, precisamente pela ligação dos benefícios intangíveis com o lado direito do cérebro. Um exemplo clássico é o mercado da moda. Pergunte para qualquer pessoa apaixonada por uma determinada marca de roupa ou acessório o por que dessa paixão e você ouvirá tentativas elegantes e argumentos "lógicos" para justificar comportamentos de consumo subconscientes ou inconsistentes de ordem pessoal e subjetiva.

Bebidas

Até 1987, quando batia aquele cansaço depois de longas e exaustivas horas de trabalho, estudo ou estrada, a solução para repor parte das energias e revigorar o ânimo para continuar na labuta era tomar um copo daquele café bem forte, com muita cafeína, que de tão forte chegava a arrepiar pela amargura. Mas uma alternativa surgiu naquele ano e mudou completamente esse cenário, tirando parte do brilhantismo do café como bebida revigorante. Arrisca um palpite sobre a alternativa à qual me refiro? Sim, exatamente. Estou me referindo aos energéticos! No dia 1º de abril daquele ano foi vendido na Áustria o primeiro Red Bull Energy Drink, que inaugurou o mercado de bebidas energéticas, e desbravou o caminho para o surgimento de tantas outras marcas de produtos similares, que nem de longe são tão emblemáticas e imponentes quanto os touros vermelhos. Não há discussão. Os energéticos realmente caíram no gosto da população. Seja pelo desempenho físico, seja pelo desempenho intelectual, os apreciadores de energéticos — atletas, profissionais, estudantes e motoristas — ingerem o líquido para injetar energia e disposição no corpo e aumentar os níveis de atenção e produtividade para encarar os desafios do dia a dia, conforme sugere o inteligente slogan "Red Bull te dá asas". Agora, será que conseguimos quantificar o aumento de "energia", de "disposição", da "atenção" e da "produtividade" atribuíveis diretamente à ingestão das bebidas energéticas? A resposta é não, não é possível fazer essa mensuração, pois esses benefícios são intangíveis.

A história da Red Bull é oportuna para evidenciar que não há correlação alguma entre o tipo de benefício propiciado — tangível ou intangível — com o sucesso da solução. A prova disso é que, até 2017, a marca austríaca, sozinha, acumulou mais de 68 bilhões (isso mesmo, bilhões) de latas vendidas em 171 países.

Experiências

O que leva milhões e milhões de pessoas todos os anos a tomarem uma xícara de café em uma cafeteria Starbucks, a maior rede do gênero no mundo? Será que é o atendimento impecável que recebemos dos funcionários? O copo que vem com seu nome escrito nele? A variedade de opções disponíveis no cardápio? A música ambiente agradável? A origem, a qualidade ou o grau de torra dos grãos de café? As pessoas que frequentam o local? A decoração descontraída? O ambiente acolhedor, intimista e convidativo? A internet gratuita? Ou o status de pertencer ao seleto grupo que frequenta uma Starbucks, em razão de os valores cobrados serem maiores do que na maioria dos "concorrentes"? A verdade é que não há resposta certa ou errada. O que a Starbucks oferece é uma experiência (solução) suficientemente cativante, agradável, elegante e cuidadosamente arquitetada para proporcionar momentos de descompressão para aqueles no meio da jornada de trabalho, de distração e entretenimento para passantes e grupos, de concentração para trabalhar, e prazer para os amantes de café. Como quantificar tais benefícios? Praticamente impossível, não é mesmo? Isso acontece porque os benefícios entregues aos frequentadores de uma cafeteria Starbucks são intangíveis.

Viajantes

A agonia de quem despacha bagagem pelos aeroportos mundo afora começa tão logo se decide viajar. Só quem já vivenciou entende a mistura de impotência, raiva e frustração ao descobrir que itens foram usurpados da bagagem despachada, sentimento que é agravado quando a companhia aérea é acionada, não assume responsabilidade e, acima de tudo, não ressarce os objetos ou o valor correspondente. Foi exatamente por experimentar esse dissabor que um brasileiro teve a ideia de criar um mecanismo de proteção física para prevenir furtos e violação das malas. Em 1989, nascia o projeto que daria origem ao Sistema Protect Bag, uma solução inovadora de lacração das bagagens com filme plástico resistente, hoje presente nos principais aeroportos brasileiros. Apesar de não resolver a causa-raiz da bandidagem e das quadrilhas especializadas nesse tipo de crime, a película plástica da Protect Bag fornece tranquilidade, alívio e despreocupação para os passageiros aproveitarem o percurso. Repare a presença do benefício (intangível) no slogan da companhia: "Uma viagem tranquila, começa com a Protect Bag."

Soluções com benefícios combinados

Uma mesma solução pode ser desenhada para entregar benefícios tangíveis e intangíveis, tanto para o mesmo segmento de clientes quanto para segmentos de clientes distintos. Nesses casos, dizemos que a solução entrega benefícios combinados ou uma combinação de benefícios, como é o caso da Grameen Danone Foods.

A desnutrição é um gatilho severo em Bangladesh. Estima-se que 30% dos homens e mulheres adultos e 56% das crianças com menos de 5 anos sofram de má nutrição de moderada à severa. As consequências são devastadoras para quem passa fome — ficam doentes mais facilmente, trabalham e produzem menos, e se desenvolvem menos intelectualmente — e para os governos e as economias local, regional e nacional. Todo mundo perde! A Grameen Danone Foods, joint-venture entre o Grupo Grameen, do prêmio Nobel Muhammad Yunus, e o Grupo Danone, é um negócio social lançado em 2006 que produz iogurte rico em nutrientes essenciais, e o vende a preços irrisórios, para suprir a deficiência alimentar em Bangladesh, devolvendo o direito das pessoas de serem saudáveis e viverem uma vida mais íntegra e justa. Os benefícios proporcionados pela solução, contudo, não param por aí (repare novamente como a definição de *clientes* da Validation Rocket traz uma visão mais abrangente e integradora para o projeto, tornando-o mais poderoso e efetivo na geração, entrega e captura de valor).

A companhia emprega 1.600 trabalhadores num raio de 30km ao redor da fábrica, remunerando-os, obviamente, pelo trabalho. O iogurte é vendido pelas bengalesas, que recebem 10% de comissão sobre cada potinho vendido. O leite que entra da composição do iogurte é comprado localmente de microfazendeiros bengaleses, que são devidamente treinados pela própria companhia para serem capazes de entregar a principal matéria-prima dentro dos padrões mínimos para produção do nobre alimento. Essa visão peculiar da cadeia de valor contribui direta e claramente para o desenvolvimento da economia do país (os governos são também beneficiários sem nenhuma sombra de dúvida) e para a melhoria dos indicadores sociais à medida que tira da miséria milhares de indivíduos. Todo mundo ganha com os benefícios combinados propiciados pela solução, inclusive a própria Grameen Danone Foods, pois a empresa é *lucrativa*, sim, e os resultados financeiros são integralmente convertidos para realização de outras ações sociais.

Benefícios e atributos: evitando mistura de conceitos

As imersões aplicando a Validation Rocket foram, e são, laboratórios incríveis e grandes alavancas de aprendizado e conhecimento. Muito das melhorias e alterações promovidas na metodologia ao longo dos anos vieram das interações ao vivo, olho no olho, com cada participante, seja observando-os sem intervenção direta, seja pelos feedbacks espontâneos ou induzidos. E foi acompanhando as turmas colocarem a mão na massa que identificamos uma dúvida recorrente em praticamente todas as imersões: a diferença entre a PEÇA ATRIBUTOS e a PEÇA BENEFÍCIOS. Ao ler as páginas anteriores, você também esbarrou nessa dúvida?

Para respondê-la, primeiro, reveja suas respectivas definições, lado a lado.

- **Definição de atributos:** são as propriedades, as características, elementos, aspectos, requisitos (técnicos ou funcionais), funcionalidades e especificações que a solução deve (ou não deve) conter ou apresentar que possam causar impressões no seu público-alvo e influenciar, positiva ou negativamente, a decisão de compra e/ou usufruto ou consumo da solução. Atributos estão relacionados diretamente ao âmago da sua solução propriamente dita, conferindo qualidades ou defeitos a ela, ou seja, os atributos fazem parte da solução.

- **Definição de benefícios:** são as implicações, as consequências, os impactos, os resultados ou os efeitos positivos causados na jornada dos clientes decorrentes do usufruto da solução; ou ainda, os ganhos, as melhorias, as vantagens ou os frutos gerados, ou o valor agregado pela solução na vida do cliente. Os benefícios são quaisquer repercussões e reverberações favoráveis ou profícuas decorrentes do uso ou consumo da solução. Colocando de modo mais informal, o benefício é tudo de bom colhido ou recebido pelo cliente quando usufrui da solução, ou a vantagem que ele leva ao aderir à solução.

De maneira resumida, os atributos estão ali presentes na solução, estão incrustados nela, e não dependem do seu uso para serem percebidos ou notados. Os benefícios, por sua vez, só entram em cena quando a solução é colocada para funcionar. Você não precisa tomar um copo de suco para saber se o líquido está gelado ou não, se é verde ou amarelo, se é encorpado ou ralo, se é cheiroso ou inodoro, se está adoçado ou sem adição de açúcar, se é saboroso ou não (nesse caso, você beberica levemente) e por aí vai. Mas você só se refrescará (benefício) quando tomá-lo, não é mesmo?

Novamente, o medicamento para dor de cabeça é uma analogia interessante. Mesmo naqueles dias em que minha cabeça está explodindo de tanta dor não é suficiente entrar em uma farmácia, olhar para o remédio e pronto, meu problema está resolvido. Eu preciso tomar o analgésico, aguardar alguns minutos e, aí sim, me livrar do incômodo. Nesse exemplo, o alívio da dor é o benefício proporcionado pelo medicamento, no entanto, somente posso usufruir do benefício após a ingestão da cápsula. Até lá me resta apenas optar pelo remédio que alivie minha dor de cabeça rapidamente, não ataque meu estômago, não custe o olho da cara, seja fácil de engolir e que não deixe a boca amarga. Ou seja, me resta identificar a combinação de atributos do medicamento que mais satisfaçam minhas necessidades (meus gatilhos). Em outras palavras, tudo aquilo que o cliente colhe ou recebe ao usufruir de uma solução é o benefício, ou seja, as consequências ou impactos positivos decorrentes do usufruto. As propriedades percebidas pelo cliente e que se combinam para formar o pacote que envolve a solução são os atributos, e *não dependem do seu uso ou consumo para ser notados*, pois estarão ali de qualquer maneira.

Benefícios para múltiplos segmentos de clientes

Soluções matadoras precisam beneficiar todos os segmentos de clientes, sem exceção. Pender mais para um lado da balança do que para outro pode significar o derradeiro fracasso do empreendimento. Por isso, devemos entender quais benefícios são esperados e quais benefícios precisam ser entregues (nem sempre são a mesma coisa) para cada um dos segmentos de clientes contemplados no projeto, para, então, projetarmos uma solução que seja capaz de canalizá-los consistentemente.

Uma pitadinha da prática: não se esqueça do código de cores

Recorda-se do código de cores, aquele que usa notas adesivas coloridas para representar como nosso modelo de negócio no FOGUETE contemplará cada segmento de clientes atendido? Pois bem. As cores adotadas para representar cada segmento também devem ser utilizadas na PEÇA BENEFÍCIOS. Os muitos exemplos citados neste capítulo ajudam-nos a entender que não necessariamente os benefícios proporcionados para o segmento x serão os mesmos benefícios proporcionados ao segmento y, ambos atendidos pela mesma solução. Cada conjunto de benefícios, portanto, deverá ser registrado na mesma cor escolhida para aquele determinado segmento. Mesmo que alguns benefícios sejam iguais, repita-os em notas adesivas diferentes seguindo as cores correspondentes. O objetivo é manter o registro visual no FOGUETE correto, acessível e facilmente compreensível por membros de dentro e de fora do projeto.

Efeitos Colaterais

Entender quais benefícios entregar para os clientes e como entregá-los é imprescindível para construir projetos de sucesso e empreender em alta performance. Entretanto, há um contrapeso nessa balança que em vez de gerar valor para o cliente e, consequentemente, para o negócio, acaba por corroê-lo ou destruí-lo. Esse contrapeso é chamado de *efeito colateral*, e quando não é previsto e abordado apropriadamente pode simplesmente implicar no completo fracasso do empreendimento, aos moldes do que se sucedeu com a Segway.

Para quem não associou o nome ao produto basta fazer um exercício rápido. Recorde-se da sua última visita a um shopping center ou aeroporto. Sabe aquele equipamento de duas rodas que os seguranças utilizam para se locomover? Aquele é o produto desenvolvido pela americana Segway: diciclos elétricos incrivelmente estáveis.

Nos anos que antecederam a comercialização do produto — entre 1999 e 2002 — a companhia fez um estardalhaço midiático e criou uma tremenda expectativa no mercado. O público em geral, a mídia especializada e até grandes investidores de risco passaram a acreditar que o meio de transporte sobre duas rodas inventado por Dean Kamen revolucionaria a mobilidade humana e urbana. John Doerr, legendário investidor norte-americano, previu que a Segway seria a empresa que mais rapidamente chegaria a US$1 bilhão em vendas na história. Cerca de US$100 milhões foram investidos para desenvolver o diciclo, que fora relevado oficialmente em dezembro de 2001 no programa de TV Good Morning America sob o nome Segway Human Transporter e, então, disponibilizado para vendas em novembro de 2002 na Amazon.com pela bagatela de quase US$5 mil cada (mesmo preço de um veículo usado nos Estados Unidos). Ao contrário das projeções de Kamen, que sinalizavam para a venda de 10 mil diciclos por semana até o final de 2002, a Segway vendeu nos acumulados dos 6 anos seguintes apenas 30 mil unidades (aproximadamente 90 por semana). Ora, como assim? Como é possível uma projeção ser tão equivocada? A resposta está no poema "No Meio do Caminho" de Carlos Drummond de Andrade, datado de 1930, que vai mais ou menos assim: "No meio do caminho tinha uma pedra. Tinha uma pedra no meio do caminho." Nesse caso, o Segway se tornou a pedra no caminho dos clientes.

Enquanto os benefícios previstos — reduzir o tempo de descolamento e o esforço físico — pelo meio de transporte pareciam ter apelo mercadológico por resolver gatilhos relevantes, a aquisição e, principalmente, a utilização do equipamento tinham verdadeiro potencial para provocar transtornos bem mais do que preocupantes aos usuários. O equipamento foi desenhado para atender clientes finais, facilitando o deslocamento em *trajetos de curta distância* (autonomia prevista de pouco mais de 30km) tanto ao ar livre quanto em ambientes fechados. Seja para ir à escola, ao trabalho ou passear com a família ou amigos, a proposta era ser o inseparável companheiro. Cogitava-se inclusive que a invenção seria utilizada para locomoção dentro dos próprios escritórios. Porém, havia obstáculos no percurso (degraus), que por mais insignificantes que fossem o Segway não era capaz de transpô-los sem gerar riscos de quedas e lesões ao condutor. Ponto negativo para o produto. Some a inabilidade de superar degraus com os quase 45kg do diciclo para ver como o erro começa a se propagar incontrolavelmente. Todas as vezes em que um obstáculo aparecesse, o usuário seria obrigado a desder do equipamento, levantar seus 45kg para contornar a barreira, posicioná-lo numa superfície plana, tornar a subir, para, finalmente, seguir viagem. E as dores de cabeça continuam.

Além do peso, a maquineta não era nada pequena, não era retrátil, nem desmontável. Na verdade, o equipamento ocupava muito espaço. A simples tarefa de entrar e sair de elevadores, ônibus e metrôs seria transformada numa batalha, sem falar no desafio de colocá-lo no porta-malas de veículos ou ter de carregá-lo caso a bateria descarregasse no meio do caminho. Agora, pense como seria "estacionar" o trambolho na chegada ao destino. Se o produto realmente tivesse emplacado, imagine o caos instaurado nas escolas e escritórios pelo empilhamento de Segways por todos os cantos. Se o uso de bicicletas é relativamente limitado mesmo em nações culturalmente mais evoluídas e conscientes, e elas são baratas, leves e fáceis de guardar, imagine de um diciclo gigante, caro e pouco versátil. E isso nos remete a outra questão séria.

O Segway era vendido a quase US$5 mil, mesmo preço de um carro usado razoável e em perfeitas condições nos EUA. E se alguém o roubasse? E se um terceiro fosse machucado pelo diciclo? Pior, e se o condutor se machucasse? Os riscos existiam e a probabilidade de acontecer era alta, pois requeria, digamos, presteza e habilidade do usuário para guiar o instrumento (o dono da Segway, James Heselden, morreu em 2010 ao cair de uma ribanceira direto dentro de um rio enquanto guiava seu Segway). Havia seguro para o novo meio de transporte? Se sim, qual tipo de seguro? Caso parasse de funcionar, quebrasse ou precisasse de reparos ou substituir peças, como fazer para consertar? Havia oficinas especializadas ou assistência técnica? Diferentemente dos carros, não havia uma categoria de meio de transporte na qual o Segway se encaixasse, muito menos uma cadeia de valor, canais e parceiros estabelecidos e consolidados para suportar o produto, trazendo ainda mais complexidade para a sustentação do modelo de negócio focado no cliente final. Do ponto de vista legal e regulatório existiam agravantes também. O Segway devia ser utilizado nas calçadas ou nas ruas, ou em ambos? Em alguns países, o equipamento foi banido das calçadas e das ruas por não se enquadrar em nenhuma categoria preexistente de meio de transporte.

Impressionante, não é mesmo? O fiasco só não foi maior porque a empresa Segway conseguiu alterar a rota com o foguete ainda em voo e encontrar nichos de mercado específicos — diciclo para ronda de segurança em aeroportos e shoppings, com aplicações secundárias em excursões e campos de golfe — que acabaram por trazer oxigênio emergencial para sustentar a empresa. Em 2015, no entanto, ela foi adquirida pela rival chinesa Ninebot.

Definição de Efeitos Colaterais

Os efeitos colaterais, portanto, são as inconveniências as dificuldades, os transtornos, os desconfortos, os incômodos, ou os distúrbios provocados ou trazidos pela nova solução, desde o primeiro dia em que chega aos olhos e ouvidos dos potenciais clientes até quando estes a consomem ou a utilizam. Os efeitos colaterais são as reverberações, as consequências, as implicações os impactos negativos, bem como os prejuízos, as perdas ou danos acarretados na jornada do cliente desde o exato momento em que tomam conhecimento sobre a existência, passando pela decisão de compra, adesão e comprometimento de recursos, até o usufruto da solução. Coloquialmente falando, os efeitos colaterais são tudo de ruim que uma solução causa ou pode causar na vida dos clientes.

Os efeitos colaterais são o contraponto dos benefícios, ou seja, são efeitos adversos e contrários aos resultados esperados. Ambos ocupam posição diametralmente oposta na balança da experiência de compra e usufruto da solução. Enquanto os benefícios agregam valor ao cliente e tornam a solução (mais) relevante, os efeitos colaterais fazem exatamente o contrário e destroem a experiência, ou seja, reduzem o valor percebido, minimizando ou até anulando seus pontos positivos, vantagens e diferenciais. Há situações em que os efeitos colaterais da solução são tão devastadores que destroem praticamente qualquer suspiro de sucesso do projeto, como aconteceu com o Segway. O diciclo não causou apenas um efeito colateral, e sim uma série impressionante deles. E esse conjunto de efeitos colaterais retirou praticamente todo o valor do projeto, arruinando-o, a despeito da tecnologia embarcada fenomenal que conferia enorme estabilidade ao usuário. Philip Kotler, um dos papas do marketing moderno, define o valor de um produto ou serviço como o quociente do que os clientes recebem pelo esforço total despendido para adquiri-lo. Faz bastante sentido, não acha?

Por isso, os efeitos colaterais fazem parte da temida lista de desvantagens, deficiências e "defeitos" da solução, trancafiada a sete chaves pelos empreendedores que temem perder vendas se revelada ou descoberta. Você já ouviu vendedores de veículos apontarem os defeitos, item a item, dos produtos que estão tentando convencê-lo a levar para casa, ou mencionarem a quantidade de *recalls* daquela linha específica, ou o número de reclamações dos clientes insatisfeitos com a nova aquisição? Não, claro que não. Não encarar a realidade frente a frente é a pior maneira de lidar com os efeitos colaterais. Acobertar os dados e fatos, no entanto, lá na frente será encarado como deslealdade e desconsideração, e causará frustrações irreversíveis. Quase literalmente a marca ganhará inimigos e detratores mortais.

Claro que nenhum empreendedor em sã consciência concebe uma solução objetivando causar males aos clientes ou a qualquer outra pessoa. Porém, TODA E QUALQUER NOVA SOLUÇÃO é acompanhada por um ou mais efeitos colaterais. Sim, é isso mesmo. Não há escapatória. Os efeitos colaterais são inerentes às novidades, especialmente quando as novidades são diferenciações profundas ou inovações legítimas e disruptivas, que muitas vezes impõem mudanças de hábitos ou de processos, ou seja, que mudam ou transformam a maneira como atividades são executadas ou como as coisas são levadas à cabo.

Porém, apesar dos efeitos colaterais serem intrínsecos às novas soluções, há como minimizar seu poder de destruição de valor, reduzindo-os a meras insignificâncias imperceptíveis aos olhos, ouvidos e bolsos dos clientes. Para isso, no entanto, dois fatores, ou melhor, duas posturas são obrigatórias e separam as soluções matadoras das soluções que no máximo batalharão para sobreviver sem chances de se tornarem um sucesso:

- Abertura (mente aberta e alerta) permanente para reconhecer a existência e mapear os possíveis efeitos colaterais inerentes à solução (lembre-se de que eles estarão ali, ainda que mínimos; não reconhecer sua existência talvez seja sinal de que o time caiu no Transe da Idealização).
- Trabalho duro para identificar e colocar de pé alternativas para evitar a geração de efeitos colaterais (preferencialmente e sempre que for factível e viável), ou, pelo menos, reduzir sua intensidade e, consequentemente, seu poder de devastação de valor.

O triste fato é que seja por ingenuidade, pelo excesso de confiança ou pelo Transe da Idealização, os efeitos colaterais passam batido ou são desprezados pelos empreendedores, mas é certo que eles estão presentes em toda e qualquer nova oferta, por mais que você creia de pés juntos que não (o simples fato da solução ser paga, por exemplo, é um efeito colateral, ainda que o cliente não encare de tal maneira). Quando não são diagnosticados precocemente e contornados ou minimizados adequadamente os efeitos colaterais arruínam o interesse do cliente e destroem a experiência de consumo, ou, em outras palavras, reduzem a zero sua probabilidade de sucesso.

Para que você não caia nessa armadilha é fundamental entender os tipos de efeitos colaterais e em que momentos na jornada do cliente eles atuam.

Tipos de Efeitos Colaterais

Existem três tipos de efeitos colaterais:

- Efeitos colaterais de *ativação*.
- Efeitos colaterais para *adoção*.
- Efeitos colaterais de *usufruto*.

Conforme discuto a seguir, os tipos de efeitos colaterais estão intimamente ligados ao caminho percorrido pela solução até se tornar parte integrante da jornada do cliente. Comecemos pelos Efeitos Colaterais de Ativação.

Efeitos colaterais de ativação

O efeito colateral de ativação nada mais é do que o tempo e o esforço exigidos do potencial cliente para *entender a nova solução, bem como seu funcionamento e onde pode ser integrada à sua jornada para abordar seus gatilhos*. Os efeitos colaterais de ativação atuam entre o primeiríssimo contato do cliente com aquela solução, em que ele busca ativamente pelas respostas das perguntas "o que é isso?", "para que serve isso?" e "como funciona?", e se estendem até a plena compreensão, ou descoberta, da sua utilidade ou aplicabilidade em sua jornada, quando finalmente chega ao "ah, agora entendi" ou "agora eu sei para que serve". Nesse intervalo, o potencial cliente não está equacionando em termos das concessões e trocas que precisaria fazer para comprar e utilizar a solução, pois ainda está coberto de dúvidas, desconfianças e receios. Na realidade, quando toma conhecimento da nova solução pela primeira vez, o cliente está interessado pura e simplesmente em entender para que ela serve, como funciona e pode ser útil em sua vida.

Por isso que, via de regra, quanto maiores forem o tempo e o esforço necessários para compreender a nova solução, isto é, quanto maior for a *energia de ativação da solução* (termo que a Validation Rocket pegou emprestado da Química), menores as chances dos potenciais clientes darem uma oportunidade a ela. Por quê? Porque nós seres humanos somos naturalmente preguiçosos, acomodados, e preferimos seguir pelo caminho mais curto e que já conhecemos a dar uma chance ao desconhecido, ao novo, ao duvidoso. É aquela história. Para que mexer em time que está ganhando, não é mesmo? De fato, na maioria das situações e contextos nós achamos chato, desconfortável e angustiante gastar nosso precioso tempo e queimar neurônios buscando entender alguma coisa nova, e só o fazemos quando temos muito, muito interesse, ou que nosso gatilho seja extremamente doloroso e latente ao ponto de sermos obrigados a encontrar maneiras para saná-lo urgentemente. Caso contrário, tudo permanecerá da maneira como sempre foi. Considere a indústria de software B2B, por exemplo.

Se atualmente o software-vendido-como-serviço é uma realidade, o mesmo não poderia ser dito até o início dos anos 2000, em que os softwares eram vendidos como produto. Pasmem os mais novos, mas a lógica desse segmento funcionava mais ou menos assim: a computação em nuvem ainda engatinhava, as empresas clientes mantinham data centers próprios, assumindo todo o investimento nos equipamentos e na equipe de tecnologia da informação para instalar os softwares recebidos das fabricantes e integrá-los aos sistemas existentes, o que, por sua vez, consumia um esforço financeiro e técnico absurdo (efeito colateral de adoção, conforme veremos no tópico seguinte), muito maior do que o valor pago pelo produto em si, pois movimentava além dos times internos, terceiros especializados nas integrações. Havia toda uma indústria de suporte derivada do modelo de software-vendido-como-produto. Como consequência, as atualizações das aplicações dificilmente aconteciam na velocidade em que vinham a mercado, e os clientes ficavam vulneráveis e frustrados, para dizer o mínimo. A insatisfação reinava isolada. Era o preço pago para garantir a "segurança" da informação. No entanto, a partir de 1999 o jogo foi invertido irreversivelmente com a chegada de um modelo mais elegante, efetivo e ágil: o software-vendido-como-serviço (da sigla em inglês SaaS, ou software-as-a-service).

Esse modelo livraria o cliente do ônus dos investimentos em data centers próprios, da contratação de profissionais especializados e dos longos meses de integração, pois a empresa fabricante os absorveria em sua estrutura, disponibilizando o software na nuvem para ser consumido via internet. Haveria somente uma versão da aplicação disponível, e ela seria sempre a versão mais atual, permitindo ao cliente ter acesso imediato às funcionalidades mais recentes, sem sofrer com as integrações. Os benefícios tangíveis e intangíveis eram indiscutíveis e irrefutáveis do ponto de vista teórico, e mais tarde, como vivemos atualmente, sob a perspectiva prática e técnica. Antes, no entanto, era preciso vencer a energia de ativação da nova proposta de solução (efeitos colaterais de ativação), do novo modelo de negócio e da estrutura da cadeia de valor que a acompanharia. Se hoje nos acostumamos e damos como certo o SaaS, sem questionamento, à época a história foi *bem* diferente.

Como acontece com praticamente toda nova solução e, especialmente, toda inovação disruptiva, os potenciais clientes — executivos tomadores de decisão e os responsáveis técnicos pela gestão dos sistemas e tecnologias da informação de empresas de médio e grande porte, operando de múltiplas localidades dentro e fora do país de origem — precisavam entender do que se trata o tal de SaaS e como a solução funcionaria, se seria realmente confiável para garantir o sigilo e confidencialidade dos dados, uma vez que a proposta seria armazená-los em data centers do fornecedor e não mais em servidores próprios, e a diferença do tempo de resposta comparado aos softwares *on-premise* (instalados em infraestrutura tecnológica própria), uma vez que seria acessado via internet. Eram muitas dúvidas — de fato as dúvidas eram legítimas, mas uma parcela considerável delas foi inflamada pelos atores da cadeia de valor do modelo antigo que seriam abalados pelo novo modelo – que precisavam ser devidamente esclarecidas para que o SaaS começasse a ser considerado uma possível alternativa ao software vendido como produto, ou seja, a energia de ativação do SaaS era bem grande. Em outras palavras, o SaaS vinha acompanhado dos efeitos colaterais de ativação, que exigia análise minuciosa e dedicação dos potencias clientes para entender o novo modelo, portanto, consumia tempo e esforço formidável para ser compreendida.

A verdade aqui é uma só. Mais cedo ou mais tarde desafios dessa natureza surgirão, e é o que fazemos diante deles que determinará se seremos campeões ou meros náufragos nadando num mar sem assoalho. Ainda que as tendências estejam apontando para novos caminhos, a grande maioria dos clientes tenderá a permanecer com as ofertas anteriores, pois é mais fácil e menos trabalhoso por não existir mais energia de ativação. Os empreendedores de alta performance sabem desse comportamento e se empenham para encontrar maneiras de driblar os efeitos colaterais de ativação intrínsecos à solução, reduzindo o desconforto e a inconveniência causados na potencial clientela. Caso contrário, o negócio não prosperará e estará fadado ao fracasso. Quanto mais rápido os potenciais clientes cruzarem a barreira da energia da ativação, maior o número de clientes aptos a comprarem/usufruírem, consequentemente, de forma mais rápida a solução se torna conhecida, o que, por sua vez, implica na redução gradativa do efeito colateral de ativação por meio da disseminação das informações por variados canais além daqueles oferecidos pelo próprio projeto (quando terceiros defendem sua solução de forma voluntária, manifestando-se abertamente, é um excelente indício de que o efeito colateral de ativação já não é uma questão de vida ou morte do projeto). Foi assim que a Salesforce.com, fundada em 1999, mostrou ao mundo – começando pelos Estados Unidos – que o software vendido como serviço estava vindo para ficar e não demoraria para desbancar o não mais oportuno modelo de software como produto.

Driblando os efeitos colaterais de ativação

O software de gerenciamento de relacionamento com clientes (CRM, da sigla em inglês) da Salesforce.com foi o abre-alas do modelo SaaS e, portanto, carregava consigo a elevada energia de ativação das soluções disruptivas (via de regra a maior energia de ativação possível é a de soluções disruptivas que criam novos mercados e/ou reconfiguram completamente a estrutura de setores inteiros), significando que o software já entrava no mercado causando efeitos colaterais de ativação profundos e perturbadores na clientela potencial. Adicione à equação da energia de ativação o ceticismo de players e clientes conservadores diante da iniciativa proposta pelo ousado novo entrante. Com muita habilidade, consciência, resiliência e, sobretudo, calma, a Salesforce.com contornou a situação e ponderadamente reduziu a energia de ativação inerente à sua inovação. A saída escolhida foi selecionar cuidadosamente o primeiro público-alvo — vendedores de empresas de tecnologia norte-americanas de médio porte — e mobilizar todo seu esforço para remover dúvidas e receios, um a um, e demonstrar, na prática, seu potencial para agregar valor, entregando benefícios concretos para os times das áreas comerciais. A partir do momento em que o primeiro ataque funcionou a empresa ampliou o foco para outro segmento de clientes, depois outro, e assim sucessivamente até o efeito colateral de ativação praticamente deixar de existir e a solução cair no gosto da grande massa (a estratégia de comunicação é crucial para o sucesso da empreitada, por isso será tratada com dedicação e exclusividade na PEÇA APPROACH). Você está com dúvida se a estratégia de contorno e minimização dos efeitos colaterais de ativação deu certo? Bem. Em 2017, a Salesforce.com faturou mais de US$8 bilhões e é considerada a empresa de software com o crescimento mais rápido da história.

Ainda que não tenha uma energia de ativação tão elevada quanto o SaaS para negócios (B2B) no fim dos anos 1990 e início de 2000, soluções envolvendo marketing de conteúdo na década de 2010 causavam efeitos colaterais de ativação. Para muitos empreendedores continuava soando relativamente estranho o fato de que compartilhar conteúdo via blogs e e-mail gerava mais oportunidades de negócios e, consequentemente, aumento no faturamento (qualquer relação com o funil de vendas não é simples coincidência). Os mecanismos de engajamento por trás do marketing de conteúdo não estavam claros na cabeça destes potenciais clientes, muito menos como conceber e executar a estratégia que proporcionaria os melhores resultados. Ou seja, existiam entraves naturais que dificultavam o entendimento das soluções voltadas para o marketing de conteúdo (energia de ativação). Desconsiderar os efeitos colaterais de ativação culminaria no péssimo desempenho do projeto. Driblá-los, contudo, aumentaria as chances de sucesso, como fez a Rock Content, startup brasileira que terceiriza a produção de conteúdo de altíssima qualidade via sua poderosa e crescente rede de produtores.

Há serviços e softwares vendidos como serviços que podem ser contratados nos sites ou aplicativos dos respectivos provedores, sem intervenção humana ou contato com atendentes reais. Nesse modelo, assume-se (às vezes acertadamente, às vezes por preguiça, e às vezes equivocadamente e antes da hora) que os potenciais clientes dominam e entendem suficientemente bem aquilo que está sendo contratado, ou seja, haverá pouca possibilidade de equívocos ou surpresas e, consequentemente, baixos índices de cancelamentos e insatisfação. Por outro lado, o autoatendimento é uma variável importante na equação de escalabilidade e/ou redução de custos. Contudo, esse não foi, e não poderia ter sido, o caso dos serviços prestados pela Rock Content.

Propositalmente, a Rock não pode ser contratada pelo site. Para fazê-lo, o interessado deve fornecer dados básicos em um formulário online e aguardar o contato de um membro da equipe de pré-atendimento, que, por sua vez, o conduzirá, sem pressa, pelas nuances da solução, esclarecendo calmamente as dúvidas e apresentando os benefícios da solução de marketing de conteúdo da Rock Content. Do ponto de vista do tão aclamado funil de vendas, o pré-atendimento tem a finalidade de diagnosticar o nível de prontidão para consumir a solução, pontuando-o numa escala numérica e, então, endereçando-o para a etapa que melhor se enquadra no processo de vendas. Chega a ser petulante, grosseira e invasiva a abordagem do pré-atendimento de algumas empresas, bem como os zilhões de e-mails enviados após esse primeiro contato. Somente os poucos potenciais clientes que entendem mais rapidamente talvez adquiram. O restante, com dúvidas remanescentes, e agora irritados pela tratativa fria e calculista, ou abandonam a solução ou postergam a decisão de aquisição, elevando inclusive o custo de aquisição de clientes do próprio projeto (os efeitos colaterais elevam o custo de aquisição de clientes).

Da perspectiva dos efeitos colaterais de ativação (e da Rock Content), no entanto, os pré-atendentes são (e deveriam realmente ser) catalisadores, ou seja, eles reduzem a energia de ativação da solução. Mais do que meros esclarecedores de dúvidas e defensores cegos e surdos da solução, os pré-atendentes entendem que estão diante da mais nobre e cada vez mais rara situação de ter alguém interessado em conhecer o que a empresa tem para oferecer. Os pré-atendentes têm a oportunidade de ouvir, dar atenção e autenticamente sentir os potenciais clientes, aproveitando o contato telefônico para de forma sutil remover as barreiras mais críticas que impedem os potenciais clientes de entenderem o poder do tema (no caso, o marketing de conteúdo), e, subsequentemente, e, eventualmente, contratarem a oferta: as barreiras emocionais subconscientemente erguidas pelas dúvidas, pelo medo do novo, pelo receio do desconhecido. O pré-atendimento não deveria ter o papel de diagnosticador ou empurrador de soluções. O pré--atendimento deveria cumprir o papel de companheiro de jornada, pois é exatamente naquele instante que a parceria tem maior probabilidade de acontecer. Para quebrar a mentalidade de "não se mexe em time que está ganhando" é necessário tirar de cena a sensação de aposta, de "pagar para ver", pegando na mão dos potenciais clientes e caminhando, lado a lado, em sua jornada. Essa postura inteligente e delicada foi o que levou a Rock Content a atingir R$20 milhões em receita recorrente em pouco mais de 3 anos de mercado.

Efeitos colaterais de adoção

Considere os três produtos a seguir: (1) suco em lata; (2) suco em caixinha longa vida; (3) suco em pó. Qual dos três produtos é mais trabalhoso para estar prontinho para ser consumido? O suco em lata em que precisamos apenas, e tão somente, abrir com as próprias mãos e tomar o líquido; o suco de caixinha em que basta abrir a tampinha com as próprias mãos, despejar uma porção em um copo e ingerir; ou o suco em pó em que precisamos ler as instruções de preparo na embalagem, medir a quantidade de água conforme indicado e adicioná-la em um vasilhame ou jarra, para na sequência abrir (às vezes com faca ou tesoura) e despejar o conteúdo do saquinho no líquido, misturar com uma colher até o pó se dissolver completamente, então adicionar em uma porção em um copo para, finalmente, bebermos?

De longe, consumir o suco em pó é muito mais trabalhoso do que o suco de caixinha ou o suco em lata, não é mesmo? E a origem desse trabalho todo pode ser atribuída às exigências impostas pelo próprio produto ao consumidor: (a) ler as instruções de preparo, ou seja, aprender como preparar o suco (lembre-se de que apenas em raríssimas ocasiões nós estamos realmente interessados e dispostos a aprender coisas novas; nas demais circunstâncias achamos isso irritante e frustrante); (b) preparar o suco com as próprias mãos seguindo corretamente o passo a passo (nas primeiras tentativas, e especialmente na primeira tentativa, é desconfortável por nunca antes ter preparado um suco em pó e não saber se está fazendo direitinho, ou seja, o consumidor encontra-se inseguro, receoso e desconfortável diante da situação); (c) possuir (ou comprar ou pegar emprestado, caso ainda não tenha) os recursos mínimos necessários (água, jarra ou vasilhame com indicação de volume, medidor de volume, se a condição anterior não for satisfeita, colher e copo).

Observe como preparar terreno para consumir o produto exige emprego de tempo, esforço e recursos do consumidor. Note que deixar o suco em pó pronto para ser bebido traz incômodos e desconfortos funcionais e, eventualmente, emocionais, para o interessado em consumir. *Essa série de pré-requisitos e atividades que pre-*

cisa ser cumprida para que o consumidor possa finalmente se deliciar com o suco são os efeitos colaterais de adoção causados pelo produto em pó. Diferentemente dos efeitos colaterais de ativação que estão relacionados com a necessidade de entendimento da finalidade ou objetivo da solução, os efeitos colaterais de adoção são transtornos e desconfortos impostos pela solução que emergem mais adiante na jornada, quando o cliente já transpôs a energia de ativação (e compreendeu para que serve e quais os benefícios da solução) e busca, agora, responder à pergunta: "O que eu preciso fazer para usufruir dessa solução?" A resposta pode ser surpreendente, como para o aplicativo israelense de mobilidade urbana Moovit, que oferece as rotas detalhadas em um mapa para o cliente-usuário chegar ao destino desejado, complementando-as com o itinerário (horários de chegada/partida) das linhas de transporte em cada uma das paradas, e tudo isso em tempo real.

O Moovit é uma excelente opção de guia para usuários do transporte público e facilita a vida de muita gente todos os dias ao redor do mundo. Contudo, até mesmo um perspicaz aplicativo para telefones móveis é capaz de causar efeitos colaterais de adoção. O primeiro transtorno é causado pelo simples fato de ser um aplicativo para smartphone, ou seja, requer que o interessado em usufruir da solução tenha em mãos um telefone com os requisitos mínimos para rodar o aplicativo sem percalços e sem travar. Caso o usuário não possua um celular, ou o dispositivo não seja capaz de rodá-lo, ele será forçado a adquirir um minimamente apropriado (efeito colateral de adoção). Com o telefone em mãos é hora de fazer o download e instalação do aplicativo (efeito colateral de adoção), pois ele não é nativo no aparelho. Agora você pensa que é só sair usando, certo? Negativo. Não é instantâneo. O aplicativo é inútil se o usuário não aprender a usá-lo, então, deve antes se ambientar no aplicativo, aprender e testar seus recursos e funcionalidades. Querendo ou não, há um mínimo de desconforto nisso e, portanto, mais um efeito colateral de adoção do Moovit. E não para por aí.

A proposta de atualizar o itinerário em tempo real é fabulosa e traz economia de tempo e alívio emocional para os passageiros. Porém, para usufruir dessa funcionalidade, o usuário antes deve estar conectado à internet. Caso disponha do aparelho, mas não tenha pacote de dados ou acesso à rede de internet sem fio, a solução entregará benefícios limitadíssimos. Considere, por exemplo, que em boa parte dos países em que a startup israelense atua não é disponibilizado aos usuários rede de internet sem fio. Nessas circunstâncias, o usuário interessado em utilizar todos os benefícios do Moovit precisaria do pacote de dados de um plano de telefonia móvel já contratado ou contratar um pacote de dados para essa finalidade (veremos adiante que o consumo do pacote de dados é um efeito colateral de usufruto), outro efeito colateral de adoção do aplicativo israelense.

Todo o esforço extra ou adicional que uma nova solução impõe aos potenciais clientes para que sejam capazes de usufruí-la é um efeito colateral de adoção. Essas situações são muito comuns na área de tecnologia da informação de empresas estabelecidas. Substituir ou adicionar novos sistemas na arquitetura vigente é quase sempre caótico e consome quantias extraordinárias, além de muito tempo e paciência. E isso nos permite também encarar os efeitos colaterais de adoção como o impacto econômico-financeiro (não esquecer que tempo é dinheiro) para aderir à solução.

Driblando os efeitos colaterais de adoção

Tal como os efeitos colaterais de ativação, os efeitos colaterais de adoção são obstáculos que distanciam o potencial cliente de se tornar um cliente de fato. Via de regra, quanto maiores forem os efeitos colaterais de adoção, ou seja, mais trabalhoso, dispendioso e desgastante for para o potencial cliente virar um cliente, e começar a usufruir e colher os benefícios da solução, maiores as chances dele descartá-la. Não se esqueça de que nós enquanto clientes somos preguiçosos em praticamente todas as situações. Nos tirar da zona de conforto é difícil. Por essa razão, é indispensável mapear os prováveis efeitos colaterais de adoção e, então, sempre que possível, incorporar elementos na solução para evitá-los completamente — ou contorná-los quando não for possível eliminá-los. Raríssimos são os casos em que uma solução não cause efeitos colaterais de adoção, como acontece com o genial Hippo Water Roller, aquele equipamento com bombonas plásticas utilizado para transportar água. Para as demais, quanto mais próximo do imperceptível forem os efeitos colaterais de adoção (e os efeitos colaterais de ativação), melhor, pois mais facilmente os potenciais clientes serão convertidos em clientes.

Frequentemente, reclamamos dos serviços e produtos que consumimos, mas nem sempre estamos dispostos a nos movimentar para encontrar novas opções. Por quê? Porque substituir o que está em uso hoje leva tempo, esforço, recursos e paciência, fora a incerteza sobre se realmente funcionará. Infelizmente, por alguma razão histórica, o retrato fixado em nossa mente sobre qualquer substituição é mais negativo do que positivo, o que nos leva a procrastinar a decisão, além de involuntariamente adicionarmos obstáculos típicos de autossabotagem para justificarmos a manutenção de tudo exatamente como está. A situação ficará ainda mais estanque quando o que está sendo utilizado como solução hoje estiver em nossas vidas por um bom tempo. As raízes são mais profundas e mais difíceis de serem arrancadas. Diante dessa constatação, cabe aos empreendedores encontrar alternativas para minimizar ao máximo esse sofrimento, deixando a transição quase indolor. Nesse sentido, mais uma vez, a Contabilizei demonstrou sagacidade ao incorporar alternativas interessantes para driblar os efeitos colaterais de adoção causados pelo seu escritório digital de contabilidade. A Contabilizei compreendeu que sua oferta causava efeitos colaterais de adoção, e não ignorou o fato de que o segmento de contabilidade é sensível e causa arrepios nos clientes. Com os olhos e mentes abertos a startup foi capaz de incrementar a solução com elementos para facilitar e simplificar a vida do cliente, e de quebra influenciar positivamente na tomada de decisão de adesão ao seu serviço online e digital de contabilidade.

Ao adotar a solução da Contabilizei, o cliente pode se despreocupar, pois a equipe da startup assumirá todos os trâmites necessários para transferir a documentação do escritório do antigo contador para o escritório da empresa (imagine qual seria a chance de um dono de negócio substituir seu escritório de contabilidade convencional por um escritório online se for obrigado a fazer os trâmites por conta própria). A migração, por sua vez, leva não mais do que poucos dias para ser concluída, poupando tempo, dinheiro e a paciência do cliente (se o processo demorasse mais do que isso, o cliente poderia ficar descoberto, deixar de cumprir obrigações fiscais e contábeis, e ser penalizado financeira e legalmente). E, por último, para tirar qualquer dúvida sobre a superioridade da solução, o cliente tem até 30 dias para solicitar a devolução do valor pago caso não esteja satisfeito. Note que tais elementos não só reduzem os efeitos colaterais de adoção, como também agregam valor à jornada do cliente e ao próprio negócio no fim do dia, maximizando a percepção dos benefícios. Precisamente, por essa razão, que o projeto não pode deixar de encontrar maneiras de minimizar a significância dos efeitos colaterais (nesse caso, efeitos colaterais de adoção). Essa preocupação e esse cuidado do time refletem o propósito e influenciam a tomada de decisão do cliente, estabelecendo diferenciações legítimas que separam as soluções e os negócios profissionais dos amadores e lunáticos.

Efeitos colaterais de usufruto

Os efeitos colaterais causados nos clientes (ou em terceiros) *durante ou após* o uso ou consumo da solução são chamados de efeitos colaterais de usufruto, ou seja, os efeitos colaterais necessariamente decorrentes do usufruto da solução. Os efeitos colaterais de usufruto são os maiores responsáveis pela formação de detratores da solução. Basta analisar as pesquisas de (in)satisfação das provedoras de telefonia fixa e móvel, de TV paga e de internet, ou perguntar para seus respectivos clientes a opinião deles sobre o serviço. Tornar-se um cliente e somente então descobrir que a solução subtrai mais valor do que agrega é a maior fonte de insatisfação que qualquer tipo de projeto pode vir a ter. E, boa parcela dessa operação de subtração é consequência dos efeitos colaterais de usufruto. Resgatemos o diciclo da Segway para iniciar a discussão, listando apenas dois dos efeitos colaterais de usufruto do diciclo.

Apesar da tecnologia embarcada estabilizar a navegação do diciclo, ela não impediu a ocorrência dos acidentes de percurso, como batidas, solavancos, quedas e atropelamentos, isto é, não deixou de causar efeitos colaterais intrínsecos e diretamente relacionados ao manuseio ou operação do equipamento. O caso mais grave reportado foi o acidente (efeito colateral de usufruto) que levou o dono da própria Segway a óbito ao cair de uma ribanceira enquanto pilotava seu diciclo. Outro episódio que viralizou, ocorreu em 2003 quando o então presidente dos Estados Unidos George W. Bush foi flagrado levando um tombo e sofrendo leves escoriações ao perder o equilíbrio da geringonça. Ainda que os dois usuários fossem culpados, nenhum acidente teria ocorrido se o diciclo não existisse. Ou seja, a Segway é responsável por essas e tantas outras ocorrências envolvendo usuários e terceiros. Outro efeito colateral de usufruto do equipamento foi a sensação de sedentarismo e constrangimento devido às brincadeiras e avacalhação promovidas pelos amigos e colegas dos adeptos do diciclo.

Falei sobre o mecanismo de cobrança automática Sem Parar que agiliza o deslocamento em rodovias e estacionamentos brasileiros. Basta escolher o plano, grudar o adesivo no para-brisa do veículo e sair dirigindo por aí. Contudo, surpresas inesperadas podem surgir no final do mês, ou melhor, na data de vencimento da fatura, uma vez que o funcionamento do Sem Parar é análogo ao de um cartão de crédito. O valor do pedágio ou do estacionamento é debitado diretamente na conta Sem Parar referente ao adesivo e o Sem Parar não emite alerta (e-mail ou notificação) para os usuários sobre cada cobrança realizada e nem sobre o saldo parcial. Para checar o valor preliminar o cliente precisava ou acessar a intranet ou o aplicativo, sendo este último ainda bastante incipiente e frágil à época. O resultado era o cliente perder a noção do valor total acumulado em determinado período e tomar um belo susto (efeito colateral de usufruto) toda vez que recebia o e-mail já com o extrato mensal consolidado. Adicionalmente, e como pude experimentar esporadicamente, existem efeitos colaterais (atribuídos ao Sem Parar) causados pelas cancelas de praças de pedágio que por alguma razão técnica não se abrem mesmo com a conta do dispositivo em dia. Nessas situações, o carro está em movimento e o motorista é forçado a frear bruscamente e corre o risco de ser atingido pelo veículo que vem logo atrás, ou seguir mesmo assim causando danos ao automóvel.

Quando entram em cena, os efeitos colaterais de usufruto são capazes de arruinar a experiência do cliente, e, consequentemente, remover a percepção de valor da solução, além de comprometer a imagem da marca.

Driblando os efeitos colaterais de usufruto

Diferentemente dos efeitos colaterais de ativação e de adoção, os efeitos colaterais de usufruto, por decorrerem do uso ou consumo da solução, podem causar danos irreparáveis e irreversíveis aos clientes e, consequentemente, ao projeto e ao time. Ter plena consciência do conjunto dos potenciais efeitos colaterais de usufruto da solução é um importante passo para identificar as oportunidades de melhoria e promover ajustes e correções para mitigá-los ou até eliminá-los. Não se sinta desconfortável ao ter em mãos uma lista de efeitos colaterais de usufruto, a não ser que não tenha proatividade e predisposição para efetuar as mudanças que a situação exige. Você deveria se sentir propelido a reinventar sua solução, buscando caminhos e alternativas mais saudáveis, como fez o MercadoLivre.

O MercadoLivre.com foi fundado na Argentina, em 1999, e atingiu o patamar de maior marketplace da América Latina, com operações em 19 países, incluindo Brasil, Chile, Peru, México e Portugal. Para acabar com o sofrimento antecipado dos compradores virtuais, o Mercado Livre criou uma alternativa que arrepia a alma dos comerciantes que acreditam que os consumidores não têm o direito de devolver o produto caso tenham se arrependido, mudado de ideia ou comprado por engano: a devolução agilizada. O mecanismo GARANTE ao comprador não somente o direito de devolver o produto em até 10 dias corridos depois da compra, sem dores de cabeça ou questionamentos por parte dos vendedores, e receber integralmente o dinheiro pago de volta, como também não pagar nenhum centavo para retornar o produto via correio ("devolução agilizada grátis"). Dependendo da pontuação no programa de fidelidade da companhia, o cliente-comprador tem direito a mais de uma devolução agilizada grátis por ano (via de regra todos os clientes-compradores já têm direto a uma por ano). Basta entrar no site ou no aplicativo da empresa, selecionar a opção de devolução do produto, anotar o código gerado, se dirigir à uma unidade dos Correios parceira do Mercado Livre e despachar o produto gratuitamente. O dinheiro é devolvido e um dos efeitos colaterais de usufruto mais temido dos consumidores é empacotado e enviado para bem longe.

Infelizmente, existem empreendedores que questionam a criação de soluções de contorno para efeitos colaterais, especialmente os de usufruto, alegando que "dá muito trabalho" pensar em alternativas para facilitar a jornada do cliente. Lembre-se de que um cliente insatisfeito não tardará para entrar para o banco de dados de ex-clientes. E um cliente satisfeito é o recurso mais valioso de qualquer empreendimento e atua como megafone propagador de elogios, indicações e recomendações. Atacar os potenciais efeitos colaterais de usufruto, dentre tantas outras iniciativas, levaram o Mercado Livre a apurar US$1,7 bilhão em receitas líquidas, 10 milhões de vendedores e 34 milhões de compradores ativos ao final de 2017. Claro, não foi de uma hora para outra que as ações foram implementadas para reduzir ou eliminar os efeitos colaterais de usufruto, e muito menos foi simples ou trivial. Uma mobilização enorme de recursos foi necessária para que o MercadoLivre.com chegasse a esse patamar. Não faltaram esforços para lapidar a estrutura do negócio com o objetivo de ser capaz de prestar melhor nível de atendido aos clientes. Por quê? Porque indiscutivelmente é uma fonte extraordinária de geração de valor para o cliente e, subsequentemente, ao próprio negócio. Em qual marketplace você preferiria comprar? Em um que não o respalda nem o protege, ou em um que assegura seus direitos, sem dores de cabeça e constrangimentos?

Uma pitadinha da prática: não se esqueça do código de cores

Recorda-se do código de cores da Validation Rocket, aquele que usa notas adesivas coloridas para representar como nosso modelo de negócios no FOGUETE contemplará cada segmento de clientes atendido? Pois bem. As cores adotadas para representar cada segmento também devem ser utilizadas na PEÇA EFEITOS COLATERAIS. Cada conjunto de efeitos colaterais deverá ser registrado na mesma cor escolhida para aquele determinado segmento. Mesmo que alguns efeitos colaterais sejam iguais, repita-os em notas adesivas diferentes seguindo as cores correspondentes. O objetivo é manter o registro visual no FOGUETE correto, acessível e facilmente compreensível por membros de dentro e de fora do projeto. Caso os efeitos colaterais não correspondam aos segmentos de clientes específicos, como citado para o impacto causado pela Uber nas cooperativas de táxi ou pela Nespresso ao meio ambiente, é recomendado utilizar cores neutras para evitar confusão e desentendimentos.

Mercado & Regulação

O estudo do mercado e a plena compreensão da regulação específica (aspectos legais e regulatórios) fazem parte de um mesmo conceito, de um único bloco de entendimento. Entretanto, no FOGUETE, os temas são abordados em duas peças distintas. A separação é, sim, uma questão didática, porém cumpre papel funcional ao facilitar e agilizar o processo de modelagem. Além disso, tratar as questões envolvendo o ambiente regulatório em uma peça específica é um alerta aos empreendedores sobre a importância dessa temática, comumente ignorada, mas suficientemente poderosa para arruinar projetos de forma irreversível, conforme veremos nas próximas páginas.

Mercado

Desde a descoberta da insulina para tratamento da diabetes humana em 1922, bilhões de dólares foram investidos em pesquisa e desenvolvimento para produzir o hormônio com maior qualidade, mais puro, com efeito prolongado (para evitar múltiplas aplicações em um único dia) e encontrar novas fontes com menos rejeição pelo organismo humano, dado que, inicialmente, ela era extraída do pâncreas de animais e, portanto, tinha algumas propriedades diferentes da insulina humana. De um lado dessa história, nós temos Eli Lilly and Company, fundada em 1876, a primeira empresa a produzir e comercializar insulina em larga escala nos Estados Unidos, a partir de 1923. Do outro, o Novo Terapeutik Laboratorium, um pequeno laboratório dinamarquês, consideravelmente menor do que a Eli Lilly, fundado em 1925 com o objetivo de desenvolver e produzir medicamentos para diabéticos. Ambos adentraram nesse proeminente mercado no primórdio, vislumbrando abocanhar a oportunidade multibilionária que acabara de se apresentar (estima-se que superará os US$50 bilhões em 2020). Nas décadas seguintes, esses e outros laboratórios investiram pesado no aprimoramento dos processos e tecnologias para produzir insulina, mas foi ao final dos anos 1970 e início dos anos 1980 que o coelho foi tirado da cartola de verdade. Enquanto a Eli Lilly seguiu a tendência natural do desenvolvimento tecnológico e despejou fortunas no refinamento e sofisticação da produção de insulina, o Novo apostou no inesperado e surpreendeu com uma fabulosa inovação, fruto de uma perspicaz visão sistêmica das peças que compõem o contexto, as tendências, e, claro, sem ignorar o sofrimento do cliente-paciente.

O resultado do investimento da Eli Lilly trouxe para o mercado insulinas de origem animal mais puras, e a permitiu ser a primeira farmacêutica a desenvolver, produzir e comercializar insulina (idêntica à) humana, obtida a partir da tecnologia de recombinação do DNA. Entretanto, a realidade nua e crua é que para a comunidade médica talvez a sofisticação e pureza fossem relevantes. Só que para o cliente-diabético o grau de refinamento é importante até certo ponto e a partir daí tanto faz o que está dentro do frasco, desde que o permita seguir adiante em sua jornada. Por isso, os resultados das vendas da insulina humana da Eli Lilly à época do lançamento, em 1983, foram frustrantes quando comparados com as projeções iniciais bastante promissoras. O Novo, por sua vez, leu com precisão à *laser* a movimentação das concorrentes mais parrudas e ricas, e entendeu que seria praticamente impossível competir em pé de igualdade se seguisse pelo mesmo caminho e respeitasse os mesmos parâmetros competitivos, porque não dispunha desse montante financeiro. A saída foi romper com o paradigma e o padrão de posicionamento dos laboratórios e trazer as necessidades (os gatilhos) do cliente-diabético para o centro dos esforços. O Novo não poderia ter sido mais certeiro e elegante.

É fato que seringa e agulha dão arrepios, mas é a realidade de milhões de pessoas no planeta que sofrem com diabetes e necessitam de aplicações diárias – em alguns casos, várias vezes ao dia – para levarem uma vida normal. Controlar a doença, no entanto, é bem mais desafiador do que parece. Depois do susto do diagnóstico, o diabético precisa aprender a lidar com o conjunto composto de seringa, agulha, frasco de insulina e aplicações. O quanto antes se adaptar à nova rotina, melhor: enroscar a agulha na seringa, espetá-la no frasco, sugar pouco mais do que o volume de insulina recomendado, retirar a agulha do frasco, colocar a seringa de ponta-cabeça com a agulha apontando para cima e dar leves batidinhas para as bolhas de ar moverem-se para o topo, comprimir o bastão para removê-las (inevitavelmente desperdiça-se insulina para garantir que não há mais bolhas) e, então, fazer a aplicação em alguma parte do corpo. Com o tempo e a prática, os diabéticos – e as pessoas mais próximas – se acostumam com a nova condição de vida, aprendem a ignorar o constrangimento (aplicações no convívio social), e passam a realizar o procedimento com mais facilidade e naturalidade, reduzindo o desconforto dos momentos de aplicação. Ainda assim, é preciso repetir o desconfortável processo incontáveis vezes ao longo da vida, sempre com nível máximo de atenção para não cometer erros (há muito espaço para erros, tais como doses insuficientes ou superdosagens que podem levar o indivíduo à óbito, inclusive) e sob a mira do onipresente prejulgamento social (seringas e agulhas podem assumir conotação negativa na cabeça das pessoas). Repare agora a elegância da solução que o Novo trouxe para o mercado.

Em 1985, o Novo introduziu no mercado a primeira caneta para aplicação de insulina — a NovoPen — que dispensava o uso de seringas. A NovoPen dispunha de um compartimento para cartucho descartável de insulina que garantiria suprimento por algumas semanas, e quando esvaziado poderia ser facilmente substituído por um novo. A solução vinha acompanhada de dosador de simples manipulação para controlar o volume de insulina injetado. Bastava o cliente-diabético sacar a caneta, ajustar a dose, espetar a pequena agulha, apertar o botão na parte superior da caneta e pronto. A nova solução não só trazia mais qualidade de vida ao diabético, como também contribuiu para que mais pacientes seguissem à risca o tratamento indicado pelo médico ao simplificar, e muito, o processo de aplicação. De lá para cá, o Novo experimentou crescimento extraordinário e após a fusão com outro laboratório dinamarquês, o Nordisk Insulinlaboratorium, em 1989, quando adotou o nome de Novo Nordisk, passou a figurar entre os grandes players do segmento de insulina. Com os esperados avanços da tecnologia, a caneta de insulina já contempla indicador eletrônico que registra o tempo decorrido desde a última aplicação, o último volume injetado e um dosador inteligente que não permite a seleção de dose superior às unidades disponíveis no cartucho. Das 5 marcas de insulina mais vendidas no mundo, em 2015, a primeira e a quinta foram de caneta: a Lantus, da Sanofi-Aventis, cujas vendas por pouco não bateram US$7 bilhões, e a Levemir, da Novo Nordisk, com US$2,68 bilhões.

A tacada de mestre da Novo Nordisk não foi obra do acaso, muito menos um fortuito acidente de percurso. A lucidez e a perspicácia da organização em lançar-se no projeto que resultou na NovoPen é fruto de estudo detalhado e minucioso do mercado e seus diversos componentes, começando pelos concorrentes e seus respectivos movimentos, e englobando tendências e evoluções tecnológicas naturais (incrementais), bem como a compreensão dos gatilhos atuais e futuros dos clientes não abordados devidamente (ou não abordados completamente), ou seja, as lacunas que dificultam ou impedem o pleno desenvolvimento de suas jornadas. É isso que apresentarei na PEÇA MERCADO.

Inteligência competitiva

Empreender exige também estudo, análise e muita pesquisa sobre o que existe e existiu antes de partimos para a execução. É o aquecimento dos motores para a decolagem, porque quando chegar o momento de executar, nós não queremos ser forçados a parar tudo, pois demos de cara com surpresas indesejadas, mas que estavam ali diante de nossos olhos o tempo todo. Além de contraproducente, é ilógico executar sem uma direção clara simplesmente por acreditarmos piamente em nosso projeto (nenhum empreendedor desacredita de sua própria ideia). O mínimo de conhecimento dos concorrentes e entendimento da dinâmica de mercado são necessários. Você pode até achar que analisar o mercado sob o ponto de vista concorrencial é chato, porém é um mal necessário para empreender em alta performance. Essa é a bússola para orientar a execução em nível máximo de produtividade e geração de valor para as partes envolvidas.

O triste fato é que dos poucos times que se atentam para os "concorrentes" a maioria esmagadora acredita que montar um slide de PowerPoint contendo dois ou três nomes de empresas que possuam soluções semelhantes, "mas não tão boas e perfeitas quanto a nossa", seja suficiente, por exemplo, para convencer investidores. Nesse caso específico, o interesse de possíveis investidores vira fumaça quando as primeiras respostas sobre o mercado são superficiais ou evasivas. No entanto, se a questão fosse apenas convencer alguém, estaria ótimo. Mais importante do que convencer alguém *que não faz parte do projeto* sobre a relevância do seu projeto é estar munido com fatos e verdades acerca da realidade, sobre o que está acontecendo no mercado, a respeito das tendências e rumos do setor, para não criar falsas expectativas e, então, entrar para o grupo de "empreendedores" que desenvolve produtos e serviços sem relevância, e, pior, que não são desejados nem mesmo pelos parentes e amigos mais próximos.

A inteligência competitiva é uma arma poderosa não somente para as grandes empresas e corporações. Apesar de pouco explorada pelos empreendedores de primeira viagem, é plenamente aplicável na criação de novos negócios. O nome assusta muita gente e há ainda uma interpretação equivocada que a associa com copiar a concorrência, ou pior, espionagem. Não é inteligente simplesmente copiar a concorrência. Até para isso é necessário competência e perspicácia. A inteligência competitiva estuda a concorrência bem como seus movimentos históricos, projeções e posicionamento, sendo fundamental para direcionar o foco do projeto e concentrar os esforços do time na diferenciação do produto e evitar, consequentemente, que recursos sejam desperdiçados pelo desenvolvimento de produtos e serviços indesejados, análogos ou similares ao que já existe, e que dificilmente ganharão espaço no mercado. Aprender com quem já está no mercado e sua evolução (ou involução) ao longo do tempo é uma fonte valiosa de conhecimento para construção de soluções matadoras ao revelar brechas e potenciais oportunidades, além de ser bem menos doloroso e sofrido do que aprender com os próprios erros. A suíça Swatch poderia muito bem ter partido para uma execução desenfreada e produzir relógios para tentar competir em pé de igualdade com as fabricantes japonesas que inundavam e dominavam o mercado. A competição enterraria a Swatch sem dó nem piedade. Contudo, a Swatch aplicou a inteligência competitiva para desvendar uma oportunidade sensacional de mercado, aos moldes do que experimentou a Novo Nordisk com a caneta de aplicação de insulina.

Os relógios suíços sempre foram sinônimo de status, poder e até um ativo para investimento, uma vez que vinham incrustados com pedras preciosas. Os fabricantes suíços dominavam o mercado mundial até o início de 1950, só que os processos altamente manuais, com requintes artesanais dos suíços, gradativamente perderam mercado para a chegada de novos competidores cheios de novas tecnologias, materiais e propostas. O primeiro grande golpe ocorreu em 1951 quando a Timex (antiga U.S. Time) introduziu uma linha de relógios descartáveis feitos de liga metálica em vez de metais nobres e joias, o que baixou o custo de produção consideravelmente e possibilitou a comercialização a preços próximos de uma pechincha quando comparados aos parentes suíços. Não havia sofisticação e o apelo recaía fortemente na durabilidade e funcionalidade do produto. O impacto foi tamanho que, ao final daquela década, de cada três relógios vendidos nos EUA um era Timex, e na década de 1970 a Timex vendia mais unidades do que qualquer outro fabricante no mundo. Paralelamente, as fabricantes japonesas — Seiko e Citizen, por exemplo — cresciam aceleradamente e espalhavam seus relógios para além da Ásia. Repare como os fabricantes suíços pararam no tempo. Em 1946, os suíços detinham 80% do mercado, ao passo que em 1970 caiu para quase metade, apenas 42%.

A segunda paulada veio em 1970 com a ascensão da tecnologia do quartzo, mais barata e versátil do que a tecnologia de movimentos mecânicos até então conhecida pela indústria. Os japoneses lideraram a produção mundial dos relógios incutidos com a nova tecnologia, e jorraram produtos com preços cada vez mais acessíveis, enquanto os suíços se recusavam a adotá-la, insistindo na produção artesanal que resultava em relógios caríssimo e, consequentemente, continuavam perdendo mercado. Parecia que tudo estava perdido até que surgiu a proposta da Swatch. Independente da tecnologia que movia os ponteiros ou os displays digitais, os relógios eram dispositivos frios, opacos, com tonalidades escuras, sem graça, com valor percebido associado ao status (no caso dos relógios suíços) ou à praticidade e funcionalidade (Timex e outros relógios com preços intermediários). Não eram acessórios de moda e não despertavam interesse emocional nos clientes, apesar de conferirem ar de elegância e sofisticação a quem os carregava para lá e para cá. Aí estava a brecha inexplorada, mas que só foi capturada conciliando as tendências tecnológicas, novos materiais, as mudanças do mercado consumidor e as economias de escala dos processos menos artesanais.

A Swatch repaginou completamente o cenário da produção de relógios na Suíça. Os processos foram otimizados, eliminando ao máximo os trabalhos manuais. Os tradicionais e caros relógios suíços deram lugar para um tipo de produto totalmente repaginado, com menor quantidade de partes e componentes, e feitos, pasmem, de plástico. Sim, relógios de plástico produzidos na Suíça. Só que o apelo estético combinado com variedade de opções e coleções sazonais exclusivas trouxe o mundo da moda para dentro do universo dos relógios (ou será que foi o contrário?). O trabalho exigiu tremenda reengenharia de todo o processo produtivo para ser capaz de colocar no braço do consumidor a primeira linha de relógios com estilo, cores vibrantes e designs variados, que agora poderiam ser combinados com a roupa, literalmente com a função de acessório de moda. Até hoje é comum encontrar consumidores Swatch com vários relógios da marca no armário prontinhos para serem combinados com a roupa do dia. Foi a assim, com muita inteligência competitiva, que a Swatch colocou a Suíça de volta no jogo a partir de 1983. E não foi só essa sacada. Ao proceder dessa maneira, a Swatch conseguiu chegar a uma estrutura de custo que o permitiu oferecer os relógios a preços inferiores aos praticados pelos concorrentes asiáticos, mantendo uma margem de lucro saudável, coisa que os asiáticos não conseguiriam sem sacrificar financeiramente seus negócios.

Caça às bruxas versus fonte de insight

A inteligência competitiva quando aplicada sob lentes enviesadas raramente possibilita a identificação de oportunidades legítimas de diferenciação e inovação. Esses vieses são resultantes de uma busca paranoica e desenfreada para encontrar defeitos, pontos de atenção e fraquezas nas soluções e modelos de negócios dos competidores, numa vaga tentativa de provar para nós mesmos e para pessoas de fora do projeto que nossa proposta é superior e, por isso, merece a devida atenção. É incomum times que mergulham na análise competitiva de modo neutro e imparcial, muito por conta do Transe da Idealização. Porém, é precisamente aí que escapa por entre os dedos o verdadeiro potencial da inteligência competitiva: uma fonte extraordinária de insights (lampejos de criatividade ou sacadas) para concepção de projetos genuinamente inovadores.

O problema de entrar com viés em um estudo mercadológico na modelagem de negócios é que inconscientemente assume-se uma postura reflexiva e avessa a qualquer sinal de superioridade de um ou mais concorrentes, ou indício que contradiga a percepção do time ou proposta de solução/modelo de negócio. A consequência não poderia ser pior. Blindamos nossos olhos e ouvidos, abaixamos a cabeça, seguimos adiante e acabamos entrando no mercado com poucos diferenciais, quando muito. A batalha será sangrenta e não é essa a nossa intenção, concorda? Uma vez que estamos investindo recursos para empreender, que façamos da maneira mais efetiva e direcionada. Para isso, devemos colocar o ego de lado, assumir uma postura permeável de maneira a captarmos até mesmo os mínimos sinais de oportunidades enquanto estivermos lendo os meandros da competição, do mercado consumidor e do contexto propriamente dito. Os resultados da inteligência competitiva começam a aparecer quando o time não está exclusivamente em missão de caça às bruxas para enaltecer o próprio projeto, e olha para além do horizonte do próprio umbigo. Ir além das fraquezas dos competidores, reconhecendo suas fortalezas e pontos de destaque, estudando o porquê de não cobrirem determinadas lacunas, bem como seus respectivos posicionamentos, poderá revelar oportunidades incríveis. É aí que existe uma fonte ilimitada de insights, independente do setor, do país ou do tipo de solução. Foi assim que a britânica Pret A Manger descobriu uma oportunidade multimilionária.

Ser mais produtivo e saudável é o objetivo de quase todo profissional que deseja chegar longe na vida, construindo uma carreira bem-sucedida e gratificante. E se tem uma atividade ao longo do dia de trabalho com potencial para arruinar nossa produtividade essa atividade é almoçar, ou melhor, o ritual entorno da refeição no meio do expediente. Sair do escritório, procurar um restaurante, sentar, escolher o prato, pedir a comida, aguardar o garçom trazer o pedido, comer, pagar a conta e retornar para o local de trabalho toma tempo, tranquilamente superando uma hora, e leva a produtividade embora. Por mais que seja recomendado fazer pequenas interrupções ao longo do dia para reestabelecer a energia, a saidinha para o almoço realmente aniquila nosso desempenho. Os restaurantes de fast-food são opções mais rápidas e bem mais baratas, só que não são nem de longe as opções mais saudáveis. Os pratos nesses restaurantes são excessivamente condimentados e os alimentos são congelados na maioria dos casos. Outra alternativa é pedir comida e comer no ambiente de trabalho, opção que acaba não criando aquela válvula de descompressão revigorante indicada por especialistas, apesar de ser mais rápida que restaurantes tradicionais e teoricamente mais saudável que os modelos fast-food. Havia uma pergunta escondida nos meandros desse mercado e no padrão de consumo do trabalhador atarefado: não existe uma opção saudável, rápida, a preços acessíveis e fora do ambiente de trabalho? Pret A Manger é a resposta.

O primeiro restaurante da rede foi aberto em 1986, em Londres, e criou um novo conceito de restaurante para a hora do almoço que oferece sanduíches saudáveis, preparados diariamente na própria loja (ou em uma cozinha própria bem próxima), a partir de ingredientes fresquinhos entregues todos os dias. Os sanduíches ficam dispostos em prateleiras refrigeradas (há também outras opções de alimentos), bastando o cliente escolher aquele de sua preferência, levar até o caixa, pagar e comer na própria loja ou carregar para comer em outro lugar. O processo é rápido, sem rodeios e direto ao ponto, no melhor estilo fast-food, porém mais saudável. Além disso, é mais barato que restaurantes convencionais principalmente pela estrutura de custo mais enxuta. Foi uma sacada e tanto. Em 2018, a Pret A Manger chegou a 530 restaurantes, em 9 países, e foi adquirida pela JAB numa transação avaliada em aproximadamente US$2 bilhões. Repare como os sinais estavam escondidos nos ínterins da competição e do mercado consumidor. Só um time com olhar cuidadoso e livre e vieses conseguiria lê-los, absorvê-los e transformá-los em uma oportunidade real de negócio.

Atenção às soluções alternativas

A inteligência competitiva da PEÇA MERCADO não traz luz apenas para os concorrentes diretos, isto é, aqueles que oferecem *soluções substitutas*, que por mais diferenciadas que sejam são semelhantes na excelência. A inteligência competitiva contempla as *soluções alternativas*, ou seja, aquelas soluções que não se assemelham em atributos e benefícios, mas ocupam as mesmas lacunas, possuem o mesmo objetivo ou missão.

Para as companhias de avião civil norte-americanas, a Southwest Airlines foi uma ameaça séria, e até hoje é um competidor peso-pesado. A companhia aérea é a quarta maior dos Estados Unidos e considerada a mais lucrativa da história da aviação civil mundial. No entanto, sabe qual o público que realmente os fundadores Herb

Kelleher e Rollin King estavam mirando quando incorporaram a empresa em 1967? Nas pessoas que utilizavam meios de transporte terrestres (ônibus e automóveis, para ser mais específico). Desde o princípio, a proposta da Southwest foi garantir o direito de ir e vir dos cidadãos norte-americanos, oferecendo um serviço rápido, de qualidade, a preços baixos, mas tão baixos (comparados ao dos competidores diretos) ao ponto de serem uma forte alternativa para os viajantes que optavam pelos meios terrestres por serem mais em conta. Ao conseguir materializar a solução de baixo custo, a Southwest Airlines ascendeu como uma solução alternativa poderosíssima às companhias de ônibus de longa distância, e até mesmo de aluguel de veículos. Será que essas empresas estavam atentas para a chegada a Southwest?

Inteligência competitiva como fonte de inspiração

Os lampejos de criatividade não acontecem somente a partir da observação e estudo dos concorrentes (soluções substitutas e alternativas) e dos potencias clientes. A observação de outros mercados, não necessariamente relacionados, abre um novo horizonte de possibilidades e adiciona uma variável importante à realidade do projeto, como aconteceu com a Swatch lá na década de 1980. Graças à rebeldia da marca suíça, os relógios de pulso se tornaram acessórios de moda e despertam interesses emocionais na clientela. A marca tomou emprestado elementos das passarelas para revolucionar essa tradicional indústria, e colocar a Suíça de volta no jogo como grande competidora global, posição ocupada até hoje (e agora ameaçada pela Apple, e seus relógios inteligentes, que no quarto trimestre de 2017 vendeu mais unidades do que todas as marcas suíças juntas). E foi observando mercados correlacionados que a vinícola australiana Casella experimentou um tremendo caso de sucesso na elegante — e até então monótona e fria — indústria dos vinhos.

A produtora australiana de vinhos compreendeu que entrar em qualquer mercado com uma nova marca de vinhos utilizando as estratégias conhecidas seria desgastante e pouco frutífero, especialmente no mercado norte-americano, um dos alvos iniciais da Casella. O setor era dominado por produtores locais e era também ultraconcorrido. Além disso, as bases da competição eram as mesmas em que os competidores ou batalhavam no preço, brigando na casa dos centavos para atrair os poucos apreciadores da bebida, ou partiam para a sofisticação de diversas naturezas e conquistas de títulos em premiações renomadas. Como, então, explorar esse mercado sem seguir os mesmos termos competitivos enraizados na indústria? Buscando inspirações em outros mercados!

Cervejas e drinks estão presentes na grande maioria das atividades de socialização pessoais e profissionais. Seja no barzinho com os amigos ou colegas de trabalho durante a semana, na balada no final de semana ou no churrasco de domingo, há sempre umas latas de cerveja ou uma garrafa de vodca ou cachaça para preparar umas batidinhas, não é mesmo? Os momentos de divertimento e distração dos adultos estão geralmente associados às bebidas alcoólicas (há exceções, é claro). Algo que com o vinho não acontece da mesma forma, ou, pelo menos, não na mesma proporção, sendo o derivado da uva mais reservado, limitado a bares e restaurantes mais sofisticados, menos acessíveis à grande massa de consumidores, e quase sempre associados a momentos mais formais. Seria possível embutir na experiência do consumo de vinhos os principais elementos que tornam as cervejas e os drinks a preferência dos consumidores, tornando a bebida uma boa pedida para momentos de socialização (essa era a PERGUNTA DA MORTE da Casella, conforme veremos na porção dedicada ao PROPULSOR)? A Casella respondeu com a marca [yellow tail], cuja visão desde o princípio foi "demonstrar que o vinho poderia ser divertido, fácil de escolher, fácil de beber e fácil de entender".

Em vez de complexidade e sofisticação, a [yellow tail] partiu para uma abordagem mais simples, natural e amigável, aos moldes das bebidas alcoólicas mais conhecidas dos consumidores. No lugar de rótulos complexos abarrotados de informações (muitas vezes irrelevantes para o consumidor não tecnicista), a marca australiana trouxe rótulos repaginados contendo apenas o essencial. Na contramão dos concorrentes, que ofertavam infindáveis tipos e variedades de vinhos, a [yellow tail] optou por oferecer poucas opções ao consumidor (inicialmente apenas um tipo de vinho branco e um de vinho tinto), para facilitar a aproximação e o entendimento dos produtos. A [yellow tail] desenvolveu vinhos mais fáceis de serem degustados e ingeridos, ou seja, que não exigem grandes esforços dos consumidores para serem apreciados. Com isso, a [yellow tail] simplesmente transformou a relação dos consumidores com o vinho, e literalmente socializou (e popularizou no melhor sentido da palavra) o consumo da bebida depois de tomar emprestado alguns elementos das bebidas alcoólicas mais apreciadas pela clientela da [yellow tail].

A associação do vinho com descontração, diversão e momentos de relaxamento proporcionou uma ascensão extraordinária da marca desde os primeiros meses de seu lançamento em 2001. Em 2003, apenas 2 anos após o lançamento, a [yellow tail] passou a ocupar o status de marca de vinhos com maior crescimento da história da Austrália e dos Estados Unidos, tornando-se a marca de vinho tinto mais vendida nos EUA. Em 2011, já estava entre as 5 marcas de vinhos mais poderosas do mundo, e, pasmem, em 2017 conseguiu um feito louvável: foi a primeira marca de vinhos em quase 40 anos a emplacar um comercial no intervalo do Super Bowl, final do campeonato de futebol americano, o evento esportivo televisionado mais assistido do mundo. O sucesso foi tão grande que, em 2018, a [yellow tail] repetiu o feito.

Uma pitadinha da prática: não se esqueça do código de cores

Nas dinâmicas presenciais, sugiro escolher uma cor diferente das demais já aplicadas no FOGUETE para elencar os concorrentes, as soluções alternativas e inspirações e exemplos. Há casos em que a riqueza é tamanha que é recomendado usar cores distintas para cada competidor e para cada fonte de inspiração. Mais uma vez, o código de cores é uma ferramenta eficaz para facilitar o entendimento e transmitir a mensagem do modelo de negócio construído no FOGUETE da Validation Rocket.

Regulação

A década de 2000 virou a indústria da música de cabeça para baixo graças à Apple, com a iTunes Store, e ao Spotify, com o streaming de música sob demanda. Ambas continuam vivas e robustas, quebrando recorde atrás de recorde. Mas não podemos dizer o mesmo de duas outras startups que as precederam — Napster e Grooveshark — e foram as responsáveis por chacoalhar as grandes gravadoras devido ao vertiginoso crescimento e popularização, atraindo em curto espaço de tempo literalmente milhões de usuários ao redor do mundo. O Napster, fundado em 1999, antecedeu a iTunes Store, lançada em 2003, e o próprio iTunes, lançado em 2001. A plataforma gratuita possibilitava o compartilhamento de arquivos digitais de pessoa para pessoa, e ganhou adeptos numa velocidade impressionante. Estima-se que no pico do sucesso a base de usuários tenha superado a marca dos 80 milhões. No entanto, a startup foi desativada em 2001. Já o Grooveshark, fundado em 2006, lançou em 2007 uma plataforma web-based de músicas sob demanda (o Spotify foi fundado em 2006, mas a solução só foi disponibilizada em outubro de 2008), abastecida pelos próprios usuários, que por sua vez podiam organizá-las em pastas e compartilhar com outros usuários. No ápice, a solução conquistou uma base de 35 milhões de usuários ávidos para compartilharem e ouvirem músicas gratuitamente. Mesmo com a popularidade e o sucesso entre os usuários, a startup também fechou as portas em 2015. Agora, por que Napster e Grooveshark encerraram suas operações, e a iTunes Store e o Spotify são notáveis casos de sucesso? A resposta vem em apenas uma palavra: regulação.

O Napster e o Grooveshark permitiam que os usuários trocassem e compartilhassem arquivos de músicas digital gratuitamente por meio de suas respectivas plataformas. Até aí tudo bem. Se eu sou um músico independente nada me impede de gravar uma faixa e compartilhá-la para que as pessoas conheçam meu trabalho. A questão, no entanto, é que os usuários compartilhavam músicas de terceiros sem permissão legal, uma vez que não detinham os direitos autorais das obras, muito menos os direitos de exploração comercial. A prática comum à época era converter as músicas contidas nos CDs físicos em arquivos digitais no formato MP3 e então jogá-los no Napster ou no Grooveshark para que qualquer usuário pudesse escutar, baixar e compartilhar com outros usuários, sem desembolsar sequer um centavo. Isso é pirataria, uma prática que prejudica os donos dos direitos autorais, os músicos e, em última instância, a arte e a cultura. Mesmo não tendo sido o objetivo dos fundadores, não se pode negar que Napster e Grooveshark se tornaram potentes amplificadores da pirataria digital, e causaram prejuízos imensuráveis aos artistas. Infelizmente, a pirataria era o que estava por trás do sucesso dos dois empreendimentos. Ainda que existam divergentes interpretações jurídicas sobre a responsabilidade, legalidade e legitimidade dessas plataformas — como aconteceu com a Grooveshark — músicos, produtoras e gravadoras invocaram governantes e legisladores, além de moverem processos jurídicos multimilionários contra as duas empresas (mais de US$700 milhões no caso da Grooveshark). Sem dinheiro suficiente para travar batalhas épicas nos tribunais e, principalmente, sabendo que transitavam numa linha tênue que beiravam o ilícito, os empreendedores optaram por encerrar as operações e retirar do ar as plataformas.

Ou os fundadores não consideraram os aspectos legais e regulatórios em seus modelos de negócio ou erraram no cálculo da magnitude do risco que estavam assumindo. Fato é que os modelos de negócio foram alicerçados em premissas duvidosas e frágeis, e, por isso, não estavam devidamente preparados para lidar com as forças externas impostas por quem estava respaldado pelas leis vigentes (note que não estou julgando o mérito). Claro que os tempos eram outros. No fim dos anos 1990 e início dos anos 2000, a internet ainda engatinhava e estávamos prestes a experimentar os benefícios e malefícios de uma vida mais "digitalizada" e conectada. Só que isso não significa que podemos simplesmente ignorar ou desconsiderar a existência de leis e normas que regem o mercado. Podemos não concordar com elas e batalhar *legalmente* para modificá-las, mas daí a desrespeitá-la (sem dimensionar realisticamente as consequências) é uma outra vereda completamente diferente. Nos casos específicos do Napster e Grooveshark um breve estudo da regulação alimentaria o projeto com informações valiosas que poderiam ter alterado a trajetória dos dois empreendimentos, especialmente do Grooveshark que nascera focado em músicas (o Napster possibilitava o compartilhamento de outros tipos de arquivos digitais além de faixas de músicas). As startups poderiam ter lapidado suas soluções incorporando mecanismos e ferramentas que inibissem a pirataria e reforçassem junto aos usuários as possíveis implicações da prática ilícita, ou partido para uma abordagem mais conciliativa, como foi o caso da iTunes Store.

Na iTunes Store os arquivos de música não eram alimentados e compartilhados pelos usuários, mas sim pela própria Apple, e somente depois de firmado contrato de exploração comercial de cada faixa com cada produtora, gravadora, estúdio e/ou artista. Havia uma camada de código de segurança encapsulando os arquivos digitais para impedir ou pelo menos dificultar a pirataria e o compartilhamento livre e gratuito. Finalmente, o usuário poderia adquirir as faixas que desejasse, por 99 centavos de dólar cada, não mais precisando comprar um CD inteiro para escutar duas ou três faixas (essa foi a sacada de mestre da Apple). Procedendo dessa maneira, a Apple praticamente mitigou fortemente as possibilidades de penalidades legais ou processos jurídicos com os proprietários dos direitos autorais (ainda que de vez em quando pipoquem algumas alegações ou críticas de artistas renomados), dificultou a pirataria e, acima de tudo, desestimulou a atuação dos piratas digitais ao ampliar o acesso a músicas sem colocar o usuário em dilemas éticos e morais. Certamente, negociar com os oligarcas da indústria audiovisual não foi uma das missões mais fáceis encaradas pela empresa. Entretanto, era uma condição necessária e obrigatória para beliscar um pedacinho da oportunidade bilionária da música digital. E se algum leitor ou leitora acredita que para ser bem-sucedido nos negócios é preciso infringir as leis saiba que foi jogando o jogo conforme suas regras que em fevereiro 2013, aproximadamente 10 anos após seu lançamento, a companhia sediada na Califórnia anunciou que havia comercializado mais de 25 BILHÕES de faixas.

E aí você pode estar pensando: "É a Apple, Dan. Eles são poderosos! E a empresa já existia. Não era uma startup." E minha resposta é "Spotify". Foi inspirado nos problemas jurídicos enfrentados pelo Napster que Daniel Ek fundou o Spotify, um serviço de músicas online sob demanda (note como os exemplos e inspirações provenientes da inteligência competitiva são poderosos). Nas palavras de Ek, conforme entrevista concedida para a *Inc.*: "Se as pessoas quebrariam a lei para obter músicas; será que elas estariam dispostas a pagar uma pequena quantia para obtê-las legalmente, de modo imperceptível, e sob demanda?" Em vez de se aventurar nos limites da lei e empenhar esforços contra as gravadoras, produtoras e artistas, o Spotify adotou uma postura colaborativa, no melhor estilo ganha-ganha-ganha, enxergando-os não como aberrações, mas sim como parceiros de longo prazo indispensáveis para o sucesso do empreendimento (repare na invejável maturidade e sobriedade de Daniel Ek). A evolução tecnológica que havia digitalizado o show business impunha mais uma mudança: o streaming ou música sob demanda. O Spotify foi provavelmente o maior responsável por fazer a indústria da música adotar e colher os benefícios da nova tecnologia. Atuando lado a lado com os proprietários dos direitos autorais e gravadoras, sem desrespeitar os aspectos legais e regulatórios do setor, e negociando acordos previamente, a startup sueca superou em meados de 2018 a marca de 180 milhões de usuários ativos, dos quais mais de 80 milhões eram usuários pagantes. O sucesso foi tão grande que fez a Apple se movimentar e correr atrás com o Apple Music, serviço de streaming de músicas da Apple lançado em 2015, e concorrente direto do Spotify. A base de usuários superou os 50 milhões no primeiro semestre de 2018.

Compreender as forças legais e regulatórias que regem o setor do pleito não somente evita que entremos numa furada e nos coloquemos em condições vulneráveis, a exemplo do que aconteceu com o Napster e Grooveshark, como também nos mune com insumos para identificarmos oportunidades e brechas, protegermos e aprimorarmos nossa solução, e entender como podemos galgar espaço de maneira sustentável e frutífera. Sem negociar os acordos antecipadamente, nem iTunes Store nem Spotify seriam sinônimos de sucesso. Por isso, a Validation Rocket traz luz para esse tema desde o primeiro dia da sua iniciativa.

Escopo da PEÇA REGULAÇÃO

Não olharemos aqui para aspectos legais básicos de formalização e regularização para que uma empresa possa exercer suas atividades empresariais (escolha das atividades, modelo tributário, contrato social, registros, inscrições nos órgãos de regulação, permissões, licenças e alvarás de localização e funcionamento etc.) por serem assuntos dominados e facilmente abordados por contadores e advogados. Também não tratarei de assuntos concernindo contratos e acordos entre sócios, e contratos com investidores por serem assuntos bastante específicos que requerem tratativa individual e aconselhamento de profissionais gabaritados.

Na PEÇA REGULAÇÃO enfatizarei a importância do mapeamento das leis, das normas, dos padrões e das regras que delineiam o mercado de interesse e estabelecem as fronteiras legais e competitivas, ou seja, aquilo que é ou não é aceitável, e o que é ou não é permitido. O objetivo não é criticar ou defender uma ou outra lei, muito menos argumentar sobre a velocidade com a qual os legisladores respondem aos avanços tecnológicos e popularização de soluções disruptivas e inovadoras, assunto esse cada vez mais em voga. O foco é fundamentar o projeto com conhecimento jurídico, legal e regulatório necessário para eliminar desperdícios e mitigar a possibilidade de ocorrência de prejuízos e penalidades por quebra, violação ou descumprimento de leis e desrespeito a regras e normas.

As regras do jogo

Acho curioso observar o genuíno interesse das pessoas em conhecer as regras de um determinado jogo quando estão prestes a jogá-lo pela primeira vez, e a falta de disposição para estudar as "regras" do mercado quando estão prestes a empreender. Não que empreender seja um jogo, só que a comparação é perfeitamente válida porque a lógica é a mesma. Você até pode arriscar a jogar sem estudar suas regras, mas a chance de não progredir ou progredir de uma maneira equivocada e, por isso, não colher os benefícios esperados, é alta, muito alta. Claro que a prática traz mais segurança e conhecimento sobre as nuances e entrelinhas, e nos ajuda a adquirir macetes para evoluirmos mais rapidamente. Porém, uma carga de conhecimento e entendimento inicial mínima antes de rolar os dados é indispensável para que possamos avançar o pião para a próxima casinha. Caso contrário, você se colocará em uma posição delicada, arriscando desperdiçar todo o tempo e recursos investidos para decolar seu projeto, como aconteceu com a startup americana Homejoy.

A Homejoy, fundada em 2012, foi uma plataforma online para contratação de serviços de limpeza doméstica que conectava profissionais de limpeza com os interessados pelo serviço. A startup ganhou bastante visibilidade na mídia principalmente pela prestação de serviços à preços atrativos. A empresa foi acelerada nada mais, nada menos do que pela Y Combinator, considerada uma das maiores e melhores aceleradoras dos EUA e do mundo. Os fundadores, os irmãos Adora e Aaron Cheung, captaram quase US$40 milhões, e expandiram a operação para 35 cidades em 5 países, com 100 funcionários e aproximadamente mil profissionais cadastrados. Tudo parecia estar dando certo até a empresa ser processada por quatro profissionais cujos serviços foram contratados na plataforma Homejoy. Eles alegaram que deveriam ser considerados funcionários, e não prestadores de serviço, passando a ter acesso aos mesmos direitos e benefícios garantidos por lei a todo e qualquer funcionário. Como você deve estar imaginando, as consequências foram catastróficas.

Obviamente a notícia sobre os processos reverberaram como uma bomba atômica interna e externamente, destruindo qualquer interesse de investidores em aportarem mais recursos na startup por duas razões. A primeira é o fato de que os investidores experientes dificilmente embarcariam numa causa sabendo da existência de passivos trabalhistas. Por mais que o processo venha da má-fé daquele que se diz vítima, é melhor se manter afastado por medida de segurança, a não ser que o empreendimento fosse realmente atraente e promissor. E a segunda é porque o modelo de negócio da Homejoy fora construído com projeções financeiras considerando os profissionais de limpeza como prestadores de serviço (agentes terceirizados), e não como funcionários próprios. Os processos na justiça revelaram uma fragilidade que possivelmente implicaria numa estrutura de custo muito mais cara do que fora previsto, inviabilizando a sobrevivência do empreendimento. Em 2015, a Homejoy fechou as portas, levando consigo os US$40 milhões e os sonhos dos fundadores e de quem se dedicava à empresa.

Não é o foco aqui julgar o mérito e a legitimidade dos processos trabalhistas movidos contra a Homejoy. O ponto de destaque é a consequência de não dominar as principais regras do jogo antes de lançar os dados e, no caso da Homejoy, as regras englobavam (claro que não somente, mas principalmente) as leis trabalhistas, os parâmetros da intermediação via plataforma e a relação da empresa com os terceiros prestadores de serviços de limpeza. Vale destacar que nesse tipo de modelo de negócio a startup é um intermediário entre o tomador e o prestador do serviço, cobrando uma taxa do prestador por cada contratação efetivada, mas sem, teoricamente, estabelecer vínculo empregatício com a empresa. Foi precisamente aí que a Homejoy escorregou e deixou brechas descobertas que culminaram com os processos trabalhistas. Não espantaria se as ações mencionassem que a Homejoy sugeria que os profissionais de limpeza vestissem o uniforme com a marca da empresa, ou que gerenciava suas agendas e rotas, ou que solicitava o preenchimento de uma lista de controle detalhada ao final de cada serviço, ou que entregava o equipamento de limpeza, ou ainda que esperava que o profissional cumprisse uma quantidade mínima de horas por semana.

Por não ter se atentado apropriadamente para a plena compreensão dos aspectos legais e regulatórios, a startup não estava munida com todas as informações necessárias para se precaver e se preparar contra eventuais intercorrências dessa natureza (até certo ponto previsíveis, uma vez que a proposta naturalmente geraria controvérsias por ser um modelo nunca antes experimentado). Munidos com o conhecimento adequado, os fundadores teriam mais condições de colocar em prática medidas preventivas efetivas, tanto do ponto de vista da solução propriamente dita, quanto de instrumentos jurídicos para respaldar e proteger o empreendimento. Desse modo, a Homejoy teria minimizado a chance de processos trabalhistas e afastado a possibilidade de alegações movidas por oportunistas sem caráter e pudor (não que tenha sido o caso dos quatro prestadores que moveram as ações).

Prevenir versus remediar

Olhando em retrospectiva fica mais fácil. Contudo, no calor das emoções e com o negócio a todo vapor consumindo os fundadores e o time ao máximo, não é tão simples e claro antever os impactos de não estar em conformidade com a regulação vigente. O dia a dia toma a agenda de todo mundo, e sobra pouco tempo — se é que sobra algum —, para tratar assuntos burocráticos, que nada agregam ao cliente pagante ou ao próprio negócio. Não há como negar que existe uma verdade nesse julgamento. De fato, os aspectos legais e regulatórios não acrescentam percepção de valor algum à solução (na maioria dos casos), pois são questões internas invisíveis para quem está do lado de fora. Porém, não devemos subjugar a capacidade de subtração de valor da desproteção jurídica do empreendimento. Como vimos, não estar devidamente respaldado e protegido pode levar à extinção do empreendimento, aos moldes do Napster, Grooveshark e Homejoy. Por isso, e sempre que possível, quando o assunto é regulação, prevenir é melhor do que remediar, seja o negócio inovador ou não. E a prevenção vem com estudo, com conhecimento de causa e buscando suporte e aconselhamento de profissionais experientes, especialistas e outras partes que já passaram por situação parecida para que possam abastecer o projeto com informações essenciais e imprescindíveis.

Ao contrário do que a maioria dos empreendedores e inovadores corporativos supõe, é um tremendo equívoco postergar o entendimento das questões legais e regulatórias na esperança ou de que nada de ruim acontecerá ou de que haverá tempo suficiente para "correr atrás do prejuízo" após a eclosão de algum problema. Todo e qualquer tipo de negócio está sujeito a experimentar intercorrências legais, até mesmo quando opera 100% em conformidade com as regras do jogo, sem enganar a justiça e sem trapacear a concorrência. Imagine então começar um projeto que logo na partida já nasce com fragilidades. As chances de mobilização de ações contra o empreendimento aumentam de maneira considerável, principalmente se forem modelos inovadores que reconfiguram a estrutura do mercado e ameaçam, de verdade, competidores estabelecidos e, agora, em desvantagem. Além do mais, o tal do "correr atrás do prejuízo" não só consome tempo extraordinário, como também engole quantias absurdas que muitas vezes não estão disponíveis no caixa do negócio. E, se não há dinheiro, é bem mais difícil se proteger de ataques jurídicos e ações legais. Aquele dinheiro "economizado" no início do negócio pela postergação das medidas preventivas já não será mais suficiente para arcar com os honorários advocatícios depois que a crise estiver instaurada, como aconteceu com a Homejoy. Acredite, os honorários advocatícios em momentos de crise escalam rapidamente, sem falar no valor das multas e indenizações, que para a Grooveshark superou os US$700 milhões.

Aceite. Regulação é um daqueles assuntos que nunca deixará de bater na nossa porta quase todo dia. Não há como, nem porque, evitá-la. O quanto antes você se familiarizar com ela, melhor, pois menos dolorido será o processo e mais rapidamente você chegará a níveis elevados de performance empreendedora. Claro que cobrir 100% das brechas desde o primeiro dia do projeto é desafiador e, muitas vezes, inviável. Enfrentaremos o dilema da priorização dos recursos (especialmente financeiros) e tenderemos a alocá-los nas atividades que a princípio agregarão valor aos clientes e ao negócio. O fato é que independente de estar ou não totalmente coberto ou protegido (o ideal é que estivéssemos), não podemos nos dar ao luxo de simplesmente não buscarmos conhecimento sobre a regulação vigente. Precisamos estar a par das forças invisíveis que ditam os parâmetros do mercado e da competição, para então termos noção e calcularmos os riscos jurídicos (legais) envolvidos na operação como um todo. Essa variável não pode ficar fora do modelo de negócio em hipótese alguma.

Remediar para crescer e o erro de cálculo

Desde os anos 1990, fomos presenteados com casos extraordinários de startups exponenciais que cresceram e expandiram suas operações para dezenas de países e centenas ou milhares de cidades num ritmo alucinante. A estratégia de aterrissagem delas é agressiva. Elas não fazem grandes alardes públicos quando decidem entrar em um novo mercado e, quando menos se espera, a operação já está estabelecida e funcionando com força total, mesmo não havendo certeza sobre a legalidade da operação naquela determinada localidade (na verdade, jogar com as brechas legislativas é o grande trunfo da estratégia). Só que elas não fazem isso de qualquer maneira, correndo riscos não calculados. Se tem uma lição de casa que esses negócios geralmente fazem muito bem é dominar em profundidade o ambiente regulatório de cada mercado-alvo que pretendem atuar antes de efetivamente darem início à operação. No entanto, quando o mercado-alvo apresenta grande potencial e não possui proibições veementes declaradas (por exemplo, a China proíbe a rede social Facebook, tal como a Rússia baniu o LinkedIn), o mapeamento é menos com o intuito de verificar a legalidade da operação e mais com a intenção de levantar insumos para calcular os riscos legais e o espaço de tempo até que os reguladores e competidores comecem a reagir. Ou seja, é uma estratégia de remediação jurídica e não de prevenção, à medida que esses negócios se preparam técnica e financeiramente para o embate, posto que não abrirão mão de explorar a oportunidade.

É inegável que a estratégia foi vitoriosa inúmeras vezes, vide tantos pareceres favoráveis e modificações nas leis vigentes provocadas após entrada de startups como a Uber. Só que a ofensiva não é infalível como muitos pensam. Para a brasileira Easy Taxi a vida não foi fácil na Ásia. A startup encerrou operações na região no final de 2015 para "se concentrar na região de origem em que o ambiente regulatório é mais favorável". E para o Airbnb, no Japão, a novela chama tanta atenção que vale conhecermos em detalhes.

Desde a aterrissagem em solo nipônico, o marketplace de acomodações enfrentou dificuldades muito maiores do que o esperado, e os riscos e reverberações legais extrapolaram os cálculos iniciais. Diferente do apoio incondicional recebido pela população em países ocidentais, o Airbnb não foi recebido de braços abertos pelos japoneses. A população do país não reagiu nada bem à campanha publicitária feita pela startup que atacou o governo e a regulação (veja novamente a importância de conhecer cada segmento de clientes em profundidade, assunto falado na PEÇA CLIENTES). O tiro acabou saindo pela culatra quando a população tomou conhecimento de que o Airbnb na verdade estava violando as leis japonesas, e o suporte populacional e de clientes previsto ficou bem longe das estimativas.

A tradicional e conhecida disciplina oriental para seguir regras também pesou contra o Airbnb. Bastou a polícia aparecer na porta dos japoneses que haviam oferecido acomodações no marketplace para reforçar que aquilo era ilegal — sem multas ou penalidades — para motivá-los a remover as ofertas imediatamente da plataforma. E, finalmente, vieram as forças regulatórias para jogar um balde de água fria nos negócios da startup no Japão. Sim, a aposta de que a fama e o rápido crescimento no novo mercado serão suficientes para provocar alterações na legislação em favor da operação caiu por terra. Para corroborar a preocupação do governo com o bem-estar da população e com a manutenção da tranquilidade e tradições japonesas (especialmente de bairros residências e áreas rurais), o órgão regulador do turismo (Agência de Turismo Japonesa) colocou em vigor, em junho de 2018, nova legislação para o setor de acomodações temporárias, alterando as regras do jogo. Com a nova diretriz passou a ser obrigatória a obtenção de uma licença governamental para as acomodações antes de listá-las no Airbnb. Como o tempo decorrido entre a notificação às empresas de hospedagem e a efetivação da lei foi curto, e o processo de registro complexo e demorado, muitos anfitriões não obtiveram as licenças e o Airbnb foi forçado a remover as acomodações irregulares. Estima-se que a oferta de acomodações caiu abruptamente 80% como consequência da nova lei. A regulação veio com outros agravantes, tais como proibir o aluguel das acomodações por mais de 180 dias em um ano, sendo que em Quioto, por exemplo, só é permitido o aluguel em áreas residenciais entre meados de janeiro e meados de março, período de baixíssimo movimento turístico.

É pouco provável que o cenário mais pessimista do Airbnb tenha considerado a ascensão de restrições legais tão severas e na velocidade como aconteceu no Japão. Muito mais dinheiro do que o projetado passou a ser necessário para continuar batalhando em solo japonês, principalmente às vésperas dos Jogos Olímpicos em Tóquio em 2020. Fortuitamente, o caixa da startup estava suficientemente abastecido para arcar com as consequências de uma estratégia estruturada na remediação (ao longo de sua trajetória, a empresa captou mais de US$4 bilhões em investimentos), feito que a também norte-americana Sidecar, concorrente da Uber e Lyft, não foi capaz de realizar porque os cofres secaram rapidamente, e a startup, fundada em 2011, fechou as portas em dezembro de 2015 queimando mais de US$35 milhões. Por essas e outras, remediar sempre traz o gosto amargo das medidas curativas, e não garante, em absoluto, o sucesso da empreitada.

O impacto da evolução do ambiente regulatório

Analisar a regulação sob a ótica da inteligência competitiva reduz o risco de construirmos um negócio exclusivamente baseado em premissas extraídas de um retrato estático, que pode ser inacreditavelmente efetivo hoje, porém ineficaz, e até ilegal, amanhã. O mercado consumidor e a sociedade sofrem mutações constantes e cada vez mais rápido, obrigando os executivos e empreendedores a correrem atrás de novas soluções para atender às demandas emergentes. Na esteira desse processo, os legisladores tentam acompanhar e adequar o ambiente regulatório para acomodá-los e assegurar o mínimo de salubridade para as relações de negócio. Ainda que o ritmo das alterações da legislação seja questionável, não podemos negar o fato de que as alterações mais cedo ou mais tarde acontecerão, e se não estivermos atentos a elas e/ou não formos hábeis para responder agilmente, é quase certo que sucumbiremos e seremos deixados a ver os navios da concorrência mais bem preparada. Por isso, é importante olhar para o retrato atual do ambiente regulatório sem perder de vista as tendências e movimentos, bem como as forças sociais, ambientais, políticas, de lobistas e de classes representantes de competidores ameaçados, cujas pressões e interesses podem ou acelerar ou inverter o jogo de uma hora para outra, como aconteceu com o Airbnb no Japão.

Por outro lado, o olhar cirúrgico de empreendedores natos pode desvendar oportunidades rentáveis nas tendências regulatórias, como aconteceu com a brasileira Boomera. Em 2010, depois de exaustivos anos de discussões e debates acalorados, entrou em vigor no Brasil a Política Nacional de Resíduos Sólidos definindo que as fabricantes passavam a ser responsáveis pelo descarte de seus produtos ou o que restou deles (acredite ou não, mas até então elas não eram responsabilizadas pelos rastros inevitavelmente deixados para trás pelo consumo de seus produtos). Como as fabricantes não estavam totalmente preparadas por estarem ocupadas com coisas mais importantes, a empresa de reciclagem Boomera surgiu para cobrir a defasagem. Além de fraldas usadas e capsulas de café descartadas, a Boomera opera uma unidade de coleta seletiva e recicla embalagens de tintas, shampoo e iogurte. Em 2016, o faturamento bateu R$6,5 milhões, e a expectativa é atingir R$100 milhões em 2020.

Facilitadores

Imagine que você seja um investidor poderoso e 3 indivíduos chegam até você com um projeto para compartilhamento de 100 mil bicicletas em São Paulo, a maior cidade do Brasil, cujo modelo de negócio fora inspirado no bem-sucedido modelo chinês e que começará a ganhar tração nos Estados Unidos. Entretanto, diferente das propostas já existentes na cidade, em que os equipamentos sobre duas rodas devem ser estacionados em estações fixas, a solução seria mais ousada, com sistemas de segurança (cadeados) e GPS instalados nas rodas traseiras das magrelas, o que as tornaria localizáveis e destraváveis via aplicativo de smartphone, e, portanto, estacionáveis em qualquer lugar público (desde que não bloqueasse o caminho de pedestres e veículos), ou seja, dispensaria as estações e ofereceria muito mais autonomia aos clientes-ciclistas. Para usar uma bicicleta compartilhada bastaria criar uma conta gratuitamente, comprar créditos, identificar a bike mais próxima, destravá-la usando o QR Code e sair pedalando (aproximadamente R$1 por 15 minutos de pedal). Chegando ao destino, as bicicletas deveriam ser travadas manualmente e o valor do serviço seria debitado do saldo existente. Simples assim!

Além dos argumentos de defesa da sistematização das bicicletas compartilhadas como modal para percorrer curtas distâncias serem fortes e pertinentes, uma vez que o modelo está em linha com a consistente tendência da economia compartilhada, ajudar a desafogar o trânsito caótico do coração financeiro do Brasil (a impressionante estimativa de queda de 5% no trânsito de Pequim após a implementação do modelo), e incentivar a adoção de hábitos mais saudáveis, sua percepção sofreria alguma influência ao ser informado que dois dos fundadores acabaram de vender uma empresa por algumas centenas de milhões de dólares e que o terceiro membro fora presidente de uma importante marca fabricante de bicicletas por 15 anos? Não há como negar que o histórico de sucesso e experiência dos três idealizadores do projeto (track record) leva a discussão para uma instância superior, livrando você, investidor, do peso da dúvida e da consequente necessidade de investigação sobre a competência e a capacidade de entrega do time. Não que o track record favorável dos proponentes seja garantia de captação de recursos ou sucesso do empreendimento, mas esse fato agiliza consideravelmente o processo de negociação por ir direto para a análise do que está sendo colocado na mesa. Em outras palavras, o track record é uma condição especial e (quase) exclusiva do projeto, difícil de ser copiada ou replicada, e que, por isso, facilita, e muito, o negócio como um todo, colocando-o à frente de potenciais concorrentes. Foi assim que Ariel Lambrecht, Renato Freitas (cofundadores da 99, vendida no início de 2018 para a chinesa Didi Chuxing por US$600 milhões) e Eduardo Musa (ex-CEO da Caloi no Brasil, cargo que ocupou por 15 anos) em menos de um ano levantaram mais de US$70 milhões em duas rodadas de investimento (US$9 milhões de capital semente e US$63 milhões no maior investimento Série A da América Latina) para colocar as bikes amarelinhas da Yellow nas ruas e avenidas da cidade de São Paulo em meados de 2018.

O histórico e experiência dos fundadores da Yellow abriram caminho para que o projeto estabelecesse uma segunda condição especial e extremamente vantajosa: disponibilidade de recursos financeiros. Com esse montante de dinheiro na conta, o agora CEO da Yellow, Eduardo Musa, poderá acelerar sobremaneira a expansão do negócio de bicicletas compartilhadas (a promessa é colocar 100 mil bikes em São Paulo, sendo 20 mil até o final de 2018, e levar o serviço para outras cidades brasileiras e para o exterior) e desenvolvimento da frente de patinetes elétricos (instalação de uma fábrica para suprir a defasagem). Novamente, dinheiro não é garantia de sucesso. De fato, abordei em páginas anteriores diversos casos que falharam mesmo abastecidos por centenas de milhões de dólares. Contudo, sem grana seria impossível para a Yellow crescer na velocidade projetada. E num contexto em que mais e mais pessoas tentam empreender e batalham para captar recursos finitos, e a economia compartilhada se consolida, contar com US$70 milhões na conta é sem sombra de dúvidas uma condição no mínimo peculiar e que posiciona a Yellow em situação de confortável vantagem.

Reputação, experiência e um caixa polpudo são variáveis favoráveis que facilitam determinadas etapas da construção e validação de projetos por somarem vantagens especiais. E não para por aí. Existem outras formas de somar condições especiais para sair na frente e/ou manter a concorrência bem afastada. Você já ouviu falar do Rocket Chemical?

Em 1953, o pequeno laboratório norte-americano Rocket Chemical Company foi contratado por uma empresa aeroespacial para desenvolver um produto desengraxante e antiferrugem para mísseis. A solução química funcionou tão magicamente bem na proteção do armamento contra ferrugem e corrosão que os funcionários da empresa aeroespacial sorrateiramente começaram a esconder umas latinhas nas marmitas de comida para testar o produto em casa. A aceitação foi surpreendente e anos mais tarde, em 1958, o produto foi lançado com roupagem multiuso, direcionado para consumidores finais, e encorajando-os a experimentarem diferentes aplicações domésticas. Adivinhe no que deu? As vendas explodiram e pavimentaram caminho para a abertura de capital no ano de 1973, e no aniversário de 40 anos, em 1993, para a marca de 1 milhão de latinhas vendidas por semana só nos Estados Unidos, US$100 milhões em vendas anuais e para entrar na lista das 10 empresas mais lucrativas da bolsa de valores NASDAQ. A pergunta aqui é: como tudo isso foi possível? Segredo. Ou melhor, segredo industrial.

Ao contrário do que a "lógica" sugeriria, a fórmula nunca foi patenteada, pois ao fazê-lo a empresa seria obrigada a descrevê-la, em detalhes, ingrediente a ingrediente, e o passo a passo para obtenção da solução revolucionária. O caminho adotado então foi mantê-la sob segredo industrial (trade secret), uma alternativa que embora não erga barreiras legais contra cópia ou replicação de concorrentes antiéticos ou implique em penalidades, não exigia que a formulação do milagroso produto fosse revelada, além de não possuir prazo para caducar. Bastava mantê-la em absoluto sigilo. Mesmo com as técnicas sofisticadas para realizar a engenharia reversa do composto e identificar o que exatamente há dentro das latas, até hoje a fórmula é mantida sob sigilo, bem protegida dentro de um cofre no banco, facilitando a ascensão da solução e do negócio, e mantendo os competidores oportunistas bem longe desde os primórdios do projeto. Conforme posto por Garry Ridge, CEO da companhia desde 1997, a fórmula foi retirada apenas duas vezes do cofre. Uma para mudar de banco e outra na comemoração dos 50 anos do produto, quando o próprio Garry montado a cavalo e vestindo colete à prova de balas deu uma volta na Times Square. Outra medida de segurança para resguardar o segredo é que a empresa presidida por Garry mistura o produto concentrado em três localidades e somente então despacha para os parceiros que se encarregam pelo abastecimento das latas de aerossol.

A propósito, essa é a história do lubrificante WD-40, cujo nome foi inspirado no processo de pesquisa e desenvolvimento do produto, e significa *Water Displacement, 40th formula*, referindo-se ao fato de que somente na quadragésima tentativa o laboratório chegou à fórmula do produto. As 39 tentativas anteriores falharam. Dado o sucesso do produto, a consequência natural foi a mudança do nome da empresa, em 1969, de Rocket Chemical para WD-40 Company, a dona das latinhas azul e amarela com tampinha vermelha mais famosas do mundo.

O histórico de sucesso e a experiência dos fundadores da brasileira Yellow e a fórmula química mantida até os dias de hoje como segredo industrial da americana WD-40 são os abre-alas para mergulharmos na PEÇA FACILITADORES. Repare que mesmo em períodos diferentes da história a presença de um ou mais facilitadores permitiu que os projetos se destacassem sobremaneira no mercado, seja por agilizar determinadas etapas e catalisar o desenvolvimento e a expansão, seja por manter a concorrência à distância por longo período de tempo.

Definição de facilitadores

Os facilitadores são configurações ou condições peculiares, raras e até únicas ou exclusivas, de âmbito estrutural (estruturante, organizacional ou interno) ou de pertencimento a um cenário, contexto ou realidade externa específica, difíceis ou impossíveis de serem reproduzidas, copiadas ou replicadas, e que, por essa razão, tendem a favorecer velada (proteção por propriedade intelectual) ou escancaradamente (barreiras geopolíticas, por exemplo) determinado projeto, desde que sejam utilizadas com sabedoria e sobriedade. Em outras palavras, um facilitador é uma condição única de determinada solução, projeto e/ou empresa, presente logo na partida ou eventualmente conquistada ao longo do tempo, que se configura como uma (possível) vantagem competitiva mais duradoura. Um facilitador é (quase) insuperável ou imbatível pela concorrência por ser uma condição exclusiva e especial.

Uma observação cabível é o entendimento dos facilitadores do ponto de vista da clientela. De fato, os facilitadores de uma solução raramente são percebidos e reconhecidos pelos clientes. Isso significa que, em pouquíssimos casos, o cliente opta por dada solução em detrimento de outras devido à presença de um ou mais facilitadores. Essas raríssimas situações acontecem, por exemplo, com aquelas marcas conectadas emocionalmente aos clientes (sugere alguma?). Nesses casos, sim, a clientela costuma tomar a decisão essencialmente porque a marca do produto ou serviço é x ou y. O mercado de luxo ou da alta costura é muito baseado nesse tipo de facilitador. No entanto, o mesmo não pode ser afirmado quanto aos concorrentes no que tange a soluções cujos facilitadores são reconhecidos pelos clientes. Estes, sim, deveriam ficar de orelhas em pé ao identificarem que parte do poder de fogo de um dado competidor provém de facilitadores, pois essa condição o coloca em posição de vantagem extrema, anos-luz distante do ringue de batalhas sangrentas daqueles que investem fortunas para ampliar em 0,1% de participação de mercado. E se há dúvida sobre isso, relembremos que no último trimestre de 2017 a Apple vendeu mais unidades de Apple Watch do que a soma de todos os relógios suíços vendidos no mesmo período!

Tipos de facilitadores

Nas próximas páginas, apresentarei alguns dos principais tipos de facilitadores, começando pelo mais clássico deles: a propriedade intelectual, ou melhor, a proteção da propriedade intelectual. Existem outros tipos? Sim, claro que existem. O recorte feito aqui tem como objetivo elucidar o mecanismo por meio do qual um ou mais facilitadores conferem vantagens competitivas significativas para determinado projeto.

Proteção da propriedade intelectual

Não é escopo deste livro discutir se, como e quando proteger a propriedade intelectual de determinada invenção ou criação. Esse é um tema vasto e há literatura de boa qualidade e em abundância disponível gratuitamente na internet para aqueles leitores que quiserem adquirir mais conhecimento. O foco aqui é enxergar a proteção da propriedade intelectual como um potencial facilitador de projetos de sucesso, uma vez que a sua obtenção ergue grossas barreiras contra a competição e, por isso, cria uma condição competitiva ímpar e de mais longo prazo para o projeto. Vide exemplo da Nespresso e as mais de 1.700 patentes resguardando as máquinas e cápsulas de café da marca, que por mais de duas décadas garantiram uma posição mercadológica vantajosa (e praticamente exclusiva), visto que os competidores estavam legalmente impedidos de lançar produtos similares ou compatíveis com os elegantes e sofisticados equipamentos da empresa suíça.

Embora as patentes sejam o mecanismo ao qual se recorre com maior frequência quando o assunto é tentar proteger a propriedade intelectual de uma invenção, nunca foi tão válido cogitar o segredo industrial para resguardar uma solução, principalmente pelo crescimento do empreendedorismo como opção de carreira e a necessidade de encontrar caminhos menos dispendiosos e menos burocráticos do que as patentes, instrumento elitista e acessível apenas a quem tem capital e recursos disponíveis. Muito se engana aquele que pensa que o segredo industrial é uma ferramenta menos relevante para os negócios do que a patente ou ainda uma ferramenta de proteção com baixa efetividade por não oferecer garantias reais contra agentes mal--intencionados. Conforme apresentei anteriormente, a WD-40 conquistou um importante e decisivo facilitador ao colocar sob segredo industrial a fórmula do lubrificante WD-40, instrumento que há mais de 50 anos mantém o produto protegido e a empresa nadando a braçadas. O mais próximo que um concorrente conseguiu chegar foi tentar copiar a embalagem azul e amarela com tampinha vermelha. Nada além disso. Para os mais desavisados, segredo industrial foi (e é) o facilitador que mantém protegida nada mais, nada menos do que a fórmula do refrigerante Coca-Cola (há mais de 100 anos) e o algoritmo de busca do Google.

Acordos de exclusividade (parcerias exclusivas)

Acordos de exclusividade são facilitadores extraordinários e potencialmente capazes de estabelecer barreiras intransponíveis aos concorrentes, a exemplo da Protect Bag.

No fim da década de 1980, a Protect Bag foi pioneira no desenvolvimento do hoje mundialmente conhecido sistema de lacração e segurança de bagagens com filmes plásticos. No entanto, não foi o pioneirismo da solução o principal fator do sucesso do projeto. Para entender o modelo de negócio da empresa é preciso levar em consideração que a solução de proteção de malas foi criada para aeroportos brasileiros, espaços altamente controlados e regulados pela estatal INFRAERO, cuja gestão dos aeroportos mais movimentados e maiores entrou para o regime de concessão mais recentemente, passando a ser operados pela iniciativa privada. Isso significa que lá entre os anos de 1989, quando a ideia surgiu, e 1990, quando a primeira unidade da Protect Bag foi aberta no aeroporto Salgado Filho, em Porto Alegre, a empresa precisou obter aprovação e autorização da INFRAERO para iniciar a operação. Em cada nova investida para atuar em um novo aeroporto, a Protect Bag precisa passar pelo mesmo crivo e obter as devidas aprovações e autorizações dos órgãos reguladores. O ponto positivo nisso tudo recai sobre o acordo comercial firmado com a estatal e concessionárias, que, na prática, restringe qualquer concorrente direto de operar nos mesmos aeroportos, criando, assim, uma condição específica e extremamente vantajosa e exclusiva para a Protect Bag. Isso facilitou e facilita, e muito, o projeto desde o início. Em 2018, a Protect Bag estava presente em mais de 20 aeroportos no Brasil e experimentando expansão internacional para outros países das Américas e da Europa. Vale observar que o regime de concessão dos principais aeroportos suscita a atenção da Protect Bag, uma vez que as concessionárias eventualmente estimularão a competição para beneficiar os viajantes. Até lá, todavia, a Protect Bag desfruta de posição muitíssimo confortável no que tange à entrada de competidores com sistemas similares de proteção de bagagens.

Recursos financeiros

A mídia especializada no ecossistema de startups cria uma falsa impressão sobre os bastidores desse universo. Quase diariamente, lemos que uma novata captou milhões de dólares de investimento, ou que um respeitado fundo de investimento aportou "uma quantia não revelada" de dinheiro em um bando de desenvolvedores para criação de uma promissora tecnologia, ou ainda que um mega conglomerado industrial abriu seu próprio fundo para investir em startups. Até aí, nada de errado, e é bastante saudável para o ecossistema. Não há problema algum nisso. Porém, e cada vez mais, as pessoas se iludem ao acreditar piamente que captar recursos é fácil e basta ter um bom conjunto de slides e um par de piadinhas sem graça para engordar o saldo bancário. Mero devaneio.

Os processos de mapeamento e seleção de startups nunca estiveram tão rigorosos e a tendência é que a régua fique mais elevada conforme os investidores concluírem que não estão conseguindo retornar sobre o investimento (e isso já está acontecendo). E, como nem todos os empreendedores nasceram em berço de ouro, a maioria precisa vender o almoço para bancar a janta, ou seja, trabalham no limiar financeiro, sendo comum operar por meses (e até anos) a fio completamente no vermelho. Quantos casos conhecemos de empreendedores famosos que venderam tudo que tinham como último recurso para levantar dinheiro e manter o negócio operando, não é mesmo? Por isso, e apesar de não ser sinônimo de sucesso, o dinheiro disponível na conta bancária serve para acelerar o desenvolvimento, crescimento e expansão, e deixar a concorrência atual e potencial comendo poeira. Dispor de um caixa rechonchudo para manter a startup de pé enquanto o time trabalha para gerar receitas de forma consistente é um facilitador considerável rumo ao sucesso do empreendimento, um elemento bastante exclusivo que causa inveja em muito empreendedor por aí.

Track record: empreendedores de sucesso encabeçando novos empreendimentos

Empreendedores bem-sucedidos geralmente desfrutam de status único perante a sociedade e, principalmente, perante os investidores. O histórico de sucessos (e fracassos) desses indivíduos adiciona valor intangível ao projeto, sendo uma carta na manga para encurtar distâncias, catalisar o processo de captação de recursos e até atrair talentos e mão de obra qualificada. Não são incomuns os casos da startup brasileira Yellow, cujo envolvimento direto dos sócios no projeto — dois cofundadores da 99, primeira startup brasileira a se tornar um unicórnio (ser avaliada em mais de US$1 bilhão) — certamente facilitou a captação de mais de US$70 milhões em menos de 12 meses. Há exemplos e mais exemplos nos quatro cantos do mundo, e um dos grandes nomes do século XXI é, sem sombra de dúvidas, e apesar de ser odiado por críticos ácidos, Elon Musk. Musk foi fundador da Zip2 (vendida por mais de US$300 milhões), da X.com, fundida com a Confinity para criar o PayPal (vendido para o eBay por US$1,5 bilhão), da montadora de carros elétricos Tesla Motors (Musk não fundou a Tesla, mas a colocou no patamar de prestígio em que está atualmente), da empresa de instalação de painéis solares SolarCity (adquirida pela própria Tesla Motors) e da fabricante de foguetes espaciais SpaceX. Musk enfrentou (e alguns dizem que ainda enfrenta) dificuldades financeiras para manter suas empresas de pé, mas hoje em dia captar recursos (tanto de credores e investidores quanto de clientes por meio da pré-venda dos veículos ou contratos de prestação de serviços aeroespaciais) é relativamente mais fácil do que quando ele começou anos atrás.

Suporte de sumidades/referências/celebridades

Ser amparado ou eventualmente ter no time uma figura crível e respeitada, que desfruta de reputação impecável perante o mercado e críticos de plantão, soma muitos pontos positivos para o negócio, e facilita diversas etapas do projeto. Não acontece com frequência ter apoio de caras como Peter Thiel, cofundador em 1998 da empresa de meios de pagamentos online PayPal, o primeiro a investir no Facebook em 2004. Thiel é um dos empreendedores mais respeitados do mundo e sua credibilidade no universo de tecnologia (e como investidor de capital de risco) estampou credenciais decisivas para a rede social norte-americana, indo muito além do dinheiro para sustentar o caixa da empresa nos momentos mais críticos. Diga-se de passagem, o investimento inicial de US$500 mil, feito em 2004, rendeu ao investidor mais de US$1 bilhão em dinheiro em 2012!

Que tal então ter a influência e envolvimento direto de uma das maiores celebridades da música e um dos ativistas sociais mais reconhecidos da história? Será que faz alguma diferença? Pois bem, foi assim, com o suporte do músico irlandês Paul David Hewson, premiado e condecorado várias vezes por seu ativismo social, que (1) a ONE, uma organização global de promoção da defesa dos direitos humanos e combate à fome extrema e doenças evitáveis, ganhou visibilidade internacional, conta com mais de 9 milhões de membros espalhados pelo mundo, e assegurou que pelo menos US$37 bilhões fossem destinados a iniciativas relacionadas à saúde; e (2) a (RED), uma organização-filha da ONE, focada no engajamento de grandes marcas na luta contra a AIDS, tuberculose e malária, levantasse mais de US$500 milhões para impactar mais de 110 milhões de pessoas. E para quem ainda não associou o nome à personalidade artística, Paul David Hewson é também conhecido como Bono Vox, vocalista e fundador da banda U2. A reputação, a credibilidade e a influência de Bono constituem um fantástico facilitador que certamente contribuiu para o muito bem-vindo sucesso da ONE e da (RED).

Marca conectada emocionalmente

O facilitador mais elegante, mais almejado e, claro, o mais difícil e complexo de ser alcançado e mantido é, sem dúvida, uma marca que cria e nutre conexões emocionais com os clientes e a grande massa de não clientes, ou seja, aquela marca voluntaria e vorazmente defendida pelos clientes. Ouse discordar de um fanático pelo iPhone ou de um proprietário de uma Harley-Davidson, por exemplo. É quase certeza que seus ouvidos serão bombardeados pelos mais estranhos e esdrúxulos argumentos naquela tradicional tentativa de racionalizar justificativas emocionais e subjetivas. Nada contra a Apple ou contra o espírito livre dos motões de Milwaukee. Os produtos são excepcionais e o design fora de série, mas esse não é o ponto. O ponto aqui é que quando a marca laça e amarra o coração do cliente, ela então passa a ocupar o nível mais alto, nobre e requintado na escala de desejabilidade, e crava sua logo (e seus produtos e serviços) na mente inconsciente dos consumidores. E quando a conexão (e, algumas vezes, o estado de dependência) emocional está formada, os clientes — atuais potenciais e futuros — esquecem que existem outras ofertas disponíveis no mercado. A concorrência, como num toque de mágica, é miniaturizada e sua existência ignorada involuntariamente, ainda que suas soluções sejam tão boas quanto ou mesmo melhores, tecnicamente falando. Não é isso que importa nesse estágio de relacionamento no fim das contas. Não é à toa que CEOs do naipe de Satya Nadella, da Microsoft, estão cada vez mais determinados na ressignificação de marcas pouco ou nada conectadas com o consumidor. Como afirmou Nadella: "Nós queremos nos mover de pessoas que precisam do Windows para pessoas que escolhem o Windows, e depois para pessoas que amam o Windows."

A partida sem facilitadores

Uma pergunta recorrente é: Se não houver facilitadores no início do projeto, isso é um ponto negativo do modelo de negócios? A resposta é não. Não existe nada de ruim, estranho ou errado em dar partida na startup sem um ou mais facilitadores. Na verdade, essa costuma ser a regra, não a exceção. Facilitadores são conquistados com esforço, suor e persistência. Facilitadores não acontecem por acaso e não caem do céu. São inúmeros os exemplos de empresas globais que começaram em "garagens" sem facilitadores fortalecedores, tais como Harley-Davidson (1903), Disney (1923), Hewlett-

-Packard (1939), Microsoft (1975), Apple (1976), Dell (1984), Amazon.com (1994) e Google (1998). Foram anos de batalha para que o primeiro facilitador fosse estampado no modelo de negócio dessas (e tantas outras) empresas e muitos outros foram sendo incorporados na trajetória de altos e baixos. Hoje, todas estas ocupam posição de destaque, sendo que algumas realmente possuem lugar cativo nos corações dos clientes, desfrutando do mais nobre facilitador: ser uma marca conectada emocionalmente aos clientes.

Entradas & Saídas

A Woodman Labs, fundada em 2002, foi inspirada no espírito aventureiro do seu idealizador, Nicholas Woodman, um jovem rapaz perto dos 30 anos, amante da natureza e apaixonado por esportes ao ar livre. Após falir duas outras empresas, Woodman tirou um período sabático e viajou para a Austrália e Indonésia. Durante a viagem, o então empreendedor falido bolou uma criativa, nada usual e divertida maneira para registrar imagens de suas próprias atividades esportivas: uma pequena câmera fotográfica amarrada ao próprio pulso com pedaços de plástico e tiras de roupas de surfe. Mal sabia ele que aquela gambiarra estava prestes a criar um novo mercado e simplesmente redefinir a relação dos praticantes (amadores e profissionais) de esportes radicais com os momentos de máxima adrenalina na corrente sanguínea.

De volta aos EUA, sua terra natal, Nicholas juntou as economias, fez um pouco de dinheiro vendendo colares de conchas com a esposa, e tomou emprestado US$200 mil do pai e US$35 mil da mãe para aperfeiçoar a ideia. Em 2004, Woodman finalmente chegou à primeira versão comercial do produto: uma câmera fotográfica daquelas de filme 35mm, à prova d'água, fabricada e ligeiramente adaptada para essa necessidade por um fornecedor chinês, e que vinha acompanhada de uma caixa de plástico duro e transparente, e uma tira de tecido com velcro para fixar ao pulso. A caixa acomodaria a câmera e dispunha de encaixe para passar a tira que seria então amarrada ao braço do aventureiro. Ou seja, embora a gambiarra inicial tenha sido melhorada antes de chegar ao mercado, a solução comercial, na verdade, não passava de uma adaptação relativamente grosseira de uma câmera analógica de fotos para a realidade da prática de esportes (voltaremos a falar sobre a mágica do improviso no PROPULSOR). E antes que você possa perguntar "quem compraria algo tão sem vergonha?", saiba que a oferta, anunciada como "câmera de pulso reutilizável", gerou no primeiro ano US$150 mil de receita, e, no ano seguinte, 2005, US$350 mil. Todavia, o pulo do gato ainda estar por vir.

Foi só em 2006 que entrou em cena a versão digital da câmera vestível, habilitando o aventureiro a capturar vídeos de até 10 segundos. Ainda que não gravasse áudio, o vídeo foi a sacada que faltava para o equipamento cair no gosto e conquistar espaço nos bolsos, nas mentes e nos corações dos apaixonados por esportes radicais, e se tornar um negócio com faturamento multimilionário em bem pouco tempo. Naquele ano, o faturamento saltou para US$800 mil e já em 2007 atingiu os inacreditáveis US$3,4 milhões, mesmo ano em que os novos equipamentos passaram a gravar áudio. De lá para cá, a empresa norte-americana refinou e sofisticou seus produtos, reduziu as dimensões e o peso dos dispositivos, e aumentou a qualidade, a durabilidade, a capacidade de armazenamento e a resolução tanto de vídeos quanto de fotos (dentre tantos outros atributos), marcando um golaço em 2009 com o lançamento da versão em HD, que foi a principal responsável pelas receitas terem batido US$64 milhões em 2010. É isso mesmo. Não está faltando uma vírgula entre o 6 e o 4. Foram SESSENTA E QUATRO milhões de dólares de receita em 2010. E mais um detalhe importante: US$64 milhões gerados com menos de US$300 mil de investimento inicial. Acredite. Não se vê coisas desse tipo com muita frequência por aí. É mais fácil acontecer o contrário. Injeção de 64 milhões para geração de 300 mil de caixa depois de muito tempo.

No entanto, Woodman recorreu ao capital de risco de investidores profissionais para ampliar poder de fogo, ampliar cobertura geográfica, desenvolver novos produtos mais rapidamente, proteger a liderança mercadológica contra os concorrentes famintos e combater os ataques indiretos dos smartphones, que, com a chegada do iPhone 3GS, em 2009, tornaram-se capazes de gravar vídeos (repare novamente na importância da PEÇA MERCADO e o estudo das tendências e soluções alternativas). O aporte recebido em meados de 2011, um Série A, foi de US$88 milhões e propeliu os resultados da empresa, que no final de 2012 superaram todas as estimativas ao atingirem US$526 milhões, e abrirem caminho para o segundo grande aporte, agora no valor de US$200 milhões, em troca de 8,88% de participação no quadro societário, avaliando a empresa em US$2,25 bilhões. A essa altura, o CFO da GoPro recebeu em 2012 o título de *CFO of the Year* na categoria *Emerging Company* e a fortuna de Nicholas passara de US$1 bilhão. Ao que tudo indica, esse foi o período em que as coisas começaram a degringolar e subir à cabeça, apesar (e principalmente por conta) da abertura de capital na NASDAQ realizada em 2014 ser considerada uma das maiores e mais bem-sucedidas Ofertas Públicas de Ações (IPO, do inglês) daquele ano, que elevou o valor de mercado da companhia para US$2,95 bilhões, e trouxe mais de US$427 milhões para a conta bancária.

Está certo que parte das centenas de milhões de dólares disponíveis foi injetada na pesquisa e desenvolvimento de software e hardware, frente principal da empresa. Entretanto, a parte mais relevante do argumento de defesa para a abertura do capital — e consequência de pressões crescentes dos investidores a par do assunto — estava baseada na criação de uma nova estrutura de negócios, uma frente de mídia no melhor estilo "Netflix dos esportes radicais", por assim dizer. A ideia parecia razoável dado o propósito de estimular a diversão e o compartilhamento das fotos e vídeos dos momentos de aventura, e a expectativa era que trouxesse uma nova e consistente fonte de receitas (entradas de dinheiro no caixa) a partir da produção de conteúdo original e promoção de conteúdos de terceiros. Na prática, no entanto, a nova frente nunca realmente decolou. Muito pelo contrário, na realidade, o efeito foi o oposto do esperado. A fracassada tentativa deu início a uma catastrófica série de decisões equivocadas, lançamentos problemáticos e inconsistências financeiras alarmantes que afetaram a imagem da empresa e corroeram seu valor de mercado. A empresa simplesmente perdeu as rédeas do caixa e entrou numa espiral negativa que afundou os resultados, tornando o negócio deficitário. Acompanhe os números.

Primeiro, foi a remuneração incabível de Nicholas Woodman. No ano da abertura do capital, 2014, Woodman foi o CEO mais bem pago dos Estados Unidos, e recebeu um total de US$287,2 milhões, sendo que o lucro líquido da companhia no mesmo período foi de US$128 milhões. E não foi só isso. O quadro de funcionários foi inflado para muito além da necessidade. Em 2007, quando faturou US$3,4 milhões, existiam 3 funcionários na empresa, incluindo a esposa de Woodman. Esse número saltou para 9 em 2008, e então para 49 em 2010, quando a receita bruta bateu US$64 milhões. No fechamento de 2014, ano do IPO, o quadro apontava 970 pessoas, chegando ao pico de mais de 1.700 no terceiro trimestre de 2016. Claro que o crescimento e a expansão podem vir, e geralmente vêm, acompanhados pelo aumento no número de funcionários. O problema ali era que havia reconhecidamente gente demais. Fora isso, a empresa falhou gravemente pelo menos duas vezes na sua linha de produtos principal. Em 2015, foi lançado um modelo mais simples só que precificado como premium, com o mesmo valor de outro modelo bem mais poderoso da marca. Além dos clientes não entenderem como usar o modelo simplificado, o preço foi refutado veementemente. Ponto negativo para empresa, que tentou fazer seus clientes de bobos. Em dois meses houve uma redução de US$200 no produto, caindo de US$399 para US$199. Em 2016, foi a vez do lançamento da nova versão do dispositivo vestível, o primeiro da linha a ser legitimamente à prova de água, dispensando o uso de capa protetora. O que aconteceu? Pouquíssimo tempo depois de chegarem às prateleiras vieram as reclamações de infiltração quando colocada na água, forçando a retirada dos produtos de circulação para correção do problema.

Nesse meio tempo, outra parte dos executivos batia cabeça para encontrar maneiras de gerar novas fontes de receita, afinal, as centenas de milhões de dólares captados não vieram a fundo perdido. Era preciso pagar essa conta. Surgiu então a ideia de drones. Por que não acoplar uma câmera a um drone e abrir uma nova linha de produtos, no mesmo estilo (quase) improvisado que catapultou o negócio por uma década toda? Soa razoável, não? Embora a companhia tenha chegado com cinco anos de atraso nesse mercado, nada poderia ter sido pior do que vender equipamentos voadores que simplesmente caíam durante o voo por conta de um pedaço de plástico que deslocava a bateria de lugar, desconectando-a do drone. Novamente, houve um recall e os drones foram reintroduzidos em 2017. Sem despertar qualquer interesse na clientela, a linha de drones foi descontinuada em janeiro de 2018 e a empresa abandonou esse mercado.

Apesar das falhas dramáticas, outras alternativas foram introduzidas na tentativa de melhorar os resultados e trazer dinheiro para o caixa da empresa, tais como seguro para as câmeras e espaço na nuvem para armazenamento dos arquivos. Repare como essas ofertas soam bem mais razoáveis para os praticantes de esportes radicais que utilizam as câmeras vestíveis para capturar cenas únicas e inesquecíveis de cada aventura. Se eu me aventuro em atividades eletrizantes e acoplo uma câmera no meu corpo é natural — e plenamente aceitável — que eu acabe danificando o equipamento acidentalmente, não é mesmo? Por que não oferecer um programa de substituição (seguro) de câmeras danificadas, com dois anos de cobertura total, e que ainda por cima dava acesso aos especialistas da empresa para aperfeiçoar a utilização do equipamento, além de linha direta de atendimento preferencial sem filas de espera, e tudo isso por uma bagatela, em pagamento único acrescido de uma pequena taxa na solicitação da troca? No mínimo interessante, não acha? Agora, já imaginou perder as fotos ou os vídeos daquele passeio sensacional? Impensável a dor que isso causaria, certo? Faria sentido então uma oferta complementar de espaço (limitado a 250GB) na nuvem para armazenar os arquivos segura e automaticamente, disponível mediante o pagamento mensal de uma quantia quase simbólica e cancelável, sem multas, a qualquer momento? Totalmente dentro das expectativas de quem pratica esportes radicais e utiliza as câmeras vestíveis! Não é coincidência que no fechamento desses originais as duas ofertas permaneciam de certa maneira disponíveis, só que em uma versão única combinando o melhor das duas e acrescentando mais uns penduricalhos (tais como cobertura total contra danos, sem questionamentos, espaço ilimitado para backup automático de fotos, e desconto de 20% em suportes e acessórios comprados no e-commerce da empresa — mais uma tentativa de gerar receitas).

Porém, o cenário não é nada otimista, muito menos promissor. As estratégias equivocadas deixaram marcas profundas. Desde o quarto trimestre de 2015, a empresa apresentou prejuízos sucessivos e foi obrigada a colocar de pé planos de contingência para tentar reverter a situação, começando pela liderança com a saída do presidente, no final de 2016, e uma completa reestruturação organizacional. As ações da companhia, integralmente vendidas a US$24 cada no dia do IPO, no fechamento deste livro eram negociadas a menos de US$6, com mínima histórica de menos de US$5. A compensação estratosférica de Nicholas Woodman passou de US$800 mil anuais e bônus de US$1,2 milhão em 2014 para apenas US$1 em 2018. E, finalmente, o quadro de funcionários caiu de mais de 1.700 no ápice para menos de mil após três rodadas de demissão em massa.

A propósito, essa é a história da GoPro, nome adotado pela Woodman Labs, em fevereiro de 2004, antes do lançamento da primeira câmera HERO, cujas reviravoltas são lições ricas quando o assunto é (des)controle e (des)equilíbrio das entradas e saídas de dinheiro do caixa.

Antes de seguirmos adiante...

Embora alguns números tenham sido apresentados para ilustrar o caso da GoPro, este livro não tem a pretensão de ser, e, de fato, não é, sobre finanças ou contabilidade. Portanto, não espere ser bombardeado com conceitos, termos e jargões específicos dessas áreas. Da mesma maneira, não espere se deparar com projeções financeiras, fórmulas mágicas de precificação, cálculos de *valuation* (estimativa de quanto vale ou do valor de mercado do projeto, empresa ou negócio) ou demonstrações de resultados, nem com instruções sobre como elaborar uma planilha de fluxo de caixa. Também não abordaremos questões de balanços nem balancetes patrimoniais ou qualquer outra ferramenta de gestão contábil e análise de saúde financeira de negócios. Por quê? Porque o foco desta obra é na validação de soluções e projetos inovadores, ou seja, nas fases que via de regra antecedem a abertura do negócio propriamente dito, e não na operacionalização e gestão da empresa em si. O escopo deste livro é introduzir a metodologia Validation Rocket como instrumento de validação de (novas) soluções que sejam diferenciadas e inovadoras, bem como os modelos de negócios que as sustentarão no mercado. Falando na prática, conceitos e domínio sobre finanças e/ou contabilidade pouco ou nada contribuem nesse processo de validação tão crucial para a continuidade, evolução e crescimento de qualquer tipo de projeto, seja ele um negócio nascente, uma startup de base tecnológica ou uma iniciativa empresarial. Muito pelo contrário, os tecnicismos seriam distrações num período em que a energia deve ser concentrada em outros aspectos mais importantes nessa fase de pavimentação da avenida que levará ao sucesso do negócio!

Importante saber. Estou dizendo que você deve ignorar finanças e contabilidade ou que os temas não são relevantes para o sucesso de um empreendimento? Não, em absoluto! Como dizem os americanos "first things first". Ou seja, foquemos o que é prioridade e crucial para o sucesso do empreendimento não o futuro distante, mas o hoje, o agora! Quando a solução e o modelo de negócios estiverem validados aí sim esses assuntos (finanças e contabilidade) serão obrigatórios e indispensáveis.

Dito isso, é chegada a hora de falarmos sobre a PEÇA ENTRADAS e sobre a PEÇA SAÍDAS.

Entradas

Iniciar um projeto empreendedor e validar uma solução inovadora não dependem — e, idealmente, não deveriam depender — de dinheiro. Quanto menos grana for empregada nas etapas iniciais de validação, melhor, pois é uma fase de extrema incerteza e nem você nem eu estamos dispostos a jogar nosso suado dinheirinho fora em iniciativas mortas antes mesmo de sair do papel. A propósito, sim, é humanamente factível realizar diversas validações sem gastar sequer um tostão. Você aprenderá como fazer isso no PROPULSOR, e aprenderá a caminhar por trilhas menos tortuosas, e livre de desperdícios e frustrações previsíveis. Porém, ninguém aqui duvida que mais cedo ou mais tarde — leia-se, quando as principais validações tiverem ocorrido — precisaremos de recursos financeiros, dinheiro por assim dizer, para solidificar as bases do projeto e estruturar um negócio de sucesso.

Não há como prosperar em longo prazo sem cascalho pingando no caixa periodicamente e de modo previsível.

Fato é que recursos financeiros são obrigatórios, em maior ou menor escala, na maioria dos estágios de desenvolvimento de negócios. Qualquer empresa, independentemente da origem, do porte, da área de atuação, do tamanho do mercado, do grau de inovação e tantas outras possíveis classificações, possuem, necessariamente, custos e despesas, tanto fixos quanto variáveis, bem como impostos e encargos das mais diversas naturezas. Além disso, para prosperar e se manter no mercado, investimentos serão demandados para adquirir e gerar conhecimento, para formar, treinar e capacitar equipes, desenvolver tecnologias e assim por diante. No desenvolvimento de startups a lógica é a mesma, pois capital será requerido, em algum momento (e não necessariamente nos primeiros dias de projeto), para viabilizar a construção, validações, correções, implementação e expansão da solução proposta. Geralmente, quanto mais avançada uma iniciativa estiver em termos de estágio de desenvolvimento e tração, maior será o montante necessário para cobrir a estrutura de gastos e investir em melhorias, inovação e expansão.

Por essa razão, a PEÇA ENTRADAS trata do dinheiro no caixa, ou melhor, de como abastecê-lo com dindim e, adicionalmente, de como nos prepararmos para driblar com tranquilidade os trancos e barrancos inevitáveis ao longo da jornada de qualquer empreendedor por meio de um modelo de geração de entradas robusto, inteligente e adaptável.

Definição de entrada

Toda receita é uma entrada...

Por mais absurdo que pareça, é inacreditavelmente pobre estruturar ou analisar modelos de negócios apenas considerando as fontes ou linhas de receitas. As ferramentas de modelagem de negócios mais conhecidas desconsiderariam, por exemplo, e só para citar uma das muitas limitações, as quatro vezes em que os cofres da GoPro foram abastecidos de dinheiro sob o carimbo de "investimento", recursos decisivos (facilitadores) na aceleração do negócio, porque esse tipo de entrada financeira não é contabilmente considerado "receita". Consequentemente, o desenho da estratégia, o planejamento da validação e a execução do plano são duramente comprometidos, pois partiram de um modelo de negócio capenga, frágil e inacabado, concebido sob a ótica simplória e limitante das linhas de receitas. Além do mais, e como se já não fosse suficientemente comprometedor, o time acaba ficando vendido, desamparado, e com uma visão parcial, limitada e superficial sobre todas as alternativas possíveis para angariar recursos financeiros, o que muitas vezes implica no fracasso da iniciativa. No FOGUETE a história é outra.

...mas nem toda entrada (no caixa) é uma receita!

Direto e reto. "Entradas" (financeiras, ou de dinheiro, se assim preferir) *são todas as possíveis fontes de dinheiro (recursos financeiros) para o caixa do empreendimento!* O que isso significa? Que o seu FOGUETE não ficará restrito e não se limitará às **fontes de receita de vendas**, isto é, o dinheiro arrecadado com prestação de serviços e/ou venda de bens, produtos ou mercadorias, fruto da atividade principal para a qual o empreendimento está sendo ou foi colocado de pé. O olhar estimulado na PEÇA ENTRADAS é bem mais abrangente e contempla o mapeamento de **toda e qualquer possibilidade de encher a conta bancária do projeto**, dentre elas investimento (em suas várias vertentes ou modalidades), empréstimo e financiamento, subvenção econômica (dinheiro proveniente de linhas governamentais de incentivo e fomento), patrocínio, doação e, evidentemente, receitas com vendas (e já adianto que as vendas de bens e a prestação de serviço não são as únicas fontes de receitas que um negócio pode auferir, ok?).

Acredite. Parece simples e insignificante essa definição de "entradas", não é mesmo? Só que não se deixe enganar pelas aparências. A diferença entre os conceitos é substancial, e analisar as múltiplas alternativas de geração de caixa desde o primeiro dia de campanha abrirá novos e promissores horizontes para o projeto, além, é claro, de livrá-lo de enrascadas homéricas.

Subtrair? Somar? Não. Multiplicar é a palavra de ordem!

Obviamente, as receitas são cruciais e INDISPENSÁVEIS para a sobrevivência e perpetuidade da grande maioria dos negócios. Ninguém aqui está afirmando ou insinuando que você deva ignorar as fontes de receitas. Pelo contrário, o intuito é fortalecê-las, até mesmo porque muitas vezes as receitas começarão a pingar na conta, ou só decolarão de verdade, após a entrada de dinheiro por outras vias. Um exemplo prático é novamente a GoPro. Foram necessários 8 anos para o projeto fundado em 2002 atingir a marca de US$64 milhões em receitas brutas em 2010, e apenas 2 anos para bater a casa dos US$536 milhões, e somente mais 2 anos para chegar a US$1,4 bilhão. Como? Mágica? Não. Foi trazendo dinheiro de investimento. No começo da jornada da companhia, Nick injetou os US$235 mil e mais um tantinho do próprio bolso para prototipar a solução e fundamentar o projeto. Porém, no meio de 2011 veio o primeiro aporte de US$88 milhões, e então no final de 2012 mais US$200 milhões, fora os mais de US$400 milhões da oferta pública de ações.

Projeção dos "como" e não dos "quanto"

Conforme adiantei, este não é um livro de finanças ou contabilidade. Você não fará previsões financeiras, muito menos elaborará planilhas mirabolantes de Excel, porque a essa altura você não se debruçará no "quanto" de dinheiro trazer, ou seja, não entrará em números ou quantificações. Isso é escopo de etapas futuras, quando as incertezas forem menores e o risco estiver relativamente mitigado e sob controle. O intuito maior aqui, na fase de validações iniciais, é explorar ao máximo o "como" regar o caixa com recursos financeiros, ou seja, identificar, listar e nomear as possíveis linhas, fontes, opções, alternativas, formas ou modalidades de arrecadação do tão almejado "faz-me rir" para a conta do empreendimento.

O objetivo do exercício é imaginar o projeto daqui a 3, 5, 10 ou 20 anos e listar tudo que vier à mente em termos de alternativas ("como") para geração de caixa, mesmo que algumas alternativas pareçam esdrúxulas ou simplórias demais. O "toró de ideias" (ideação ou brainstorming) vem a calhar nesse momento e não é raro consumir dois ou mais dias de elucubração para desenvolver uma lista razoável (e, acredite, bem longe de ser a versão final e provavelmente distante do que de fato acontecerá). Além do mais, todo o trabalho e estudo empenhado na PEÇA MERCADO (concorrentes, soluções alternativas, mercados adjacentes e não correlatos, e tendências) não servem exclusivamente para encontrar uma brecha nas ofertas da competição. O que foi levantado na PEÇA MERCADO também reverbera na PEÇA ENTRADAS, sendo uma tremenda fonte de inspiração para você identificar opções para arrecadar recursos financeiros, como foi o caso da Salesforce.com no início da década de 2000. Enquanto a concorrência vendia software como produto, a Salesforce.com entrou oferecendo software como serviço, preconizando uma tendência que hoje em dia está mais do que consolidada.

Para que o exercício de mapeamento de todas as possíveis entradas financeiras de um dado projeto seja efetivo, é importante que o time não julgue, não filtre e não enviese com preconceitos ou suposições. E não se esqueça de considerar que uma alternativa que funciona hoje poderá deixar de funcionar amanhã, e, eventualmente, sequer foi cogitada no passado.

Por que projetar os "como"?

A visão de curto prazo é simplista e concentrada somente na solução de hoje. Mas e no futuro? Será que essa solução de hoje ainda será desejada ou conseguirá manter a estrutura de pé? Muito provavelmente não.

O que acontece é que muitas vezes o projeto fica refém de uma única fonte de entrada, e, ao primeiro sinal de instabilidade ou inviabilidade (não concretização) a crise e o caos são instaurados, e o pânico domina o time, que, então, parte para uma corrida desvairada e insana para identificar outras alternativas quando infelizmente já é tarde demais e não há mais tempo hábil para recuperação. Perdi as contas de quantos projetos vi sucumbirem por falta de visibilidade das opções extras ou adicionais de fontes de dinheiro. Esse foi o caso da brasileira Tripda, fundada em 2014 (voltaremos a falar rapidamente da Tripda na PEÇA SAÍDAS, quando o tema é tudo que sai do caixa, para complementar a avaliação do "modelo econômico"). A startup do interior paulista chegou a captar US$11 milhões para seu aplicativo de caronas intermunicipais (serviço semelhante ao oferecido pela francesa Bla Bla Car), o que é fantástico para os padrões brasileiros. Porém, a empresa nunca conseguiu consolidar o modelo de geração de receita (limitado a uma ou duas opções — cobrar do passageiro e/ou do motorista) e fechou as portas em 2016 levando com ela aquela dinheirama toda (a propósito, e aproveitando a oportunidade, entrar no mercado sem cobrar nada inicialmente com o objetivo de aumentar a base de clientes e depois de certo período passar a cobrar pelo mesmo serviço é um dos equívocos mais comuns no modelo de geração de receitas e costuma não funcionar).

Por essa razão, é importante não se apegar e não apostar todas as fichas em uma única modalidade de arrecadação de dinheiro. Visualizar diferentes oportunidades de captura de recursos financeiros ao longo do tempo, ou seja, não somente em curto prazo, mas, sim, até onde for possível visualizar (médio e longo prazos), conferirá maior flexibilidade ao projeto à medida que facilita a mudança de direção conforme hipóteses são colocadas à prova, os cenários evoluem e as tendências e tecnologias emergentes se apresentam.

Nesse estágio, não estamos à procura do certo ou errado, do mais provável ou do menos provável. Estamos em busca das alternativas existentes, sejam elas imediatamente aplicáveis ou condicionadas a avanços e conquistas prévias. Pensemos desde já no que será o negócio em 5, 10 ou 20 anos, e então façamos a engenharia reversa até chegar no hoje, no agora! E fique tranquilo, pois chegará a hora certa de priorizá-las e testá-las, uma a uma. Não é à toa que a Validation Rocket é cíclica.

Por que projetar o "como" e não o "quanto"?

No melhor dos mundos, as projeções financeiras realizadas no início de qualquer projeto inovador (e as vezes em projetos sem viés de inovação) não passarão de chutes educados, pois partem de muitos pressupostos e premissas que não raramente são infundados, inconsistentes ou ultrapassados. Embora o exercício em si seja válido para começar a dominar os mecanismos das projeções financeiras, executá-lo consome tempo precioso (recurso mais valioso para qualquer um de nós) e muita, muita paciência (especialmente para os não familiarizados com o tema), além do retrabalho ser inevitável (mais tempo sendo consumido), porque o nível de incerteza é incrivelmente elevado e até o mais simples experimento de validação pode virar (e geralmente vira) o esboço do modelo de pernas para o ar, alterando praticamente tudo que fora desenhado na "primeira versão". Ou seja, enquanto houver muitas dúvidas a respeito da solução e do modelo de negócios é desperdício de tempo sentar para fazer projeções financeiras. Portanto, aproveitemos o tempo concentrando energia na qualificação (e na validação quando chegar a hora) das entradas.

Tipos de entradas

Esse tópico lança luz sobre as principais possibilidades de entradas de dinheiro existentes, sem o compromisso de ser um guia completo. O objetivo, na realidade, é despertar sua atenção e a curiosidade para ir além do convencional e explorar o poder das múltiplas entradas, ainda que estejam condicionadas à evolução do projeto ao longo do tempo. Fica como lição de casa o aprofundamento de cada caso conforme a necessidade específica.

Captação de Recursos Financeiros (não receitas)

Uma das maneiras para trazer dinheiro para dentro do projeto é recorrer ao capital de terceiros. Novamente, o intuito aqui não é descrever ou detalhar cada uma das alternativas existentes, mergulhar em tecnicidades ou esmiuçar instrumentos específicos. A missão é introduzir a captação de recurso via terceiros como opção para viabilização de projetos. Cabe recordar que do ponto de vista contábil dinheiro com estampa de "investimento", "financiamento" ou "empréstimo" não é considerado receita, e, por essa razão, ficaria de fora da modelagem de negócios utilizando as ferramentas mais disseminadas. O papo é outro na PEÇA ENTRADAS da Validation Rocket.

Investimento

Sem sombra de dúvidas, a opção mais cogitada e procurada por empreendedores de startups é a captação de dinheiro junto a investidores. Essa modalidade sempre foi uma alternativa para alavancagem de negócios. No entanto, foi em meados da década de 1990 que se tornou bastante popular com a ascensão (e queda) das startups (e investidores) pontocom. É importante termos cuidado ao optar pelo caminho da captação de investimento e estarmos cientes de que é preciso bem mais do que uma boa ideia e muita força de vontade para engordar a conta bancária do projeto. Já foi a época em que discursos bem estruturados bastavam. Algumas modalidades:

- Amigos e familiares.
- Financiamento Coletivo (Crowdfunding).
- Investidores-anjo.
- Aceleradoras.
- Fundos de Venture Capital.

Linhas governamentais de incentivo e fomento

As linhas e editais públicos de fomento e incentivo à inovação são excelentes opções para captação de recursos para viabilização de iniciativas inovadoras de startups. Tanto de caráter intermitente quanto permanente, as linhas e editais de fomento são disponibilizados por governos municipais, estaduais e federal. No Brasil, o número de instrumentos e o montante financeiro têm crescido a cada ano, bem como a abrangência de escopo. Além disso, o entendimento dos principais gestores públicos está mais robusto e a maturidade dos programas permanece evoluindo a passos largos, inclusive lançando mão de parceria com a esfera privada, caso do Programa Nacional Conexão Startup Indústria, promovido pela ABDI (Agência Brasileira de Desenvolvimento Industrial), cuja primeira edição foi lançada em 2017 e trouxe resultados consideráveis para as startups, para as indústrias que toparam participar do desafio e, óbvio, para a agência que orquestrou todo o programa.

Empréstimo e financiamento

Empréstimos e financiamento não são instrumentos comuns no universo das startups. Médios e grandes bancos, detentores e provedores de recursos financeiros, apesar dos esforços de aproximação com as startups, ainda não estão preparados e dispostos a assumir esse tipo de risco. Quando o fazem, as taxas são abusivas e a burocracia é inacreditável. Porém, enquanto esses agentes engatinham, outros atores de menor porte se movimentam rapidamente para oferecer empréstimos para micro, pequenas e médias empresas, com menos burocracia e taxas mais acessíveis, a exemplo das startups brasileiras BIVA e Nexoos. Essa modalidade de captação de recursos não toma parte da empresa como contrapartida, a startup deve possuir faturamento mínimo para ser elegível e as condições de pagamento são estabelecidas caso a caso.

Patrocínio e Doação

Alguns modelos de negócio possuem peculiaridades que possibilitam captar recursos na forma de patrocínio e/ou doação, modalidade que se aproxima praticamente do "financiamento" coletivo por não exigir contrapartida em participação na empresa ou retorno do investimento. Causas nobres e negócios de cunho e impacto social, por exemplo, podem apresentar características que saltem aos olhos de determinadas pessoas e empresas que, por sua vez, podem dispor de recursos financeiros para apoiar o empreendimento em caráter de patrocinador ou doador. As contrapartidas variam bastante, mas dar visibilidade à marca patrocinadora é a mais usual (ferramenta de *branding*).

Receitas

Vejamos agora um apanhado das formas de geração de receita. Lembrando que não há intenção de ser uma lista completa, mas sim um ótimo ponto de partida para inspirá-lo.

Venda, revenda ou aluguel (ou locação)/arrendamento (ou leasing) de bens materiais (ou tangíveis)

Há exemplos e mais exemplos tanto de negócios tradicionais quanto de empreendimentos inovadores que operam nesse modelo, indo desde o comércio tradicional, seja ele físico ou online, até grandes conglomerados industriais, não ficando de fora do pacote as startups, é claro. Não estenderei a discussão pelo fato de a venda de produtos, revenda de mercadorias e aluguel/arrendamento de bens (geralmente imóveis) serem modelos milenares de geração de receitas e que dificilmente sairão de moda. Vale, no entanto, destacar dois modelos consagrados que fogem à expectativa da audiência menos antenada, começando pela maior rede de restaurantes fast-food do mundo, que quase faliu se não fosse a combinação dos modelos de venda (de alimentos) e de... aluguel de imóveis. Sim, exatamente isso. Todos conhecem o McDonald's pelos seus hambúrgueres, batatas, sucos e refrigerantes, vendidos a preços bem acessíveis. Poucos sabem, no entanto, que o negócio de verdade da franqueadora criada por Ray Kroc saiu do sufoco financeiro quando passou a adquirir os imóveis onde estavam ou estariam localizados os restaurantes da marca e, então, alugá-los para os franqueados. Reza a lenda que, quando perguntado em qual segmento de negócio operava, Kroc disse "imóveis", quando muitos suporiam equivocadamente "hambúrgueres". E o resto da história? Bem. O resto da história você já conhece.

Pagamento por uso (pay-per-use)

Nesse modelo, o cliente paga apenas pelo que usa ou consome, tal como a transmissão de um determinado evento esportivo não incluso no pacote da assinatura da TV paga (o famoso *pay-per-view*), ou as horas de utilização de um automóvel (Zipcar, nos EUA, por exemplo), ou até mesmo os minutos pedalando uma bike (caso da Yellow, no Brasil). Na Zipcar (falaremos mais sobre ela no PROPULSOR), que se apresenta como uma alternativa ao aluguel de automóveis por diárias, à propriedade do bem e ao transporte público, o cliente paga uma mensalidade ou anuidade fixa para se tornar um membro (*membership*) mais o valor do aluguel por hora de utilização dos veículos (localizáveis via aplicativo para smartphone), além de uma quantia adicional por milha que exceder o montante coberto pelo plano (à época desses originais eram até 180 milhas por dia, ou algo em torno de 220km). O pacote inclui o seguro básico, combustível, estacionamento e manutenção. Adicionalmente, a companhia cobra uma taxa de adesão de US$25, e que não é devolvida mesmo em caso de não aprovação. À primeira vista, o modelo de geração de receitas da Zipcar não parece atrativo, mas a companhia sugere que é possível chegar a economias de US$600 por mês comparado com ser proprietário de um veículo). Já a Yellow funciona no modelo pré-pago, ou seja, o cliente primeiro deve comprar créditos para então consumi-los pedalando as bicicletas amarelas (tudo é feito pelo app).

Assinatura (ou subscrição)

Subscrição. Muito se engana aquele que pensa que esse modelo de geração de receitas é recente e uma especiaria das organizações "online", digitais, e do século XXI. Você já parou para pensar que as academias, os planos de saúde, e os jornais e revistas, dentre tantos outros que por acaso estão por aí há décadas, geram suas principais receitas por meio da subscrição, ou melhor, via assinatura (mensalidade e anuidade, por exemplo)? O mais interessante são as versões modernas das assinaturas. Já ouviu falar do Dollar Shave Club?

Quem faz a barba muitas vezes no mês (e, sim, tem gente que faz todos os dias!) sabe muito bem o quão dolorido é para o bolso comprar lâminas novinhas em folha, fora o desprazer de ser forçado a ir até um estabelecimento comercial (mercado, farmácia etc.) para adquiri-las. Foi para resolver esses gatilhos (e alguns outros) que nasceu o Dollar Shave Club, um clube de assinaturas de... lâminas de barbear. Sim, isso mesmo. Lâminas de barbear. O assinante faz o cadastro no site, escolhe o plano que melhor atende suas necessidades e passa a receber todo mês as lâminas no conforto do lar. Simples assim. Sem esforço. Sem complicações. Ah, e o melhor: economizando uma boa grana! E aí você pensa: "Será que um clube de assinaturas para lâminas de barbear daria certo?" Bem. A história foi mais ou menos assim.

O Dollar Shave Club foi fundado em 2011, nos EUA, operou um site piloto nos oito primeiros meses para entender o comportamento do mercado (método de validação que falaremos no PROPULSOR), e, em 2012, relançou o e-commerce incrementado com o modelo de assinatura mensal. Boom. O sucesso foi estrondoso e o estoque evaporou em apenas seis horas. O tráfego no site foi tão intenso nos momentos iniciais que o servidor não suportou e caiu (eita "problema" bom de ser resolvido... melhor do que ter três ou quatro gatos pingados matando a curiosidade). Dentro de 24 horas foram "só" mais de 12 mil pedidos. E não parou por aí. Em 2015, a startup, que caíra no gosto do povo, já havia acumulado mais de US$160 milhões em investimentos, e comeu uma fatia considerável do mercado norte-americano de lâminas de barbear, deixando de cabelos em pé a líder Gillette (da Procter & Gamble), que em 2010 detinha fatia de 70%. O desempenho fora de série do modelo atraiu o interesse da Unilever, arquirrival da P&G, que correu e comprou o Dollar Shave Club por US$1 bilhão em 2016. Até o fechamento deste livro, o clube contava com mais de 3,2 milhões de assinantes.

Intermediação de negócios

Não sei você, mas eu odeio as tarifas dinâmicas dos aplicativos de transporte particular. E, aparentemente não estou sozinho. Já ouviu falar da Fasten? Fundada em 2014 nos EUA por três empreendedores russos, ela é uma startup de transporte privado que se diferenciou substancialmente das concorrentes Uber e Lyft pelo modelo de geração de receitas adotado. Em vez de abocanhar 15%, 20% ou até 25% do valor de cada corrida antes de repassá-lo para o motorista, a Fasten introduziu uma cobrança no valor fixo de US$0,99. Foi um atrativo e tanto para atrair os primeiros motoristas que prestavam serviço para os concorrentes. Outra diferença considerável que contou (muitos) pontos a favor da Fasten foi não implementar a tarifa dinâmica, que aumenta ou reduz o preço cobrado dos passageiros de acordo com a relação oferta-demanda (mais caro nos horários de pico). Em vez disso, a startup criou um mecanismo para que o passageiro com pressa pudesse pagar um valor adicional para ser atendido mais rapidamente. Resultado? Embora a Fasten estivesse atuando apenas em Boston e Austin quando foi adquirida por um grupo russo por uma quantia não divulgada que, então, decidiu fechar as portas da companhia nos Estados Unidos em 2018 (mesmo ano da aquisição), a startup foi a primeira na história do segmento a atingir o ponto do equilíbrio (ou seja, se tornar lucrativa).

Combinação dos modelos de geração de receita

Determinadas estruturas de negócio podem admitir duas ou mais fontes de receita ao mesmo tempo e, com isso, fortalecer o modelo de geração de caixa. A GoPro, apresentada anteriormente neste capítulo, é um exemplo. Além da venda das câmeras vestíveis e de acessórios e suportes, a empresa norte-americana fatura com seu plano de subscrição para armazenamento de fotos e vídeos em nuvem. Enquanto isso, a Zipcar gera receitas com a assinatura mensal, com a cobrança por hora e com a taxa de adesão (dentre outras fontes secundárias não discutidas), e o McDonald's com aluguel dos imóveis para os franqueados da marca, e, claro, com a venda de alimentos e bebidas. E as possibilidades continuam. Que tal uma plataforma de marketing digital ganhar dinheiro com megaeventos ou com cursos online?

A Resultados Digitais, fundada no Brasil em 2011, nasceu para transformar a relação de empresas de qualquer porte com o marketing digital, proporcionando resultados concretos e gerando crescimento. Com uma plataforma proprietária, a RD Station, e a metodologia Máquina de Crescimento, a empresa monetiza seu negócio vendendo o software na nuvem em planos com valores e *features* distintos, cujo valor varia para pagamento mensal ou anual, além de pacotes de implementação da ferramenta, igualmente pagos. Além disso, a empresa de tecnologia e marketing digital criou a RD University, que oferece cursos online pagos. O sucesso da Resultados Digitais tem sido tão estrondoso que a empresa criou o RD Summit, considerado o maior evento de Marketing Digital e Vendas da América Latina, e, que, claro, é mais uma fonte de receitas para o negócio.

Uma pitadinha da prática: não se esqueça do código de cores

Olha o código de cores de rastreamento dos clientes no FOGUETE aqui novamente. A essa altura do campeonato imagino que você já tenha notado que ninguém nesse mundo (talvez um ou outro amigo ou familiar) depositará dinheiro na conta bancária de um projeto sem que receba alguma coisa em troca, correto? Querendo ou não, é assim que funciona. E aqui estou falando tanto de clientes pagantes, que é aquele grupo de pessoas e/ou empresas que de fato desembolsam determinada quantia em troca do bem ou da prestação de serviço, como clientes investidores, clientes doadores, clientes patrocinadores, clientes credores e por aí vai, que literalmente depositam a grana no caixa do empreendimento esperando o retorno sobre o investimento e/ou o efeito impacto causado pela quantia aportada. Sendo assim, cada opção de entrada financeira necessariamente estará associada a um ou mais segmentos de cliente (PEÇA CLIENTES), e aqui parte da mágica do código de cores e do FOGUETE aparece mais uma vez.

Um belo exemplo de negócio com múltiplas entradas que considerou devidamente seus agentes provedores de recursos é a Bridge International Academies. O modelo de escolas de baixo custo e qualidade equiparável às instituições de ensino particulares foi construído considerando os clientes pais (que pagam mensalidade pelo estudo dos filhos) e não preciso nem dizer que são plenamente atendidos), os clientes doadores (que cobrem integral ou parcialmente o custo mensal de um ou mais estudantes, e em troca esperam que a proposta seja levada a cabo e aumentem as oportunidades dessas crianças), os cliente patrocinadores (que subsidiam o negócio para reduzir o valor da mensalidade, e esperam receber em troca o mesmo que os doadores, além da visibilidade pela associação da marca a uma causa tão nobre) e os clientes investidores de impacto (que investiram dinheiro para ampliar o impacto do projeto, e estão também de olho em retornar o investimento; afinal, eles são investidores e não filantropos).

Saídas

Parece bobeira, mas no calor da emoção os empreendedores esquecem de controlar o bolso e, infelizmente, quando sentam para analisar a situação financeira da empresa é tarde demais para reanimar o empreendimento. Já vivenciou ou passou por alguma situação dessas? Pois bem. Esse foi o caso da Tripda, aplicativo brasileiro de caronas compartilhadas, fundado em 2014. A empresa captou US$11 milhões em rodada de investimento liderada pelo fundo de investimento alemão Rocket Internet, expandiu suas operações para outros doze países, além do Brasil, e fez um tremendo barulho na mídia, aos moldes das empresas pontocom do início do milênio. Muito embora esse montante de recurso financeiro pareça confortável e suficiente quando analisado pontualmente, a Tripda foi inábil em manter sob rédeas curtas seus custos e despesas (daqui para frente chamarei de *estrutura de custos*), o que somado à fragilidade do modelo de geração de caixa (entradas de dinheiro), resultou no desinteresse de investidores em aportar capital em mais uma rodada, obrigando a startup a encerrar operações em março de 2016.

A verdade nua e crua é que nenhuma iniciativa empreendedora sobreviverá em longo prazo se o saldo bancário permanecer negativo por muito tempo. Os contadores, financistas e investidores que me desculpem, mas a matemática é bem simples e não exige malabarismo numérico. Se o que entra no caixa for menor do que o que sai por um período demasiadamente prologando (e isso varia de situação para situação) há sérios riscos do negócio degringolar e sangrar, sangrar e sangrar até fracassar de vez. Quantos casos além da Tripda vimos até aqui de empreendimentos de tudo quanto é lugar no mundo que foram para o saco por investirem descontroladamente rios de dinheiro na crença cega de que atingiriam aquelas belas projeções feitas na planilha de Excel, e fecharam as portas sem sequer concretizarem um quinto (sendo bastante otimista) do prometido, frustrando os fundadores, os familiares e amigos, os funcionários, os investidores, os fãs, e alimentando o ego daqueles que apostavam contra a ideia? Acredite. Você não quer sentir na pele a sensação de frustração e de incompetência de quando o sinalzinho de "menos" ou os números piscando em cor vermelha persistem por muito tempo, e então não conseguir convencer novos credores e ser obrigado a encerrar as operações e colocar dezenas, centenas e até milhares de pessoas na rua da noite para o dia.

Você, sendo um leitor ou uma leitora sagaz, evidentemente já entendeu o recado. Basta piscar os olhos por alguns instantes e se inebriar com a falsa sensação de ter a bala de prata nas mãos criada pelo Transe da Idealização que até o mais promissor dos projetos morrerá. E para que você não caia na mesma cilada que tantos outros empreendedores caíram, o FOGUETE munirá você com a PEÇA SAÍDAS. Nunca é demais reforçar que não é por acaso que as peças entradas e saídas foram colocadas lado a lado. Elas formarão a díade econômico-financeira do seu projeto e conforme os ciclos forem sendo completados você estará alicerçando as bases para projeções financeiras mais assertivas e realistas.

Definição de "saídas"

Sem truques e sem delongas. O conceito de "saídas" é exatamente o oposto do conceito de "entradas", ou seja, na PEÇA SAÍDAS você listará *toda e qualquer possibi-*

lidade de saída de dinheiro do caixa do projeto, independentemente da fase do empreendimento (pré-operacional ou operacional). Seja na forma de investimento, despesa, custo, encargo ou qualquer outra forma de gasto, o objetivo aqui é identificar os possíveis desembolsos (linhas de saída de recurso financeiro) necessários para colocar o projeto de pé e, se tudo der certo, mantê-lo operando sustentavelmente, começando a contar do momento em que a ideia surgiu e daí por diante, e não importando se são esporádicos e ocasionais (acontecem uma vez ou poucas vezes e conforme demanda) ou recorrentes e periódicos (acontecem com frequência conhecida).

Um equívoco comum dos times é desconsiderar o capital que sai do caixa do projeto (muitas vezes metaforicamente falando, pois logo no início isso ainda não existe) quando ele ainda não foi legalmente estruturado como um negócio, ou seja, enquanto ainda está na pré-operação. Porém, no FOGUETE você passará a considerar precisamente tudo que sairá e/ou está saindo da conta bancária que sustenta a iniciativa. Ponha tudo na ponta do lápis (ou na ponta dos dedos) desde o primeiro dia. Não importa se no início você não souber classificar ou enquadrar uma determinada saída em categoria específica. O que importa aqui é registrar e descrever rapidamente a saída para facilitar o trabalho do escritório de contabilidade e dos contadores que o auxiliarão nesse trabalho. Lá na frente você evitará problemas e confusões.

Foco no "como" e não no "quanto"

De forma semelhante ao exercício da PEÇA ENTRADAS, na peça saída você não se preocupará com as *quantificações* dos desembolsos. Atenha-se por enquanto à *qualificação*, isto é, ao mapeamento (listagem) das linhas de saída de dinheiro do caixa do projeto, sejam estas recorrentes ou não recorrentes, fixas ou variáveis, para pagamento pela prestação de serviços ou aquisição de bens e insumos e por aí vai. Caso você já tenha uma estimativa de valor para determinada saída, tudo bem. Deixe a informação registrada e na hora certa do ciclo (no PROPULSOR, para acalmar sua ansiedade) você sacará a carta da manga e será orientado em como utilizá-la. No entanto, o esperado é que ainda não haja números certos ou claros, especialmente para projetos que ainda estão no início ou em conceituação, e não se sinta desconfortável por isso. A boa notícia é que conforme o projeto avançar e as validações mais críticas acontecerem (e retornarem resultados positivos e favoráveis) você passará a dar mais atenção aos "quantos", mas isso é num segundo momento e num estágio mais avançado e de maior maturidade da iniciativa. Até lá, mantemos o foco em qualificar e executar ciclos de validação efetivos.

A projeção das saídas e o PROPULSOR

A PEÇA SAÍDAS está diretamente conectada ao PROPULSOR. Enquanto aqui navegamos pelas macrolinhas de saídas, lá no PROPULSOR não há escapatória. Você detalhará tintim por tintim todos os desembolsos necessários para fazer o projeto acontecer, sem deixar escapar uma vírgula. E isso acontece mais ou menos assim. Para validar a HIPÓTESE DA MORTE (veremos o que isso significa muito em breve) do seu FOGUETE, você montará o PROPULSOR. No PROPULSOR, você definirá qual método utilizar para testar a HIPÓTESE DA MORTE. Uma vez escolhido o método você partirá para o estabelecimento de prazos, atribuição de responsáveis e, adivinhe... estimativa do "investimento" (desembolso) necessário para construí-lo, entregá-lo e chamar a atenção do público-alvo. É exatamente nesse instante que começaremos a pensar na quantificação das saídas, só que propositalmente com um olhar mais específico e direcionado. Cada ciclo servirá para refinar as estimativas (e ajustar as saídas no FOGUETE), e após sucessivos ciclos você terá em mãos a estrutura de custos do seu empreendimento.

Poucas linhas de entrada. Muitas linhas de saída

A título de comparação, vale saber que diferentemente das entradas, que para muitos projetos se resumem a uma ou duas fontes de receita, a lista de fontes de saídas tende a ser mais extensa, pois engloba uma gama variada de opções, incluindo desembolsos para pagamento de serviços e mão de obra (própria ou terceirizada), pagamento de viagens, translado e hospedagens, investimento em marketing e propaganda, e em infraestrutura tecnológica, para aquisição de produtos, equipamentos e insumos, e, evidentemente, para arcar com impostos e taxas para constituição e manutenção do negócio dentro dos conformes da lei.

Projeção do "como"

O exercício de projeção das saídas deve ser feito partindo da mesma linha do tempo de 3, 5, 10 ou 20 anos adotada para projetar as entradas. Ou seja, pense no futuro negócio e como ele seria e operaria, e não se preocupe se faz sentido ou não (os ciclos da Validation Rocket servem para irmos construindo o empreendimento tijolo por tijolo). A diferença agora, no entanto, é que as linhas de saída (e não os valores dentro de cada linha) são (mais ou menos) conhecidas dentro de uma dada indústria ou segmento de mercado, e isso diminui consideravelmente o nível de suposições e achismos. Por exemplo, no ramo de câmeras vestíveis inaugurado pela GoPro, as possibilidades de ganhar dinheiro variam ligeiramente de concorrente para concorrente, com uma linha adicional aqui e outro teste ali. Agora, do ponto de vista das saídas, praticamente não existe variação, pois todos os competidores investem em P&D, em marketing, em patrocínio de atletas e celebridades, em equipe e no seu desenvolvimento, e em infraestrutura tecnológica, dentre outros, além, é claro, de pagarem impostos, taxas etc. O que varia é o montante transacionado, mas as linhas de saídas são essencialmente as mesmas (com uma ou outra variação).

Um vacilo frequente dos times é gastar um tempão listando as receitas (e, às vezes, nem isso) e não se debruçar e estudar as linhas de saídas, deixando passar batido detalhes e cenários que poderão instaurar o caos e determinar o fim do empreendimento. Vimos isso com a Homejoy (na PEÇA REGULAÇÃO), a "Uber" dos profissionais de limpeza doméstica que atuou nos EUA entre 2012 e 2015. No modelo de negócios da startup, os profissionais de limpeza atuariam como prestadores de serviço, semelhante ao praticado por Uber, Lyft e companhia. Até aí, tudo bem. Há centenas de projetos ganhando dinheiro mundo afora desta forma. Só que o caldo entornou de verdade quando a Homejoy foi processada por quatro desses profissionais que exigiam receber os mesmos direitos e benefícios garantidos por lei a todo e qualquer funcionário. Isso virou o jogo de pernas para o ar. O modelo a princípio não reservava uma determinada quantia como precaução (provisionar, é o termo técnico mais utilizado) para algo dessa natureza, principalmente se a batalha fosse perdida (custos com honorários advocatícios já incorreriam independente do veredito final), o que implodiria o modelo de negócios pelo estouro da estrutura de custos. Uma coisa é uma estrutura desenhada para comissionamento de prestadores de serviço, que só ganham se prestarem o serviço. Outra coisa, totalmente diferente, é a contratação de um funcionário, que traz gastos fixos (salários, encargos e benefícios) e bem mais elevados. Consequência? Faltou dinheiro porque nenhum outro investidor quis embarcar numa situação problemática e a Homejoy fechou as portas em 2015.

Em compensação, startups escaláveis do naipe de Uber e Airbnb, que espalham suas operações rapidamente, provisionam volume considerável de dinheiro para honorários advocatícios (dentre outros gastos), uma vez que suas soluções — disruptivas por natureza — exigem audiências e audiências, reuniões e reuniões e idas e vindas sem fim de advogados e representantes para defender a permanência no local-alvo junto aos organismos reguladores.

Estrutura de custos (ou estrutura de saídas, ou mapa de saídas)

A estrutura de custos é uma espécie de mapa (ou um quadro) que contempla todas as linhas de saídas de dinheiro do caixa de um empreendimento, e sua finalidade é oferecer uma visão geral do dinheiro requerido para viabilizar e sustentar o empreendimento em todos os estágios da jornada. Em outras palavras, a estrutura de custo releva e esmiúça o quanto custa (ou custará) a iniciativa, seja ela um projeto em estágio de validações pré-operacionais ou um negócio mais avançado, e já operacional, escalando, expandindo e/ou diversificando o portfólio de soluções. É normal que nos primeiros ciclos existam dúvidas e mais dúvidas a respeito dos tipos de saídas necessárias para viabilizar o empreendimento como um todo, ou até mesmo para viabilizar o primeiro ciclo de validação. Não permita que essa dificuldade inicial tire de você a oportunidade de empreender em alta performance e de se tornar um empreendedor ou uma empreendedora de sucesso. Não importa se no início você não souber classificar ou enquadrar em categorias específicas uma determinada linha de desembolso. O que importa nesse instante é registrar e, ressalto mais uma vez, no PROPULSOR a coisa mudará de figura. Logo no seu primeiro ciclo a nuvem cinza começará a desaparecer. Depois de alguns ciclos você estará bem afiado.

E por que a estrutura de custos é tão importante? Bom. Se você não souber o quanto custa manter o empreendimento de pé e entregar a solução para o cliente, como, então, calcularia o preço de venda para lucrar de verdade? Ou, pondo de maneira mais simples, se você não sabe quanto sai do bolso é impossível que saiba quanto precisa entrar no caixa para equilibrar as contas e, ainda por cima, tirar um lucrinho, não acha? Você ficará no escuro, feito cachorro que caiu do caminhão de mudança. Cansei de ver times simplesmente chutando um preço de venda qualquer, pois não haviam se debruçado de verdade sobre a estrutura de custo. Chutar qualquer preço funciona? Talvez sim. Mas muito provavelmente não. Por qual razão? Porque por mais inovadora que seja sua solução, mais cedo ou mais tarde surgirá um concorrente sagaz (direto ou indireto) — e não viaje achando que não, porque sim, há quase 100% de chance que surgirá um punhado de concorrentes — que estudarão seu negócio e se valerão das portas que você abriu para entrar mais bem preparados, com a estrutura de custo domada, e que venderão mais barato ou produtos melhores do que você, atraindo os seus clientes e, de quebra, lucrando de verdade em cima das suas deficiências.

E não pense você que é suficiente conhecer apenas a própria estrutura de custos. É preciso ir além e estar antenado também na estrutura de custos da indústria e na estrutura de custos dos principais concorrentes para emplacar e, principalmente, sustentar soluções e negócios de sucesso. "Mas eu não sei nem por onde começar, muito menos qual a estrutura de custos dentro do meu ramo de negócios. Como devo fazer?" Bem, essa resposta é muito simples, na verdade. Recorda-se da PEÇA MERCADO? Lá você encontrará informações valiosas para começar a desenhar a estrutura de custos do seu empreendimento e, então, compará-la com a estrutura de custos da indústria. Que tal? Um excelente ponto de partida, não é mesmo? É aquela velha máxima (com ressalvas, evidentemente): no mundo nada se cria, tudo se transforma (ou será que é "se copia"?). Além do mais, os ciclos de validação servirão para refinar seu entendimento e adicionar e remover determinadas linhas de saídas, especialmente por conta do escopo do PROPULSOR.

Controle permanente: sempre

Negócios de sucesso não dependem única e exclusivamente de soluções desejadas pelos clientes e modelos de monetização factíveis. Negócios de sucesso também gerenciam habilmente suas saídas de dinheiro (investimentos, custos e despesas), batalhando para garantir um permanente estado de saúde financeira por meio do equilíbrio entre entradas e saídas. Talvez não nos momentos iniciais, em que o projeto é operado com o dinheiro dos próprios envolvidos e, geralmente, é bastante limitado, exigindo análise mais crítica para que qualquer centavo saia do bolso. Mas, conforme o negócio cresce e a conta bancária começa a engordar, aflora a tendência quase natural de afrouxamento das rédeas que, infelizmente, não traz bons resultados. Como vimos, a GoPro passou por isso. No começo, os gastos foram domesticados porque o dinheiro era curto. Porém, o caixa abastecido com sucessivas rodadas de investimento e o IPO levaram a exageros e extravagâncias que afundaram os resultados da empresa, fazendo-a sentir o gosto amargo de operar no vermelho pela primeira vez depois da fama e forçando as lideranças a tomar medidas radicais para enxugar a estrutura de custos e tentar reverter o quadro de prejuízo.

A lição que fica é clara. A parcimônia dos momentos de vacas magras deve fazer parte do dia a dia nos momentos de crescimento e bonança. E isso a Amazon.com segue à risca. A empresa fundada por Jeff Bezos, que começou como uma startup de venda online de livros e atualmente é uma gigante de tecnologia temida pelos concorrentes, mesmo dispondo hoje de um caixa robusto, é rígida no controle de gastos e repudia desde extravagâncias financeiras até dispêndios desnecessários, analisando atentamente cada linha de saídas do grupo empresarial, inclusive não oferecendo regalias aos empregados. Certo ou não, e influenciada em grande parte pela cultura de varejo, o fato é que a Amazon.com já nasceu com foco na saúde financeira da empresa e um rígido controle de suas saídas.

Approach

Às vezes, a solução não emplaca não porque não é boa o suficiente, ou porque não é útil de verdade, ou porque não resolve gatilhos latentes. Há poucas (mas possíveis) situações nas quais o projeto tem enorme potencial só que não decola como deveria porque a forma como a oferta é comunicada sequer desperta uma pontinha de interesse e/ou curiosidade, pois está partindo dos pressupostos (hipóteses, como veremos em breve) errados por conta de uma leitura equivocada ou insuficiente da clientela. Foi isso que aconteceu com a P&G, uma das maiores empresas de varejo do mundo, que por muito, muito pouco, quase deixou de destravar e abocanhar um mercado bilionário: o mercado chinês de fraldas descartáveis.

Hoje em dia, mães e pais ocidentais de bebês recém-nascidos estão mais do que familiarizados com fraldas descartáveis. É um mercado e tanto, disputado a tapas mundial e regionalmente. Mas isso não é verdade, ou melhor, não era verdade na China até meados dos anos 2000. Sim. Meados dos anos 2000. Até então ou os bebês e crianças chineses usavam fraldas de pano, aquelas reusáveis, ou não usavam nadinha. Apesar de toda a questão ambiental envolvida no descarte das fraldas sujas, é inegável o conforto, a comodidade e a higiene que os produtos trouxeram para os pais e bebês. "Por que não, então, exportar a modernidade e melhorar a qualidade de vida dos pais, mães e bebês chineses, e de quebra faturar uma dinheirama grossa?", pensou a P&G, dado que era um peso-pesado nesse segmento. Até aí, perfeito. Em tese, seria um espetáculo. Só que a realidade foi bem diferente.

A P&G partiu da hipótese de que o preço seria o maior empecilho para as fraldas descartáveis entrarem nos lares das famílias chinesas com recém-nascidos. Daí, em 1998, foi lançado na China um produto barato (respeitando a faixa de preços apontada em pesquisas de mercado), porém de baixíssima qualidade, fruto de uma adaptação das fraldas que eram vendidas nos EUA e na Europa. Como era de se esperar, a textura plástica e áspera, dentre tantos outros defeitos, fez do lançamento um fiasco. Nenhuma mãe ousaria colocar seu bebê dentro de um saco plástico com nome de fralda descartável. A P&G foi forçada a rever os planos e repensar os produtos, desta vez adicionando maciez (para se assemelhar com o tecido das fraldas de pano) e maior capacidade de absorção para manter o bebê seco por 10 horas. O direcionador de preço foi mantido, e para mantê-lo bem baixo foi preciso enxugar a estrutura de custos (olha a PEÇA SAÍDAS brilhando aqui) movendo a fábrica para a China (para reduzir enormemente os custos logísticos) e desenvolvendo novas tecnologias e plataformas tecnológicas. Em 2006, uma nova Pampers chegou às prateleiras chinesas (após diversas rodadas de melhorias) e… novamente as projeções de vendas caíram por terra. Por quê? A explicação começa no nome da fralda: Pampers *Cloth Like & Dry* (Pampers com toque de tecido e sequinhas, em tradução livre). Deixe-me ser mais específico.

A abordagem adotada até aquele momento concentrava esforços nos ATRIBUTOS das fraldas, tais como textura próxima a do tecido da fralda de pano, maciez, conforto, higiene, capacidade de absorção que deixa o bebê sequinho por mais tempo e por aí vai. Só que não era (bem) isso que importava para os pais e mães chineses. Usar o marketing para comunicar os atributos foi ineficaz para despertar o interesse e fazê-los gastar dinheiro com as fraldas descartáveis. Evidentemente, os pais estavam preocupados com o bem-estar dos filhos, mas eles já tinham uma solução para isso (fraldas de pano ou não usar nada) à qual estavam mais do que adaptados

(peça efeito colateral aqui). Como, então, fazer as vendas de um excelente produto bombarem? Basta olhar com mais cuidado o que acontece na vida dos pais quando os filhos chegam ao mundo. Durante longos e prolongados meses eles não terão aquela noite de sono pacífica, silenciosa e sem interrupções. É só olhar as olheiras e cara de cansaço da turma com crianças recém-nascidas em casa que você entenderá perfeitamente que a privação do sono e das atividades a sós de um casal é um gatilho que pulsa intensamente. E o que tudo isso tem a ver com fraldas descartáveis? Bem…

Entre os anos de 2005 e 2006 foram realizados estudos em parceria com o Centro de Pesquisa do Sono Chinês e concluiu-se que crianças que usavam fraldas descartáveis dormiam 30% mais rápido, acordavam menos durante o sono e também dormiam 30 minutos a mais por noite, o que melhorava o desenvolvimento cognitivo das crianças. Que casal não quer que seus bebês se desenvolvam a todo vapor, e, por tabela, ainda ganhar uns minutinhos a mais para pôr o sono em dia e outras coisinhas também? BINGO! Não era o conjunto de atributos o que mais importava para os pais. Eram os BENEFÍCIOS proporcionados pelo uso das fraldas descartáveis. E aí estamos falando dos benefícios para as crianças e para os pais. A "descoberta" conduziu a P&G para a campanha "Golden Sleep" (Sono de Ouro) lançada em 2007, focada agora sim no que fazia (e fez) toda a diferença. Em 2015, a Pampers remanescia líder do segmento na China, um mercado estimado em aproximadamente US$8,8 bilhões em 2017, e nada mais, nada menos que o maior mercado de fraldas descartáveis para bebês do mundo (e crescendo), maior até que o norte-americano.

Por essas e outras razões, o caso da P&G com a chegada da marca PAMPERS na China nos leva à PEÇA APPROACH, que ocupa lugar de destaque na pontinha do FOGUETE.

A ponta do iceberg

Levando em consideração o contexto tecnológico atual, qual dos dois slogans soa mais atraente: "1.000 músicas no seu bolso" ou "MP3 player de 6GB". Ambos integraram as campanhas publicitárias de tocadores de músicas portáteis (MP3 Players) veiculadas entre 2000 e 2001. Arriscaria adivinhar aos produtos de quais empresas elas estão ligadas? Vou ajudar. Uma delas introduziu um produto pioneiro e desbravou esse então novo mercado. A outra, simplesmente revolucionou toda uma indústria, cujo impacto sentimos até hoje. E agora, ficou mais fácil? Descobriu quais são as marcas? Uma delas é a Apple, com o iPod de primeira geração, lançado em outubro de 2001. A outra é a Creative Technologies com o Creative NOMAD Jukebox e o NOMAD II MG, lançados em janeiro de 2000.

A sutileza da Apple capturada em "1.000 músicas no seu bolso" revela muito mais do que a ideologia centrada em inovação, criatividade, design e obsessão pela perfeição de um visionário como Jobs. Oculto nesse simples slogan está a precisão, a empatia profunda, a sutileza e máxima preocupação em surpreender e encantar o cliente, e não somente induzi-los a comprar, comprar e comprar. Analisando em retrospectiva, talvez os movimentos pareçam óbvios: "6GB? Mas o que isso quer dizer?" Contudo, é importante recordar que o mercado de tocadores de MP3 era incipiente, muito diferente do que é hoje em dia quando basta sacar do bolso o celular, plugar o fone de ouvido e dar o "play" (tem gente que não se dá ao trabalho de sequer colocar o fone, não é mesmo?). As empresas subjugaram (como sempre) os consumidores que, por sua vez, não estavam suficientemente convencidos ou cientes dos benefícios e riscos envolvidos na adesão à nova tecnologia que se apresentava, muito menos preparados para abandonar velhos hábitos.

Embora o Walkman, lançado em 1979, que tocava fitas cassete, e o Discman, de 1984, preparado para CDs, ambos da Sony, comprovaram que havia interesse das pessoas em ouvir e transportar suas próprias músicas fora de casa e, que o formato de compressão de áudio MP3 (introduzido em 1993) tivesse ganhado adeptos rapidamente com a explosão da internet nos anos subsequentes ao seu lançamento (e até hoje reina isoladamente), vale lembrar que os CDs eram a mídia preferida das pessoas e produtoras até o final dos anos 1990, e figuraram com relativa importância até os anos 2010. A grande massa crítica de clientes tinha dificuldade para compreender a vida sem os CDs. A princípio tudo funcionava perfeitamente bem com os CDs. Os carros eram equipados com as lendárias "disqueteiras", instaladas magicamente no porta-luvas, porta-malas ou debaixo dos bancos. Percebe que precisamente nesse contexto "MP3 player de 6GB" não transmite absolutamente nada de atraente? A capacidade de armazenamento não era um atributo que importava. Quando um consumidor comprava um CD, a preocupação recaia sobre a quantidade de músicas naquele álbum e talvez, bem talvez, com a duração de cada faixa. A não ser que você fosse gravar um CD com músicas ou arquivos (os pen drives não haviam caído em domínio público até então), você não estava preocupado com os megabytes consumidos pelas músicas.

E então a maestria da Apple veio como toque de mágica, no modo mais puro de empatia Steve Jobs de encantar, cativar, liderar e comunicar. "1.000 músicas no seu bolso" é sútil, delicado, preciso, profundo, poderoso e assustadoramente perturbador. "1.000 músicas no seu bolso" tangibilizou o desejo mais inconsciente das pessoas, descomprimiu uma necessidade latente e provocou profunda e definitiva transformação em uma das indústrias mais ariscas, conservadoras, oligopolizadas e tradicionais: a indústria da música! Jobs compreendia o ser humano e dominava plenamente o entendimento do que deveria ser empregado para criar e desenvolver um novo mercado, pois o mercado fora recentemente desbravado. Tudo era muito novo. Os consumidores ainda não estavam convencidos e precisavam que alguém os conduzisse. Não seria sua primeira vez. Jobs fizera isso antes com a interface gráfica no Macintosh. "1.000 músicas no seu bolso" era naturalmente claro. Transparente. Nítido. As pessoas queriam mais, mais e mais músicas! E desejavam tê-las todas ao mesmo tempo para escolher sua preferida quando bem desejassem. E 1.000 músicas então? Seria fantástico.

O caso do iPod destaca muito bem a função da PEÇA APPROACH: estruturar abordagens consistentes e matadoras a partir da junção das outras 12 peças do negócio visando à construção de relacionamentos verdadeiros e longevos com cada parte interessada. Ao contrário do que tem se tornado cada vez mais comum, a comunicação de um projeto de sucesso não começa pelo slogan ou por uma linda campanha publicitária. Tudo isso é simplesmente consequência de um modelo de negócios bem costurado, alicerçado de modo sólido e condizente com a capacidade de entrega do time envolvido. A metáfora do iceberg cabe perfeitamente bem. A comunicação é uma pontinha do negócio. Submersos estão os insumos para que ela seja efetiva. Na Validation Rocket a pontinha do iceberg é a pontinha do FOGUETE, e a parte "submersa" são as 12 peças que serão combinadas para construir discursos incríveis e arrebatadores. Observe novamente a façanha da Apple.

O iPod era excepcional porque fora pensado e desenvolvido a partir de uma postura empática e perfeitamente centrada no cliente. Mas não é "só" isso. A elegância do design e o minimalismo do iPod não eram apenas motivados pela obsessão de Jobs por detalhes, mas, principalmente, pelo profundo entendimento do mercado tanto do ponto de vista concorrencial quanto da perspectiva das tendências tecnológicas, e evolução das necessidades e padrão de consumo. A Apple aplicara com perfeição a inteligência competitiva para extrair sinais mais do que claros de que os concorrentes, mesmo se movimentando para tatear esse segmento, não dispunham da competência necessária para envolver e encantar os clientes, ainda que tecnologicamente fossem capazes de desenvolver produtos excepcionais. Jobs sabia que a briga certamente seria acirrada e poucos competidores estavam dispostos a comprar briga com os imperadores da indústria da música. A sacada veio com a quebra do círculo vicioso com o iTunes e a possibilidade de compra online apenas das faixas desejadas, o que acrescentava à equação do iPod uma credencial ímpar, além da própria marca Apple, já imponente e admirada naquela época. O benefício aparente de carregar em apenas um pequeno dispositivo centenas de músicas de uma única vez era incrível, e se multiplicava quando somado ao poder de escolha proporcionado pela plataforma, reduzindo a praticamente zero a sensação de arrependimento por comprar pilhas e mais pilhas de CDs. O modelo de monetização concentrado na venda do iPod e das faixas era robusto e em bem pouco tempo colocou a gigante de tecnologia em outro patamar de negócios. E, foram todos esses fatores que juntos e misturados culminaram com o brilhantismo da campanha publicitária encabeçada por "1.000 músicas no seu bolso".

Atenção aos detalhes requer nível máximo de empatia

Discursos matadores não são construídos apenas a partir do ponto de vista interno da equipe do projeto. Eles requerem o profundo entendimento dos clientes e seus gatilhos, ainda que estes não tenham sequer reconhecido sua existência. É precisamente o "1.000 músicas" versus "6GB". A precisão do argumento representou a diferença gritante entre disrupção de um mercado e a descontinuação de um produto. E para ter esse nível de precisão e assertividade não há outra maneira que não seja viver a vida do cliente, ou seja, ser o cliente da própria proposta de valor. Mais uma vez, vale reforçar que clientes não são somente aqueles que pagam e/ou usufruem da solução. Clientes no FOGUETE são quaisquer grupos de pessoas e/ou empresas que precisam estar envolvidos para o sucesso do empreendimento. A prática da empatia é crucial para forjar discursos tanto para engajar fornecedores, parceiros e apoiadores, quanto para atrair e reter talentos, além de tantas outras possibilidades, tal como investidores. Entenda como cada um pensa e age, bem como seus interesses, anseios e vontades (gatilhos), e meio caminho estará andado.

As peças do quebra-cabeça

Quando o primeiro iPod foi lançado, o mercado de tocadores de MP3 (e de venda de faixas de músicas em formato digital) era incipiente. Os clientes compreendiam muito pouco a respeito da tecnologia em si, e menos ainda sobre a dinâmica do setor e da utilidade do novo produto propriamente dito. Situação completamente diferente, por exemplo, do segmento de smartphones, em que quase toda semana há um novo dispositivo sendo lançado. É ilusão imaginar que um produto que se apresentava como "MP3 Player de 6GB" ou "Because Pets Can't Drive" emplacariam em mercados recém-desbravados e que ainda engatinhavam, da mesma maneira que é ilusão crer que um smartphone de última geração hoje em dia atrairia interessados ao anunciar sua tela "sensível ao toque". Hoje em dia, é quase uma afronta!

Approaches assertivos como "1.000 músicas no seu bolso" levam também em consideração a maturidade do mercado no qual a solução atuará (ou já está atuando), isto é, em qual dos quatro contextos de mercado o projeto se enquadra melhor: (1) atuação em mercado existente (sem ressegmentação); (2) ressegmentação com preços mais acessíveis; (3) ressegmentação de nicho; (4) criação de novo mercado.

A seguir, apresentarei as especificidades dos quatro tipos de contexto. Todos, sem exceção, possuem vantagens e desvantagens, e não há uma rota que seja melhor ou pior do que outra. O segredo é ter plena consciência sobre em qual deles a sua solução se encaixa para que o time seja capaz de elaborar uma estratégia efetiva que traga os números necessários para consolidação e sustentação da iniciativa.

Atuação em mercado existente (sem ressegmentação)

Um mercado é dito existente quando tanto os concorrentes quanto as soluções são conhecidos. A grande vantagem para os projetos que pleiteiam esse enquadramento é que os mercados existentes são fáceis de ser entendidos, pois geralmente relatórios e outras fontes de informações são de fácil acesso. A desvantagem reside no fato de haver competição estabelecida e ela ditar o ritmo do mercado (especialmente relevante quando você é o novo desafiante). Em um mercado existente pressupõe-se que o comportamento de consumo, as necessidades e os fatores que influenciam positiva ou negativamente a experiência do público-alvo são (ou pelo menos deveriam ser) profundamente conhecidos, bem como os produtos ou serviços, o nível de satisfação dos clientes, as estratégias e posicionamento, a saúde financeira e a reputação das empresas competidoras atuantes no mercado. Além disso, os clientes estão relativamente bem familiarizados com suas próprias necessidades e estão habituados às ofertas disponíveis.

Na configuração de mercados existentes, portanto, não há muito mais o que ser dito a respeito da categoria, cabendo ao projeto proponente incorporar atributos únicos à solução e comunicar corretamente o que a torna melhor ou mais especial do que as demais competidoras.

Ressegmentação com preços mais acessíveis

A ressegmentação com preços mais acessíveis ocorre quando é possível encontrar em determinado mercado existente um grupo de clientes que renuncia a determinadas conveniências em prol de preços mais baixos que impactem menos seus bolsos. O desafio é oferecer preços mais acessíveis do que a competição sem perder a lucratividade do empreendimento. Afinal, o contrário não faria sentido, faria?

Há exemplos de empreendimentos bem-sucedidos de ressegmentação com preços mais acessíveis em vários tipos de indústria, mostrando que não é uma opção restrita a poucos ramos de negócio. A norte-americana Southwest Airlines é a quarta maior companhia aérea dos Estados Unidos e a líder do segmento de baixo custo no país. Embora não tenha sido a criadora do conceito de passagens de baixo custo (posição ocupada pela Pacific Southwest Airlines), a Southwest cunhou seu estilo "Barato, Divertido e Simples" combinando excelência no atendimento aos clientes, uma pitada de diversão e a eliminação de itens não essenciais para criar a empresa aérea mais lucrativa da história da aviação. A sueca IKEA, fundada em 1943 por Ingvar Kamprad aos 17 anos de idade, projeta e comercializa móveis para que possam ser montados pelos próprios clientes e que, associada ao controle rígido de custos, mantém a missão inicial de ser um veículo para comercialização de quaisquer produtos com preços mais baixos. A SpaceX, de Elon Musk, com seus foguetes que retornam "intactos" à superfície terrestre para reutilização ressegmentaram com preços mais acessíveis a indústria aeroespacial.

Ressegmentação de nicho

A ressegmentação de nicho requer identificar um conjunto de clientes dentro de mercado existente que esteja propenso a desembolsar quantias mais elevadas de dinheiro para adquirir determinados produtos ou serviços. A motivação (gatilho) varia de caso para caso, indo desde o desejo de pertencer a um seleto grupo, como o mercado de luxo, até o acesso à qualidade superior, passando pela conduta de forma socioambiental correta e sustentável. Essa é uma das razões que justifica a popularização do termo "nicho de mercado", objeto de desejo tanto de negócios nascentes quanto corporações nos últimos anos, pela promessa de melhores margens. Como sabemos, a generalização é bastante perigosa. Todo cuidado é pouco, pois casos como o da suíça Nestlé demandam perspicácia maior do que apenas a suposição da existência de nicho ainda não explorado. A Nestlé encontrou um fantástico nicho no multibilionário e milenar mercado de cafés ao provocar sensações exclusivas com suas sofisticadas e elegantes máquinas da marca Nespresso que utilizam cápsulas de café de dose única. A Nestlé Nespresso, fundada em 1986, cuja primeira patente resguardando a propriedade intelectual da invenção data de 1976, é um negócio com receita anual bruta superior a US$4 bilhões.

Criação de novo mercado

Diz-se que um novo mercado foi criado quando soluções causam profunda transformação e até mesmo revoluções completas na maneira como as pessoas ou empresas lidam com suas atividades do dia a dia, ao ponto de modificar definitivamente hábitos e comportamentos anteriores e estabelecer novos padrões de custo, produtividade, eficácia, prazer ou entretenimento. Criar um novo mercado significa dar condições para que uma ampla base de clientes possa fazer algo que até então não era possível de ser feito de nenhuma outra maneira, quebrar o padrão de custo total introduzindo um novo limiar mínimo ou ainda resolver um problema ou sanar uma necessidade de um modo nunca pensado antes.

Por definição, mercados novos estão ali para serem desvendados e, exatamente por isso, não há concorrentes diretos para ao menos balizar os parâmetros dos produtos ou serviços e serem tomados como ponto de partida pelos demais competidores. Além de novos mercados significarem novos horizontes não somente para os desbravadores, mas principalmente para os futuros potenciais clientes. A abertura de novos mercados representa a quebra dos paradigmas dos mercados existentes e dos antigos ritos dos clientes. Consequentemente, explorá-los exige entendimento do nível subjetivo, inconsciente e irracional da natureza do ser humano, e não mais pura e simplesmente das camadas superficiais alicerçadas em expressões racionais e de base comparativa como acontece para soluções que adentram ou ressegmentam mercados existentes. É a sutil e abrupta diferença entre propor "1.000 músicas no seu bolso" e "MP3 Players de 6GB".

O mercado consumidor precisa ser desenvolvido com comunicação educativa que oriente e vá de encontro às necessidades mais ocultas do público-alvo. No entanto, a estratégia precisa ser meticulosamente arquitetada para engajar sutilmente os potenciais candidatos a clientes. É necessário cativar as percepções e desejos mais latentes para mostrar a relevância da nova proposta. Lembre-se de que em um novo mercado não há atributos, qualidade ou performance para serem comparados. Essa manobra requer mais tempo para que se prove verdadeiramente a existência de demanda suficiente para afirmar a criação de um novo mercado. A implicação disso é direta e clara: lucratividade e retorno sobre o investimento (quando houver) acontecerão, no melhor dos cenários, depois de muitos anos e muita, muita persistência. Todavia, não crie falsas expectativas, principalmente com casos ainda em consolidação, como a Uber. Em termos contábeis e financeiros, o aplicativo de transporte privado ainda é deficitário, ou seja, não gera lucro, e sim prejuízo. Por isso, a empresa levantou quantia bilionária de dinheiro para manter-se viva.

Criatividade nunca é demais

Approaches marqueteiros típicos do marketing de manipulação podem até funcionar, principalmente porque apelam para as fraquezas emocionais e subconscientes dos seres humanos. Há, no entanto, alternativas bem mais agradáveis e elegantes, menos invasivas e agressivas, e, sim, tão ou mais efetivas quanto. Para isso, um pouco de criatividade nunca é demais.

Difícil encontrar uma pessoa que não goste de um saboroso sorvete, não é mesmo? E, quando o assunto é sorvete premium, a Häagen-Dazs é uma marca peso-pesado. Mas, afinal, qual o significado do nome Häagen-Dazs? Nenhum. O termo foi inventado por Reuben Mattus, fundador da empresa, numa tentativa de soar dinamarquês, pois os sorvetes finos da Dinamarca, sinônimo de qualidade e status, eram a preferência dos consumidores mais exigentes e requintados. Com experiência de mais de 30 anos no ramo e responsável pela produção dos melhores sorvetes finos da cidade, Reuben não se conformava com a reação de frustração e desprezo dos clientes ao descobrirem que os deliciosos sorvetes eram fabricados nos... Estados Unidos. Sim. A Häagen-Dazs é uma marca norte-americana, fundada no bairro do Bronx, em Nova York. Será que o approach funcionou? Bem. A Häagen-Dazs começou a operar em 1961 e está aí até hoje.

E o que dizer de um projeto que quase explodiu (no bom sentido) de tantos pedidos que recebeu num curtíssimo período de tempo graças a um... vídeo muitíssimo divertido que viralizou no YouTube? Pois bem, esse foi o caso do Dollar Shave Club, o clube de assinatura de lâminas de barbear comprado em 2016 pela Unilever por US$1 bilhão. Embora a ideia tenha passado por alguns meses de teste em 2011, foi em 2012 que o DollarShaveClub.com foi lançado oficialmente com um approach no mínimo curioso: um vídeo simples, sem sofisticação cinematográfica, com pouco mais de 1 minuto e 30 segundos, e estrelado pelo próprio fundador, cuja mensagem era direta e reta — "Our Blades Are F***inkg Great" ("Nossas lâminas são do c******", em tradução livre). Inusitado, divertido e ousado, o vídeo foi um estourou e dentro de 24 horas mais de 12 mil pedidos foram realizados (na peça método do PROPULSOR falaremos bem mais sobre diversos métodos de validação, e vídeo é uma opção interessantíssima).

Slogan ou mote (tagline)

"A cerveja que desce redondo", "Tem 1001 utilidades", "Todo mundo usa", "A verdadeira maionese", "Uma boa ideia", "Abuse, use", "Terrível contra os insetos. Contra os insetos" e "Amo muito tudo isso". Todo brasileiro que se preza já ouviu pelo menos uma dessas, correto? Vou dar uma ajudinha para quem não identificou alguma(s). "Skol.

A cerveja que desce redondo" (dispensa comentários), "Bombril. Tem 1001 utilidades" (esponja de aço). "Havaianas. Todo mundo usa" (chinelos). "Hellmann's. A verdadeira maionese" (dispensa comentários). "Caninha 51. Uma boa ideia" (cachaça). "Abuse, use C&A" (moda rápida). "SBP. Terrível contra os insetos. Contra os insetos" (inseticida doméstico). E, finalmente, "McDonald's. Amo muito tudo isso" (com certeza dispensa comentários). Mais fácil agora? Não é incrível como uma frase curtinha tem poder para reverberar por muito tempo e gruda feito cola? Pois bem. Que tal pensar numa dessas para fechar com chave de ouro o seu modelo de negócios?

Tecnicamente falando (e olha eu de novo metendo o bedelho na área dos publicitários e marqueteiros de plantão), essa frase curtinha é o famoso slogan, que alguns chamam de mote (em inglês seria tagline). Apesar de não serem exatamente a mesma coisa, a finalidade de ambos é a mesma: capturar a essência da marca (projeto/solução/negócio) e do que ela faz (ou fará) em pouquíssimas palavras. Por mais que existam variações e estilos totalmente diferentes, slogans certeiros focam a mensagem a ser transmitida ou carregada até os olhos e ouvidos da clientela e, inevitavelmente, do público em geral. O slogan é a porta de entrada (ou a porta de saída se não for bem feito), é o convite para que o (potencial) cliente mergulhe no universo particular do seu projeto.

E da mesma maneira que não gostamos de ser enganados ou nos sentirmos frustrados por uma expectativa não atendida, nossos clientes também não gostam. Portanto, seja honesto no seu slogan para não criar falsas expectativas e não prometa mais do que realmente pode entregar. Já imaginou o quão desastroso seria se a Swatch não levasse a cabo o slogan "Always different, always new" ("Sempre diferente, sempre novo"), presente em suas campanhas publicitárias desde a época do lançamento, nos anos 1980?

Outro ponto que enfatizo caso você opte por ter um slogan é buscar uma combinação de palavras que transcenda a barreira do tempo e valha por um longo período, e não só por um ou dois anos. O slogan deve ser relevante no presente e no futuro. Afinal, você não quer sair do mercado daqui a poucos anos, não é mesmo? Olhe lá na frente, visualize onde seu empreendimento estará e, então, reflita sobre quais palavras o representam hoje e também o farão no amanhã. "Ah, então quer dizer que um slogan é para sempre, definitivo?" Não, absolutamente não. Só que você não vai querer ter o trabalho de a cada seis meses parar para reelaborar o slogan. Imagine a confusão dentro e fora do empreendimento. Por isso, é mais fácil, e fortemente recomendado, pensar em uma combinação que dure uns bons cinco anos, pelo menos. Sabe a Nike, aquela empresa norte-americana de artigos esportivos? Então. Você já deve ter ouvido o imortal "Just Do It", premiado e eleito por alguns como o melhor slogan do século XX. Pois bem. O slogan foi proposto em 1987 e até hoje permanece encabeçando as campanhas publicitárias da marca. E dá para ir mais longe ainda.

Provavelmente você já salivou com o slogan "Have a break... have a Kit Kat" ("Dê um tempo... Coma um Kit Kat"), da marca de chocolates Kit Kat. Tem ideia de quando o slogan (tagline) foi proposto? Em 1957! Isso mesmo. "Have a break... have a Kit Kat" é um sexagenário cheio de vida e energia que continua encabeçando as campanhas da marca de chocolates da Nestlé mais vendida no mundo todo.

Em alguns casos, o humor cai muito bem também. O Dollar Shave Club estourou com a viralização do vídeo bem-humorado protagonizado pelo próprio fundador. Toda a fala irreverente a respeito da proposta do projeto foi resumida no final da peça em apenas quatro palavras, muito bem posicionadas logo abaixo da logomarca do negócio: "Shave Time. Shave Money" ("Economize tempo. Economize dinheiro"). Mais preciso que isso impossível. E não há como falar de slogans irreverentes sem falar da marca brasileira de biscoitos... Tostines. Aposto que só de ler o nome Tostines, o icônico slogan que marcou gerações veio à sua cabeça. "Tostines é fresquinho porque vende mais ou vende mais porque é fresquinho?"

Não é regra geral, obviamente. Quantos negócios de longa data estão por aí sem serem lembrados por seus slogans. Mas já pensou que esse simples detalhe pode significar a performance acima da média do seu empreendimento? Você não vai querer correr o risco de fazer parte da multidão, certo? Portanto, não deixemos essa oportunidade escorrer pelos dedos bem no finalzinho do seu modelo de negócio.

A segmentação dos approaches e uma pitadinha da prática: não se esqueça do código de cores

Um dos equívocos mais comuns no início da jornada empreendedora é adotar exatamente o mesmo discurso para engajar diferentes clientes (lembrando que cliente para o FOGUETE não é somente quem efetivamente usufrui das soluções, e sim todas as partes interessadas que devem participar do projeto para que ele, de fato, seja uma realidade), sem levar em consideração as características e interesses de cada um deles, separada e isoladamente. A alegação é quase sempre a mesma: falta de tempo! Claro que haverá pontos em comum, porém é mais do que prudente considerá-los individualmente, para garantir maior efetividade e resultados concretos. O discurso de uma startup que busca os primeiros investidores não deveria ser igual ao discurso para engajar os primeiros clientes, que, por sua vez, é provavelmente muito diferente do discurso para atrair sócios, parceiros, fornecedores ou, até quem sabe, funcionários e/ou voluntários. Um exemplo prático é a loja de brinquedos para crianças. Você acha que o discurso do vendedor para convencer os pais é o mesmo para convencer a criança?

Utilize, portanto, o mesmo código de cores adotado lá atrás na PEÇA CLIENTES. A construção de approach sob medida para cada segmento de cliente é um fator-chave para o sucesso do projeto e para que você empreenda em alta performance.

Diferenciais

Mesmo enfrentando críticas e ataques (às vezes, físicos) dos competidores agora em total desvantagem (leia-se taxistas), das cooperativas, das entidades representantes da classe (leia-se sindicatos) e dos legisladores, a Uber prevaleceu em quase todos os municípios em que estabeleceu operação porque a solução apresentava diferenciais consistentes (e extremamente valorizados pela clientela) perante a indústria incumbente: agilidade e facilidade para solicitar o transporte, veículos novos e mais bem cuidados, cordialidade dos motoristas, e, claro, preço mais baixo. No entanto, repare no QUASE. Acredite se quiser, mas há cidades em que a startup não se consolidou porque aquele conjunto de diferenciais que foi vencedor em tantas localidades se revelou *pouco ou nada relevante para os clientes passageiros*, uma vez que a indústria local apresentava padrões semelhantes ou superiores (ou mais valorizados pela população local). Aqui, novamente, o Japão foi palco de uma batalha que marcou a história recente da economia compartilhada.

Não por acaso, as grandes cidades japonesas são alvo da cobiça de executivos e empreendedores. Elas estão entre as mais ricas e com maior renda per capita do mundo. Obviamente a Uber não ficaria de fora dessa. A startup só não contava com uma concorrência à altura e com a falta de apoio da população japonesa, um dos fatores-chave para a empresa guerrear com os órgãos reguladores. Os táxis nas maiores cidades do Japão são impecavelmente bem cuidados, limpos e brilham de longe de tão encerados. Há inclusive modelos de veículos cujas portas abrem automaticamente quando o passageiro se aproxima. E não era para menos, uma vez que a população japonesa é extremamente exigente quando o assunto é a qualidade da prestação de serviço. Adicionalmente, a oferta de veículos circulando nas ruas é inacreditável, o que reduz o tempo de espera e pode levar só uns segundinhos (Tóquio conta com mais de 50 mil táxis, enquanto a oferta em Nova York não chega a 20 mil). Além disso, as corridas são baratas e equiparáveis às da Uber, especialmente após a queda de um terço do número de passageiros de táxis registrada entre 2005 e 2015, em que as cooperativas foram obrigadas a reduzir as tarifas para tentar reverter parte do prejuízo.

Outro agravante para a solução de transporte particular que deve ser levado em consideração é a cultura japonesa, historicamente avessa ao risco e que preza pela segurança. Os taxistas japoneses são motoristas profissionais, devidamente licenciados, cujos veículos são autorizados pelo governo, ao passo que os motoristas parceiros da Uber não são profissionais licenciados, muito menos possuem permissão do órgão regulador local (de fato, a legislação japonesa considera ilegal conduzir passageiros pagantes sem licença, uma das premissas do modelo de negócios da Uber). Além do mais, a companhia não se responsabiliza por eventuais acidentes e danos causados aos passageiros, posicionamento considerado inadmissível tanto pelos passageiros quanto para os rigorosos reguladores japoneses.

O resumo da ópera da entrada da Uber no Japão é que a indústria japonesa de táxi conseguiu anular os principais diferenciais (percebidos e valorizados pela clientela) da plataforma, pois apresenta altos padrões de qualidade, é altamente disponível e pratica preços competitivos e justos, além, é claro, de não ser ilegal. Ainda que esteja se beneficiando das leis em vigor (e faz parte do jogo jogar com o regulamento debaixo do braço), não podemos desprezar o fato de que dessa vez a estratégia de crescimento acelerado da Uber não funcionou em boa parte por não haver diferenciais efetivamente percebidos pela população japonesa (repare como o entendimento das peças gatilho e clientes e o desdobramento delas para a PEÇA ATRIBUTOS poderiam ter evitado ou minimizado os prejuízos da Uber). Consequência? A Uber foi forçada a seguir por outros caminhos. Mudar seu modelo de negócio no Japão de aplicativo de transporte particular para aplicativo de chamada de táxi, cujo piloto estava prestes a entrar em operação no momento em que escrevo este livro, e lançar (dessa vez com sucesso) a UberEATS para delivery de comida.

Embora a "hostilidade" japonesa tenha dificultado o crescimento do Airbnb e da Uber, isso não significa que o solo nipônico é estéril para soluções inovadoras e que tragam consigo diferenciais percebíveis, valorizados e desejados pelos clientes, ao mesmo tempo em que causam inveja, arrepios e temor nos concorrentes. Conheça a história da barbearia japonesa QB House.

O corte de cabelo masculino é um ritual no Japão. São tantas etapas, adendos, apetrechos e opções de serviços adicionais em uma barbearia tradicional que levam o processo todo a demorar, em média, uma hora. Da mesma maneira que a rede britânica Pret A Manger leu as tendências dentro do ambiente de trabalho e a mutação do padrão de consumo para criar o modelo de negócio de sanduíches frescos e saudáveis, comercializados a valores considerados justos pela clientela, a QB House compreendeu que parte da população japonesa não dispunha de mais de uma hora para investir no sofisticado corte de cabelo em decorrência da agitação do mundo contemporâneo, que consome cada vez mais tempo em qualquer canto do planeta. Os clientes da barbearia comum japonesa necessitavam de mais agilidade no corte de cabelo, perder a menor quantidade de tempo possível sem comprometer a qualidade do serviço e, claro, pagar um valor justo. E a partir dessa leitura dos clientes (PEÇA GATILHO e PEÇA CLIENTES) e do mercado de barbearias (PEÇA MERCADO e PEÇA REGULAÇÃO) a QB House fez uma reengenharia para criar uma solução extraordinariamente inovadora e altamente diferenciada, pois entrar para competir num mercado repleto de competidores apenas com diferenciações simplórias a tornaria conhecida no bairro e olhe lá.

A barbearia QB House oferece apenas e tão somente o serviço de corte de cabelo simples, com pentes e toalha de papel para pescoço descartáveis, e utensílios esterilizados após cada atendimento. Lavagem com shampoos e água, massagem capilar, secagem com secadores, penteados com gel ou pomadas e corte de barba, típicos das barbearias tradicionais e salões de cabeleireiro, ficam por conta do cliente, em outro ambiente fora da QB House. Para remover os fios cortados, a QB House desenvolveu o "air washer", um equipamento no formato de tubo que suga os pedacinhos remanescentes e dispensa o uso de água e de cadeiras de lavagem. Para orientar o interessado no corte de cabelo sobre o tempo de espera há do lado de fora de cada estabelecimento QB House um indicador luminoso com 3 cores (vermelho para tempo de espera superior a 15 minutos; amarelo para espera entre 5 e 10 minutos; verde para caminho livre). Ao entrar, basta colocar o nome na lista de espera e aguardar a vez, dispensando a recepção e a figura do recepcionista. O serviço é realizado em estações independentes ("system unit") que contêm todo o material e equipamentos para o corte, incluindo um armário para o cliente depositar confortavelmente seus pertencentes enquanto tem o serviço feito. Terminado o corte é só levantar, pegar os pertences, e pagar na saída. E aí você pergunta: "Mas o que realmente há de diferente na QB House?" E eu digo que o melhor está por vir.

A reengenharia da estrutura física de uma barbearia e dos processos do corte de cabelo permitiram que a QB House *reduzisse consistentemente o tempo médio de corte de cabelo de 60 para 10 minutos* (um sexto), e o valor do serviço para pelo menos um terço do cobrado pelos concorrentes convencionais. E, detalhe: dentro dos mesmos padrões de qualidade das barbearias conhecidas. É isso mesmo. Uma redução no tempo E uma queda mais do que atraente no preço, mantendo o nível de qualidade. A "intuição" nos levaria a acreditar que um serviço tão rápido assim ou seria de péssima qualidade ou viria acompanhado de custos amargos, não é mesmo? Só que esse não é o caso da QB House, cujos diferenciais de velocidade e preço acessível foram atingidos porque partiram do entendimento do que era indispensável e bem valorizado pela clientela. Não é coincidência que os números sejam impressionantes. Quase 20 anos depois da primeira loja ser aberta na cidade de Tóquio, em 1996, existiam mais de 660 barbearias próprias e franqueadas no Japão, em Singapura, em Hong Kong e Taiwan, com aproximadamente 16 MILHÕES de clientes atendidos nas barbearias QB House japonesas e 3 milhões nos outros países, em 2016. Em meados de 2017, foi aberta a primeira QB House fora da Ásia, na cidade de... Nova York, nos Estados Unidos. No fechamento deste livro, em 2018, já eram 3 lojas na cidade! Nada mal, certo?

Diferenciais para quem?

O recorte que deve ser feito na PEÇA DIFERENCIAIS é na identificação das características *percebíveis e valorizadas pelos clientes*, isto é, nos pontos em que a sua solução desbanca a concorrência e as soluções alternativas/improvisadas e, ao mesmo tempo, faz toda a diferença para a clientela, funcionando como um atrativo arrebatador e, consequentemente, influenciando a decisão de compra a seu favor. As diferenciações provenientes de fatores internos, ou seja, que não são necessariamente percebidas ou reconhecidas pelos clientes, e que são igualmente importantes para o projeto como um todo, também devem ser consideradas. Entretanto, é importante que fique claro que elas de nada adiantam no contexto da construção de novas soluções (principalmente se forem soluções inovadoras e ainda desconhecidas do público-alvo) se não vierem acompanhadas das diferenciações reconhecidas e desejadas pela clientela.

Ao concentrar energia nos clientes, você inevitavelmente estará fazendo o que a maioria não faz: conceber uma solução sob medida para satisfazer gatilhos específicos, cujos diferenciais foram ditados pelos clientes, e não pela ânsia de sobrepujar a concorrência ou pelo que o time acha ou deixa de achar.

Tipos de diferenciais

O leque de tipos de diferenciais de uma determinada solução é extremamente vasto, e, por essa razão, não há aqui pretensão de elencar todas as possíveis opções. Esse tópico apresenta algumas das possibilidades para diferenciação no sentido de oxigenar seu projeto por meio de exemplos reais. Tenha em mente que não é uma lista levada à exaustão, mas sim um referencial para você modelar seu empreendimento. Além do mais, considere que uma solução pode apresentar mais de um diferencial. Por isso, os casos citados para exemplificar cada tipo de diferencial não necessariamente apresentam somente aquele diferencial.

Repare como é possível classificar os tipos de diferenciais de acordo com as peças do FOGUETE (e como só faz sentido fazê-lo em qualquer projeto depois de estruturadas as peças mercado e regulação).

Diferenciação nos clientes e gatilho (nicho de mercado)

Não preciso dizer que endereçar gatilhos adequadamente por si só já é uma grande fonte de diferenciação, não é mesmo? Num contexto em que cada vez mais pessoas se lançam ao empreendedorismo ensimesmado, aqueles que tiram a cabeça do buraco para enxergar e viver os gatilhos dos clientes saem na frente na corrida competitiva. O ponto a essa altura, no entanto, é explorar a construção de negócios de sucesso a partir de soluções que atendam subgrupos específicos de clientes dentro de determinados segmentos de mercado (os chamados nichos de mercado), cujos gatilhos ou não estejam completamente atendidos ou não estejam sendo atendidos, como o exemplo do Beleza Natural, um pequeno salão de beleza carioca especializado em cabelos crespos e cacheados aberto em 1993. De lá para cá, o negócio ampliou a linha de serviços e produtos próprios, construiu fábrica própria para garantir a qualidade e preço acessível, e hoje é nada mais, nada menos do que a maior rede brasileira de institutos (salões de beleza) especializada no assunto. Em 2017, o Beleza Natural iniciou a expansão internacional e abriu o primeiro instituto em Nova York, nos EUA. E, por falar em Estados Unidos, mulheres e cabelos, você já ouviu falar do

Drybar, cujo mote é "No cuts. No color. Just blowouts!" ("Sem cortes. Sem tingimentos. Apenas penteados!")?

Ao contrário dos salões de beleza convencionais, que oferecem serviços variados, tais como cortes de cabelo, lavagem, hidratação, penteados, tingimento, manicure, pedicure, design de sobrancelhas, massagens e por aí vai, o Drybar oferece exclusivamente secagem e penteados (e lavagem, se necessário), excluindo todo o resto. O ambiente é agradável e as clientes podem bebericar um champanhe de boa qualidade enquanto ouvem música ambiente no estilo pop e recebem um trato na cabeleira. Desde a abertura da primeira loja da marca em 2010, a proposta foi um sucesso, recebendo aceitação imediata do público-alvo (nicho de mercado). O Drybar, baseado na filosofia "Focus on one thing and be the best at it" ("Foque uma coisa e seja o melhor nisso"), bateu um duplo 100 em meados de 2018: 100 salões (espalhados pelos EUA e 1 no Canadá) e US$100 milhões de faturamento anual. E imaginar que 10 anos antes, em 2008, a fundadora Alli Webb prestava o mesmo tipo de serviço, só que em domicílio.

Diferenciação no(s) atributo(s)

Determinadas soluções ganham a clientela porque oferecem um ou mais atributos matadores. Por esta razão, nesses casos dizemos que o projeto se diferencia pelos atributos. São muitas as possibilidades de diferenciação por meio de atributos, e aqui estão elencadas três para exemplificar: (1) preço mais baixo; (2) qualidade superior; e (3) excelência no atendimento ao cliente.

Preço mais baixo

Sem segredos ou pegadinhas nesse diferencial. Quando um produto ou serviço é escolhido no meio do mar de ofertas por ser mais barato dizemos que ele se diferencia pelo preço mais baixo ou mais acessível. Porém, não é suficiente ser mais barato em um determinado período como parte, por exemplo, da tática de marketing de manipulação para convidar novos clientes a experimentar a nova oferta. Para se diferenciar pelo valor de venda mais baixo, o projeto precisa assegurar entrega permanente de preços mais competitivos (ou, pelo menos, por um período prolongado), sem comprometer a sustentabilidade financeira. Caso contrário, não há diferenciação legítima, só tentativas infames de corroer as bases da concorrência.

Dos exemplos citados anteriormente, três se destacam pelo diferencial de preço mais acessível: a Grameen Danone Foods, a SpaceX e a Contabilizei. Além disso, é importante esclarecer que preço acessível não é sinônimo de produtos ou serviços com baixa qualidade ou, na linguagem popular, porcaria. Vide, por exemplo, o iogurte da Grameen Danone Foods, ou o serviço de corte de cabelo da QB House. Em países emergentes, a associação é imediata e sempre que um produto é oferecido a um preço que aparentemente não condiz com sua "qualidade" os sentimentos de receio e desconfiança predominam. A rede de academias da marca Smart Fit, cujos equipamentos de musculação são de ótima qualidade e também muito bem cuidados, está aí para contrapor o falacioso argumento. Outro fenômeno recente que fragmenta essa falsa associação é a Xiaomi. A empresa de dispositivos eletrônicos chinesa, fundada em 2010, posicionou-se no mercado de smartphones com produtos mais baratos e tão poderosos quanto os aparelhos concorrentes. O mesmo padrão de qualidade dos dispositivos competidores a preços mais acessíveis colocou a Xiaomi no início de 2016, aproximadamente seis anos após sua fundação, na 4ª posição no ranking mundial de fabricantes de smartphones, atrás apenas da Samsung (sul-coreana), Apple (norte-americana) e Huawei (chinesa).

Qualidade superior

Sem julgar o mérito da decisão, o fato é que há clientes que não abrem mão de produtos e serviços de qualidade superior, a despeito do prestígio das marcas confundir-se com qualidade, como acontece frequentemente no mundo da moda e da beleza. O diferencial de qualidade superior de uma determinada solução é legítimo quando o cliente percebe e paga pela superioridade, relevando interferências de natureza emocional e subjetiva causadas pela marca. A consagrada IDEO, consultoria americana de inovação e design que imortalizou o conceito do Design Thinking tem em seu portfólio, por exemplo, o desenvolvimento do primeiro mouse para computadores que o mundo conheceu, atendendo a um pedido da Apple para o Lisa. Diferentemente da abordagem das mega consultorias globais, a IDEO tem menos de mil funcionários e realmente preza pela qualidade dos serviços prestados aos seus milhares de clientes ao redor do mundo.

Tecnologia de som e engenharia de áudio transformaram o americano James Bullough Lansing numa referência mundial em sistema de som de alta-fidelidade, vindo a ser reconhecido e premiado em vida e postumamente (Lansing cometeu suicídio em 1949). Lansing fundou a James B. Lansing Sound, Inc. em 1946, e já no ano seguinte lançou o lendário alto-falante de 15 polegadas D130, o primeiro da história com transdutor "coil-in-cone" de 4 polegadas. Depois do D130 essa indústria nunca mais seria a mesma. De lá para cá, diversas inovações foram introduzidas no mercado e grandes feitos foram conquistados pela empresa, dentre eles turbinar o mitológico Woodstock Festival do fim da década de 1960. Hoje em dia, qualquer amante de cinema e música reproduzidos em alta qualidade e fidelidade sabe que não pode deixar de lado os equipamentos da JBL, como a James B. Lansing Sound, Inc. seria chamada anos mais tarde (uma abreviação das iniciais do nome de James Bullough Lansing).

Excelência no atendimento (relacionamento com o cliente)

Quem não gosta de ser bem atendido, não é mesmo? Impressionante é o fato de que a maioria de nós empreendedores esquece disso e coloca o cliente não mais na posição de honra, mas sim como vilão da exigência, que sempre reclama de tudo. A triste verdade é que o atendimento atencioso e dedicado que deveria ser padrão, tornou-se uma oportunidade de diferenciação em praticamente qualquer segmento de negócio. E se você tem dúvidas disso conheça a Zappos.com (falarei mais sobre a empresa na seção dedicada ao PROPULSOR).

O e-commerce de sapatos e roupas Zappos.com, fundado por Nick Swinmurn em 1999, ganhou reputação mundial por transformar a simples compra online de um par de sapatos em uma experiência de consumo extremamente encantadora e agradável. A excelência no atendimento ao consumidor é lei para todos os colaboradores da empresa, sem exceção. Seja por e-mail, por telefone, os representantes (call center ou Customer Loyalty Team) não estão ali para empurrar produtos e encerrar o contato o mais rápido possível. O foco é sempre ir além e entregar mais para cada consumidor, dure o tempo que for necessário para satisfazer a demanda, nem que isso signifique recomendar o site do concorrente. Sim, isso mesmo. Conforme Tony Hsieh, primeiro investidor e CEO da companhia, relata no livro *Satisfação Garantida* (prefiro o nome da edição original em inglês *Delivering Happiness*, cuja tradução literal "Entregando Felicidade" refletiria mais fidedignamente o propósito da companhia), quando um par de sapatos não está disponível no site da Zappos.com os representantes são treinados para visitarem os sites de pelo menos três concorrentes e, encontrando o par no número e cor desejados, encaminharem o consumidor para lá. A dedicação ao consumidor é tão grande que Hsieh relata um episódio em que após um evento, ele e alguns colegas, já embriagados, ligaram para o call center da Zappos.com e solicitaram uma pizza de peperone, pois o hotel já não entregava mais naquela hora da madrugada. O atendente, pacientemente, realizou a pesquisa nos arredores e indicou cinco estabelecimentos que estavam abertos e poderiam entregar a pizza.

Diferenciação pelos benefícios

Esse tipo de diferenciação ocorre quando um ou mais benefícios são bem mais determinantes na decisão de compra do cliente do que qualquer outro aspecto da solução, não importando se são benefícios tangíveis ou intangíveis. Vejamos alguns exemplos.

Diferenciação pelos benefícios intangíveis

O que dizer da sensação de ter evitado prejuízos e dores de cabeças gritantes (tranquilidade, despreocupação ou conforto emocional) proporcionada pelos filmes plásticos da Protect Bag, que elevam o grau de segurança contra violação de bagagens em aeroportos? Benefício intangível que diferencia essa solução, colocando-a numa posição de vantagem perante os concorrentes diretos e indiretos. Repare como a perspectiva do cliente viajante é importante na Protect Bag. A empresa não possui concorrentes diretos nos aeroportos onde atua, o que a credencia a reinar isoladamente (tornaremos a abordar essa questão na PEÇA FACILITADORES, só que na ocasião sob a perspectiva da concorrência). Porém, se Protect Bag não fosse capaz de transmitir a sensação de tranquilidade para o cliente seguir viagem, deixando-o despreocupado — visto que "com esse plástico filme minhas malas e meus pertences estarão realmente seguros e protegidos de furtos" —, e, em vez disso, passasse a imagem de frágil ou ineficaz, dificilmente a solução emplacaria, mesmo nessa condição de única opção, pois é a percepção do benefício intangível que influencia majoritariamente a decisão do cliente viajante.

Diferenciação pelos benefícios tangíveis

Redução de desperdícios e aumento de produtividade são os principais benefícios que diferenciam a *VERIFI In-transit concrete management* de todas as outras soluções concorrentes. A VERIFI, lançada em janeiro de 2008, pela atual GCP Applied Technologies, é uma plataforma tecnológica conectada a sensores instalados nos caminhões betoneira (transporte de concreto) que não só possibilita o gerenciamento de toda a frota, em tempo real, como realiza o monitoramento, a medição e o gerenciamento do concreto transportado, promovendo ajustes no slump e no teor de água durante o percurso entre a usina e a obra do cliente, automaticamente. Os clientes da VERIFI não precisam mais se preocupar com o antigo método de medição do slump via cone metálico, uma vez que a medição ocorre diretamente dentro do caminhão betoneira. Além dos mais, o VERIFI aumenta a acurácia de cada carga entregue. Com isso, reduz tanto o volume de material rejeitado por não atendimento às especificações quanto o consumo de aditivos e de cimento (item mais caro do concreto), diminui o retrabalhado e, de quebra, aumenta a disponibilidade das betoneiras. O mercado ultracompetitivo da construção civil agradece!

Diferenciação pela redução dos efeitos colaterais

Muitas pessoas ficam espantadas, mas, sim, é possível se diferenciar sobremaneira concebendo soluções que reduzem ou eliminam os efeitos colaterais considerados absolutamente normais e aceitáveis em determinados segmentos de mercado.

Foi a angústia causada pela queda gradativa no desempenho de um aspirador de pó que motivou Sir James Dyson a inventar um equipamento que daria origem a uma das empresas britânicas mais respeitas, admiradas e inovadoras que conhecemos: a Dyson. A história da empresa, fundada em 1991, começou bem antes, no fim da década de 1970, quando o inventor do Reino Unido observou que os aspiradores de pó domésticos perdiam performance de sucção porque as partículas sólidas de pó e sujeira obstruíam o filtro e impediam a passagem de ar após pouquíssimo tempo de uso. Além da irritação pela queda no desempenho do equipamento, o transtorno se agravava quando os consumidores eram então forçados a substituir os filtros usados por novos, bem como os sacos acoplados aos equipamentos que acumularam os resíduos sugados, efeitos colaterais estes repugnantes e indesejados. Depois de 15 anos (isso mesmo, quinze anos) e mais de 5 mil protótipos, James Dyson finalmente encontrou a versão comercial de uma nova proposta de aspirador de pó com tecnologia de ciclones de ar que dispensava filtros e sacos, e, por isso, não entupia, não perdia a capacidade de sucção ao longo do tempo de uso e não obrigava o consumidor a gastar mais dinheiro repondo os itens comprometidos. Em 1995, o aspirador já era best-seller no Reino Unido e, em 2002, invadiu os EUA definitivamente. Hoje a Dyson é uma multinacional britânica de eletrodomésticos premiada pelas inovações, emprega mais de 8.500 pessoas e faturou US$4,8 bilhões em 2017. Curioso mesmo é saber que James tentou vender sua invenção diversas vezes para as marcas líderes antes de abrir a Dyson, e foi ignorado em todas as tentativas. O mundo realmente dá voltas!

Diferenciação pelos facilitadores

Um dos exemplos mais clássicos de facilitador é a proteção por patente. Esse instrumento legal garante ao inventor ou autor o direito sobre a propriedade temporária, bem como do uso e exploração comercial da invenção ou modelo de utilidade. Nenhum indivíduo ou entidade pode usufruir ou se beneficiar legalmente do objeto da patente sem antes obter uma autorização de seus proprietários, ou adquirir a licença e os direitos de exploração, ou comprar a patente, sob o risco de sofrer processos judiciais e, ainda por cima, ser obrigado a pagar multas e indenizações estratosféricas. Foi precisamente uma patente que James Dyson tentou negociar, sem sucesso, com os grandes players do segmento de aspiradores de pó. Esse facilitador (tecnologia patenteada) se transformou no poderoso diferencial da bilionária Dyson. Como o próprio INPI afirma em seu site "na economia do conhecimento, estes direitos [patentes] se transformam em diferenciais competitivos". E por infringir as patentes dos aspiradores de pó da Dyson (tentativa de cópia da tecnologia de ciclones que James tentara vender anos antes), a também fabricante de aspiradores de pó Hoover foi forçada a pagar mais de US$4 milhões em multa, em 2002.

Diferenciação pela solução (propriamente dita)

Essa diferenciação acontece quando a solução em si é o que realmente faz toda a diferença, sendo difícil elencar um único ponto de destaque que prevaleça e influencie majoritariamente a tomada de decisão do cliente. Esse é o caso do canadense Cirque du Soleil. Uma mistura abstrata de peça teatral da Broadway, atrações circenses e shows musicais, o Cirque du Soleil foi uma solução inédita, até hoje incomparável e, por que não, imbatível. Distante e inacreditavelmente diferente de qualquer entretenimento ao vivo desenrolado em ambiente fechado, os enigmáticos, lúdicos e encantadores espetáculos do Cirque du Soleil atraem milhões de espectadores todos os anos. Repare como qualquer esforço no sentido de destrinchar diferenciais nos atributos, nos benefícios e mesmo nos efeitos colaterais (o Cirque du Soleil repudiou desde sempre os atos envolvendo animais característicos dos circos tradicionais) traria resultados pouco efetivos ou concretos, pois, de fato, o Cirque de Soleil se diferencia pelo conjunto da obra, ou seja, pela solução impecavelmente construída para encher os olhos inclusive dos espectadores mais durões. E quando o assunto é encantamento de pessoas de qualquer idade não existe melhor referência do que os parques temáticos The Walt Disney World. Embora existam muitas outras soluções similares, especialmente em termos de atrações radicais, nada substitui a magia e o encantamento de encontrar o Mickey, o Pato Donald ou a Branca de Neve e os Sete Anões passeando despretensiosamente pelas ruas e corredores dos resorts Walt Disney World.

Diferenciação pelas entradas

Que tal ganhar dinheiro vendendo frações da propriedade de jatos executivos em vez da comercialização de jatos inteiros? Focada nos "mais bem-sucedidos e poderosos líderes de negócios, esportes e entretenimento", a companhia norte-americana Netjets, identificou uma oportunidade entre a aviação executiva e as viagens de primeira classe em companhias aéreas comerciais. A solução pioneira criada pela empresa consegue ser mais conveniente e prática do que o tempo de espera e deslocamento, as filas, os check-ins e tumulto de pessoas indo e vindo em aeroportos domésticos, de onde decolam e aterrissam as aeronaves com opção de passagens em assentos de primeira classe, e mais barata do que os investimentos e despesas com a aquisição e manutenção de jatos executivos exclusivos, sem comprometer a segurança, o luxo, a elegância, o conforto, o privilégio, a flexibilidade, a capilaridade, a exclusividade e, claro, o status da aviação executiva: a propriedade compartilhada de jatos executivos. No modelo desenvolvido pela empresa, o cliente compra uma parcela de uma aeronave específica, e cada parcela corresponde a 50 horas de voo por ano naquela mesma categoria de aeronave. Apenas o agendamento fica por conta do cliente. Todas as demais burocracias são por conta da Netjets, desde a manutenção e renovação da frota, até a contratação de pilotos e equipes de bordo. Em até 6 horas, o jato estará disponível no aeroporto de preferência do cliente dentro de um leque com 3.200 opções em mais de 150 países. Dessa maneira, a Netjets se diferenciou profundamente da concorrência, e durante décadas ganhou montanhas de dinheiro, embora desde o início da década de 2010 a companhia venha enfrentando dificuldades para reestabelecer a condição azul de suas planilhas financeiras.

Diferenciação pelas saídas

Controlar o que sai do caixa e encontrar alternativas para reduzir significativamente a estrutura de custos para desenvolver, produzir e entregar valor para os clientes são caminhos para se diferenciar da concorrência, tanto sob a perspectiva interna, organizacional, quanto do ponto de vista dos próprios clientes.

Os leitores mais experientes reconhecerão uma pitada da escola competitiva clássica no conceito de diferenciação pelas saídas. De fato, a principal inspiração da Validation Rocket nesse quesito foi a estratégia de liderança em baixo custo proposta por Michael Porter, em que a missão é (re)criar os moldes competitivos pelo estabelecimento da mais baixa estrutura de custo do setor, superando qualquer outro concorrente. O propósito de liderar no custo não é necessariamente para oferecer a solução mais barata do mercado, mas maximizar as margens do empreendimento ao praticar valores na média dos competidores.

Para levar a cabo a missão de melhor equilibrar as regras do jogo com motoristas e passageiros de serviços de transporte particular, praticando taxa invariável para aqueles e não cobrando tarifas dinâmicas destes, a Fasten desenhou suas operações de maneira a atingir uma estrutura de custo bastante reduzida, e muito mais enxuta do que as competidoras de grande porte Uber e Lyft. Em vez de utilizar estratégias mirabolantes (e caras) de publicidade e propaganda, e de contratar desenvolvedores no território norte-americano, cujo custo era altíssimo, a Fasten concentrou esforços numa abordagem boca a boca para angariar os primeiros motoristas (os próprios motoristas foram agentes de engajamento de outros motoristas via boca a boca dado o supreendentemente positivo modelo de cobrança fixa), e, então, na contratação de uma agência de marketing russa (país de origem dos três fundadores), cujos sócios eram os próprios fundadores, e bem mais barata do que serviços de mesma natureza prestados por companhias americanas. Adicionalmente, os desenvolvedores contratados também eram residentes na Rússia, e proporcionalmente muito mais em conta do que os residentes nos EUA. Embora tenha atuado apenas em duas cidades antes de ser adquirida, nunca é demais mencionar que a Fasten foi a primeira startup do gênero a bater o ponto de equilíbrio.

Diferenciação pelo approach

Nunca foi tão verdade que nós, enquanto consumidores, estamos exaustos e cansados de táticas comerciais baratas e de promessas que não condizem com a realidade. Nós carecemos de abordagens verdadeiras e sinceras, sem vulgaridade, apelação ou intrusão. Por essa razão, a comunicação com o público-alvo é sem sombra de dúvidas uma forma de se diferenciar da competição. Enquanto a maioria tende a seguir os mesmos padrões e as mesmas artimanhas questionáveis de marketing para atrair a atenção dos potenciais clientes, há aquele seleto grupo capaz de cativá-los não somente pela solução em si, mas especialmente pela elegância e inteligência que chegam aos seus olhos, ouvidos e corações.

A vinícola Casella foi hábil com o marketing de seus vinhos [yellow tail] ao entender que os consumidores de bebidas alcoólicas não estavam dispostos a sofrer para beber uma taça do líquido fermentado, sendo que outros produtos eram muito mais fáceis de serem apreciados. Por isso, a estratégia de comunicação foi crucial para diferenciar o projeto das dezenas de garrafas competidoras, e passou por diversos pontos tidos como intocáveis pela indústria de vinhos: em vez de seleções extensas e de difícil entendimento, a Casella inicialmente lançou apenas dois tipos de vinho, um branco e um tinto; ao contrário das práticas de mercado de lotar os rótulos com um monte de informações irrelevantes para os consumidores, a vinícola australiana os simplificou, incluindo apenas o básico, abusando das cores vibrantes e aproveitando para estampar o canguru da marca. As caixas para transporte das garrafas cumpriam também a missão de chamar a atenção das pessoas, uma vez que eram vibrantes e carimbadas como o canguru da [yellow tail]; e, finalmente, aos vendedores das lojas especializadas foram oferecidos trajes australianos interioranos, convertendo-os a defensores e disseminadores da [yellow tail]. Embora tenha explorado praticamente os mesmos canais que a grande maioria dos concorrentes, a [yellow tail] conseguiu se diferenciar sobremaneira, conquistando a preferência dos consumidores como nunca antes acontecera na história da indústria do vinho.

Uma pitadinha da prática: não se esqueça do código de cores

A essa altura do campeonato você já absorveu bem a ideia do código de cores empregado na Validation Rocket, certo? Para os diferenciais da sua solução, a lógica das notas adesivas coloridas continua muito válida, pois uma solução que atenda a dois ou mais segmentos de clientes é perfeitamente capaz de apresentar um ou mais diferenciais distintos para cada um deles, como, por exemplo, as escolas da Bridge International Academies. Conforme vimos, o modelo de escolas de baixo custo e/ou integralmente subsidiadas da Bridge e que opera em países africanos e na Índia, possui pelo menos seis segmentos de clientes: clientes alunos, clientes professores, clientes doadores, clientes investidores de impacto, clientes pais e clientes patrocinadores. O projeto apresenta diferenciais claros para cada um deles quando comparado com os competidores locais — escolas públicas e particulares, e outras iniciativas de menor significância (do ponto de vista dos alunos, pais e professores) e outros empreendimentos sociais de ordem regional e global (no caso dos investidores de impacto, doadores e patrocinadores). Não foi coincidência do destino ou harmonia dos deuses que levaram a Bridge International Academies a impactar mais de 300 mil crianças com apenas 10 anos de idade. Os idealizadores do projeto foram e continuam sendo muito habilidosos para atender aos interesses dos diferentes grupos com diferenciais sólidos e consistentes.

Agora é a sua vez!
Missão: Preencher o Foguete

Essa é a hora de retornar para o início do ESTÁGIO 2 – MODELAR e reler as 13 peças, só que desta vez colocando a mão na massa conforme desdobra a leitura. Lembre-se das conexões entre as peças. Aproveite para reler suas anotações e lembretes.

Preparando para... Não Explodir

"Você não aprende a andar seguindo regras. Você aprende fazendo e caindo."

Richard Branson

Parte 3

Enquanto dar asas à imaginação poderia ser o lema da modelagem no FOGUETE (ESTÁGIO 2 – MODELAR), isto é, a orientação é modelar seu negócio no FOGUETE sem colocar filtros, impor restrições ou prejulgar sugestões e pensamentos, não limitar ou restringir as proposições ou ideias, e não se preocupar com a validade, factibilidade técnica ou exequibilidade do projeto, na Parte 3, o cenário muda completamente de figura. Dar um choque de realidade e colocar os pés no chão não soaria nada exagerado para resumir sua missão da Parte 3.

Não ache, porém, que o objetivo da Parte 3 é jogar um balde de água fria sobre seus planos de empreender. É o oposto. A Parte 3 impede que seu FOGUETE exploda no lançamento, ou pior, quando estiver em pleno voo. Em outras palavras, a Parte 3 não deixa você queimar tempo e dinheiro desenvolvendo uma solução que sequer desperte uma pontinha de interesse na clientela. Por quê? Porque é natural supervalorizarmos e sobrestimarmos nossas competências, nossas ideias e nossos modelos de negócios. Acredite, não há soluções e modelos de negócios infalíveis, especialmente quando falamos de inovações transformadoras. E por cometermos esses pequenos exageros e devanearmos em nosso FOGUETE precisamos de um momento de reflexão profunda e avaliação criteriosa, um olhar de um "advogado do diabo", para nos dar um choque de realidade. É aí que entram em cena o ESTÁGIO 3 – DESAFIAR – que separa fatos de boatos (veremos que boatos são chamados de hipóteses) – e o ESTÁGIO 4 – PRIORIZAR – em que escolhemos a hipótese que merece atenção EXCLUSIVA em cada Ciclo Validation Rocket (chamada de HIPÓTESE DA MORTE). E ainda tem mais na Parte 3.

Outro ponto é que ela aborda duas questões que assombram muita gente: (1) Como começar; (2) Por onde começar. E a resposta é o ESTÁGIO 5 – PLANEJAR, o último componente da Parte 3. O ESTÁGIO 5 – PLANEJAR é dedicado à elaboração de um plano de ação superenxuto e ágil detalhando cada atividade necessária para lançar seu foguete e testar a HIPÓTESE DA MORTE, ou seja, para levantar os dados e informações necessários para refinar o modelo e a solução, e multiplicar suas chances de emplacar um grande sucesso.

Capítulo 5

O que nunca foi posto em questão, nunca foi provado.

Denis Diderot, filósofo francês nascido em 1713, cocriador da primeira enciclopédia

ESTÁGIO 3 – DESAFIAR

No FOGUETE (ESTÁGIO 2 – MODELAR) todo seu esforço intelectual e criativo de pensar e repensar inúmeras vezes seu projeto produz um modelo de negócios, que, apesar de mais estruturado e conectado, ainda está longe de ser exato, preciso, perfeito ou retratar fielmente o futuro do negócio. *O que? Como assim? Então quer dizer que só perdi tempo até agora?* Calma, não se assuste. Não há nada de errado nisso. Faz parte do processo. Entre colocar no papel e chegar no mercado muita coisa pode acontecer. É natural, e até esperado, que haja diferenças (às vezes, gritantes) entre o primeiro rascunho do modelo de negócios e o projeto que efetivamente dará a cara à tapa. De fato, há um longo caminho a ser percorrido e, principalmente, uma decisão crucial para ser tomada e que pode significar o sucesso ou o fracasso de seu projeto e de sua jornada empreendedora: a maneira como você vai encarar as incertezas embutidas em sua iniciativa!

Responda: se um modelo de negócios está cheio de incertezas, isso significa que ele já nasceu morto? Sim ou não? Se sua resposta foi sim, temos um ponto a ser trabalhado urgentemente. Se você respondeu não, ufa, já é um grande passo para o sucesso. Mas sabe qual é a resposta mais oportuna? O famigerado DEPENDE!

É bastante improvável – para não dizer impossível – construir um modelo de negócios totalmente livre de incertezas, achismos e suposições, especialmente se estamos falando de projetos em estágios iniciais e/ou iniciativas transformadoras. Um modelo com lacunas e cheio de suposições não é motivo de vergonha e sim algo que já te coloca no seleto hall de uma minoria que tenta fazer as coisas melhores do que elas são. Orgulhe-se desse modelo (só que não ao ponto de cair de amores por ele, ok?)! As suposições são grandes oportunidades para aprendizado e crescimento, e não devem ser escondidas ou mascaradas, como vejo um punhado de supostos empreendedores fazendo com frequência por aí. A busca incessante por conhecimento para eliminar achismos do seu modelo de negócios é o que determina se seu time será campeão e com alta performance, ou um time quiçá "na média" ou abaixo dela.

Quantos casos de fracasso ou desempenho pífio dividi com você até aqui, não é mesmo? Foram facilmente mais de CINCO BILHÕES DE DÓLARES jogados na lata do lixo. A preocupante ressalva é que aqui não estou falando só de startups ou de projetos empresariais. Estou falando de todos eles, juntos e misturados. Quase todos, se não todos, fracassaram porque não se atentaram para esse pequeno detalhe: *há uma distância absurda entre o modelo teórico registrado no papel e o negócio de verdade*, até mesmo em projetos de soluções já conhecidas, em mercados conhecidos e lançados por empresas conhecidas, com "pleno" conhecimento dos clientes. E não adianta querer achar que "no meu projeto será diferente, tenho certeza disso". Cansei de presenciar empreendedores e inovadores corporativos quebrando a cara feio ao pularem o ESTÁGIO 3 – DESAFIAR, por acreditarem cegamente que a solução e o modelo de negócios eram tão perfeitos que o sucesso seria só questão de tempo. Não caia nessa cilada.

Nesse sentido, o que separa e o que diferencia empreendedores de verdade da grande massa de aventureiros é a capacidade de reconhecer que entre o modelo no papel e o negócio de verdade há uma longa, porém, gratificante jornada, e que ela não termina num FOGUETE cheio suposições e inferências do próprio time. Times campões reconhecem que precisam buscar fatos e conhecimento lá fora, beber da realidade do mercado e dos clientes para gradativamente trazer robustez e consistência ao projeto. Em outras palavras, precisamos tirar do caminho do projeto os achismos e vontades próprias (completamente aceitáveis *no início, mas só no início*), preenchendo as lacunas com fatos, verdades e conhecimentos, ou seja, trocando incertezas por "certezas", por evidências legítimas e autênticas de que estamos no caminho certo. A boa notícia é que o ESTÁGIO 3 — DESAFIAR do Ciclo Validation Rocket foi criado com essa missão, e estimula a autorreflexão sincera ao sugerir que gente de fora do projeto e sem ligação emocional alguma com o time questione-o e critique-o livremente. A notícia não tão boa assim é que humildade e maturidade para absorver feedbacks não são qualidades comuns por aí. Nesses casos vai doer no começo, mas logo passa quando você perceber o inestimável valor de descobrir que seu modelo não é perfeito ANTES de torrar dinheiro, energia e, sobretudo, TEMPO (o único recurso no mundo que não podemos ter de volta!).

Sua missão aqui: separar fatos e boatos

No Estágio 3 você fará uma ressonância detalhada para identificar os achismos e suposições no modelo de negócio que você construiu no FOGUETE. Ocultá-los demonstra uma postura imatura, reduz drasticamente as chances de sucesso da iniciativa e o potencial para construir uma solução diferenciada e inovadora, que seja verdadeiramente desejada pelo mercado, além de ancorar, e muito, sua rota ascendente de performance. Seja por inocência, malandragem ou prepotência, não é legal omitir a existência dessas inconsistências. Investidores de risco, por exemplo, penalizarão seu projeto se identificarem que você sabe quais são essas inconsistências e está escondendo-as, ou se você não souber o que fazer com elas. No final do dia, adivinha quem sairá perdendo? Você, evidentemente. Ninguém será tão prejudicado quanto o empreendedor ou a empreendedora que taparem o sol com a peneira e tentarem negar fatos que todos sabem: que modelos de negócios inovadores não estão isentos de achismos ou suposições. É importante que você saiba que as inconsistências em si não são, e não deveriam ser, motivo algum de preocupação, desde que você saiba como abordá-las. E a Validation Rocket está aqui para isso!

Hipóteses e MAPA DE HIPÓTESES

Qualquer afirmação feita no FOGUETE que se acredita (ou espera-se, deseja-se, imagina-se, pretende-se) ser verdadeira ou válida, mas para a qual ainda não haja evidências confiáveis que demonstrem ou comprovem sua autenticidade, veracidade ou procedência, isto é, uma afirmação desprovida de dados e/ou informações comprobatórios e, sobretudo, que esteja ou seja baseada única e exclusivamente em imprecisões, achismos subjetivos, percepções individuais ou futurologia, será chamada de HIPÓTESE.

De modo mais formal, toda e qualquer incerteza, dúvida, suposição, suspeita, interrogação, pressuposto, pressuposição, conjectura, tese, dedução, estimativa, prognóstico ou inferência feita no FOGUETE é considerado(a) uma HIPÓTESE até que seja comprovado(a), constatado(a), explicado(a) ou justificado(a), ou seja, evidenciado(a), tintim por tintim. *Se houver qualquer possibilidade, ainda que mínima, de uma afirmação colocada no FOGUETE não ser verdadeira ou não estar comprovada ela deverá ser considerada uma HIPÓTESE.* De maneira mais prática, uma HIPÓTESE no seu modelo de negócios é algo que você quer (ou espera, ou deseja) que seja verdade, e pode até ter "quase" certeza que seja verdade (por intuição, por exemplo), porém ainda faltam dados e/ou informações que o comprovem (ou "validem").

A função do ESTÁGIO 3 — DESAFIAR é deixar evidente toda e qualquer hipótese que exista no seu modelo de negócios, pois ao fazê-lo você estará se preparando para destravar um potencial extraordinário de crescimento e criação de soluções desejadas, úteis, relevantes e, quem sabe, inovadoras de verdade.

A forma como você encara e aborda as hipóteses do seu modelo de negócios diz muito a seu respeito. Muito mesmo. Dito de outra forma, o ESTÁGIO 3 — DESAFIAR é um convite para que você se desprenda de algumas amarras e crenças limitantes, e permita-se desenvolver uma competência peculiar (e rara) para encarar as hipóteses como oportunidades de crescimento e inovação. Tenha sempre em mente que dados e informações críveis vindos de fontes idôneas são irrefutáveis. Abasteça seu projeto com eles e você terá um modelo de negócio com base sólida. Agora, opiniões enviesadas, argumentos emocionais ou meros achismos... bem... não valem de nada quando o assunto é empreendedorismo de alta performance, desenvolvimento de negócios inovadores, e até atração de sócios, empregados, investidores e, adivinha só... clientes. Se tem uma forma de você acabar com as suas chances de sucesso e arruinar com o interesse de qualquer contraparte é oferecer justificativas infundadas e argumentos frágeis e inconsistentes.

Advogado do Diabo

No Estágio 3, você fará uma análise minuciosa para identificar qualquer indício que aponte para a existência de hipóteses no seu modelo de negócios. Quanto mais criterioso for o processo, melhor. Por isso, faça o papel de "Advogado do Diabo" do seu próprio modelo de negócios, e convide amigos e especialistas para fazê-lo também. A ideia é sair do papel de idealizador ou membro do time e se colocar no papel de um jurado, de um investidor, de um gerente de banco que está analisando uma solicitação de empréstimo, ou qualquer outro tipo de função de avaliador. Assuma uma postura fria, calculista, neutra, imparcial, cética e descrente quando estiver se questionando e questionando a profundidade das afirmações inseridas no FOGUETE. Quanto mais "crica", melhor. Seja impetuoso, sem alma, sem coração e com requintes de crueldade ao questionar seu próprio modelo de negócios. No começo é sofrido, doloroso. Só que rapidamente você dominará a arte e, melhor, entenderá muito em breve a crucial importância de desafiar a consistência, coerência e profundidade do seu projeto. Peça para que amigos, conhecidos e outros especialistas que você respeite a opinião façam exatamente a mesma coisa (e respeitar a opinião não é nem de longe o mesmo que ter a mesma opinião ou concordar com seus pontos de vista, ok?). No fim da sabatina, você agradecerá a si mesmo e às almas generosas que o desferiram golpes ininterruptamente. Sabe por quê? Porque ao final você terá em mãos uma poderosa lista de hipóteses, que a partir de agora chamarei de MAPA DE HIPÓTESES, uma ferramenta que simplesmente evitará que você torre dinheiro e tempo desenvolvendo um produto ou um serviço que nem mesmo você compraria.

Não se assuste, não fique constrangido, e muito menos fique abatido caso seu MAPA DE HIPÓTESES fique muito longo. Perceba que a quantidade de hipóteses *não diz coisa alguma sobre o sucesso ou fracasso do seu ou de qualquer outro projeto*. O grande divisor de águas, aquilo que separa os verdadeiros empreendedores dos aventureiros e brincalhões, é a forma como a realidade é encarada, reconhecendo com franqueza e sobriedade a existência das inconsistências, mas dedicando-se a validar hipótese por hipótese (Ciclo Validation Rocket existe para isso), sem medo das respostas, com imparcialidade e livre de vieses, para construir uma solução robusta, fundamentada em dados, fatos e informações verdadeiros, e que resolvam problemas e necessidades latentes e REAIS, deixando de lado as ilusões dos próprios "empreendedores". Foi exatamente assim que o time do projeto da **Figura 6** fez. Em vez de se assustar ou refutar o FOGUETE, o time partiu para cima e chegou ao sucesso. Acompanhe a história.

Repare na quantidade de círculos vermelhos ("bolinhas vermelhas") no FOGUETE desse projeto. CADA BOLINHA representa UMA HIPÓTESE. Essa solução estava prestes a ser lançada quando facilitei esse workshop para um seleto grupo de funcionárias e sócias de uma das maiores empresas brasileiras de recrutamento e seleção, e mesmo assim o time confiou na Validation Rocket e... descobriu que a plataforma tecnológica que já estava praticamente no ar, na verdade, estava cercada por MUITAS hipóteses (29 hipóteses, para ser mais preciso). O que você faria numa situação dessas? Desistiria? Amassaria o FOGUETE e jogaria na lata do lixo? Na sua opinião, qual a postura mais

Figura 6
Exemplo Real: MAPA DE HIPÓTESES

comum dos times por aí? Infelizmente, ignorar o FOGUETE e seguir adiante. Num cenário desse, com tantas hipóteses e a solução em vias de entrar no mercado, eu diria que seria quase 100% de chances da iniciativa dar errado. E mesmo assim, o time amassaria o FOGUETE e afundaria o pé no acelerador para dar com os burros n'água. E adivinha o que elas fizeram? Para minha feliz surpresa, seguiram a Validation Rocket à risca e revisitaram o projeto integralmente, conforme indicado no Ciclo Validation Rocket. Resultado? A nova solução, agora construída com apoio da metodologia Validation Rocket, entrou no mercado e foi um sucesso.

Não espere que seu FOGUETE fique com menos bolinhas vermelhas do que o FOGUETE desse exemplo. E, se por acaso tiver encontrado poucas hipóteses, de duas, uma: ou o projeto já é um sucesso, ou o time não se desafiou e não foi desafiado como deveria. Sinceramente, qual cenário é o mais provável? O que posso compartilhar é que é realmente uma pena quando eu rodo os treinamentos Validation Rocket e vejo times de projetos recém-criados colocarem duas ou três bolinhas vermelhas no FOGUETE. Na média, projetos que estão no início são os mais cheios de hipóteses, e isso significa que os foguetes deveriam estar com catapora, e não parecerem que são lindos e maravilhosos. E julgo isso uma pena porque os times não têm a menor noção da oportunidade que estão desperdiçando. Você não quer isso para sua carreira empreendedora, certo?

Consideração sobre envolver pessoas externas ao projeto

Convidar pessoas externas e que não conheçam o projeto é uma prática extremamente recomendada, sem falar que demonstra uma maturidade louvável por parte do time (desde que não seja meramente figurativo, ou seja, para falar que fez, sem demonstrar interesse legítimo nas opiniões alheias, especialmente nos casos em que há o apontamento de hipóteses onde o time julgou não existir). Esqueça essa história de que alguém roubará sua ideia! Isso é uma grande falácia e uma forma inconsciente de se proteger das críticas ao seu modelo. E para você não dizer que em casa de ferreiro o espeto é de pau, saiba que os alunos dos treinamentos Validation Rocket atribuem boa parte da efetividade e riqueza do evento à quantidade e qualidade dos mentores, que desempenham um papel fundamental ao sabatinar, trocar ideias e enriquecer os projetos com suas experiências e pontos de vista durante 100% do tempo. Essa visão de alguém de fora, que desconhece o projeto e o time, e não possui qualquer espécie de interesse ou ligação emocional com a situação, enriquece sobremaneira a experiência e traz muita robustez e segurança para os empreendedores.

Agora é a sua vez!
Missão: Identificar as Hipóteses no Foguete

Lembra-se da orientação que dei para colocar apenas uma afirmação (palavras, frase ou sentença curta) em cada nota adesiva, e de que essa afirmação precisa ser autoexplicativa. Chegou a hora de entender o porquê dessa orientação.

Reparou nas bolinhas vermelhas que representam as hipóteses do projeto da Figura 6? Pois bem. Repare com mais cuidado a posição de cada bolinha vermelha. Observou que cada bolinha vermelha está depositava sobre apenas uma nota adesiva? Sabe o que isso significa? Significa que aquela afirmação específica é, na verdade, uma hipótese que precisa ser comprovada (ou validada) em algum momento no futuro (você saberá como definir o melhor momento no ESTÁGIO 4 — PRIORIZAR).

Sendo assim, analise nota por nota, lendo-as em voz alta para você mesmo, para o restante do time e para quem mais estiver presente. A ideia é bem simples: identificar se a afirmação que está em cada nota adesiva é uma verdade e você dispõe de dados, fatos ou informações críveis e irrefutáveis que a suporte ou justifique, ou se existe (uma pontinha de) achismo ou possibilidade (mesmo que você ache mínima) de não ser exatamente aquilo. Se sua resposta começar com "Eu acho..." ou "Eu acredito que..." já é um fortíssimo indicativo de que ali reside uma hipótese. Se for uma hipótese, ponha uma bolinha vermelha na respectiva nota adesiva. Ao final, você terá o MAPA DE HIPÓTESES do seu projeto prontinho para ser priorizado (priorizá-lo passará a ser sua missão no ESTÁGIO 4 — PRIORIZAR).

Capítulo 6

É fácil decidir o que fazer. O difícil é decidir o que não fazer.
Michael Dell, fundador da Dell

ESTÁGIO 4 – PRIORIZAR

Legal. Mapa de Hipóteses construído. E agora o que fazer com ele? Claro que atacar todas as hipóteses de uma única vez e ganhar um tempão, certo? ERRADO. Nada seria mais improdutivo a essa altura do campeonato do que tentar preencher todas as lacunas do modelo de negócios AO MESMO TEMPO. Por quê? Vejamos uma demonstração prática. Caneta, papel e cronômetro na mão.

Dinâmica: Matriz de Performance

Imagine uma matriz formada por três colunas. A primeira vai de 1 a 10 em algarismos alfanuméricos. A segunda vai de I a X em algarismos romanos. E, finalmente, a terceira vai de A a J.

O desafio é preencher essa matriz partindo de uma folha em branco e sem olhar o gabarito. Mas o preenchimento não será aleatório. Nós o faremos de duas maneiras diferentes. A primeira é preencher por linha, isto é, "1", depois "I" e "A". Terminando esta primeira linha, e somente quando terminá-la, vá para a segunda e escreva "2", depois "II" e, então, "B". Terminando, vá para a terceira linha, "3", "III" e, então, "C", e assim sucessivamente até chegar no "J". Você cronometrará o tempo para completar. Use o cronômetro do celular mesmo. Entendido? Releia o parágrafo se necessário. Importante: NÃO TRAPACEIE. Muita gente pula umas linhas para "terminar" logo, mas isso não é uma competição e não é isso que estou tentando compartilhar contigo. Prepare o cronômetro do celular (se não tiver vai de cabeça mesmo. O que importa é a percepção de tempo), pegue a caneta e a folha em branco. Não se esqueça de parar o cronômetro logo que finalizar o preenchimento. Tudo preparado? Vai.

E aí? Quanto tempo levou? Deixe anotado e vire a folha do outro lado ou pegue outra folha. Não vale fazer no mesmo lado da matriz que você acabou de preencher.

A segunda maneira de preencher é por colunas, começando, é claro, pela primeira coluna. "1", "2", "3" e assim por diante até o número "10". Terminando, vá para a segunda coluna e comece do "I", depois "II", então "III" e assim por diante até chegar no "X". Terminando, repita o processo para a terceira coluna e vá até o "J". Prepare o cronômetro do celular, pegue a caneta e a folha em branco. Não se esqueça de parar o cronômetro logo que finalizar o preenchimento. Tudo pronto? Valendo!

E agora? Quanto tempo levou? Mais ou menos tempo do que preencher por linha? Muito mais rápido, não é mesmo? Tem gente que faz em menos da metade do tempo. Pois bem.

Imagine que cada linha dessas fosse uma hipótese, ou seja, você teria 10, 15 ou quem sabe 20 colunas para atacar, SIMULTANEAMENTE! Você acha que seria humanamente possível extrair alguma coisa que preste fazendo dessa maneira? Absolutamente nada impedirá você de partir para a validação de mais de uma hipótese por ciclo. Porém, seu esforço e energia serão pulverizados e diluídos em múltiplas frentes, diminuindo seu foco, retardando demasiadamente sua velocidade, e possivelmente despistando você da trajetória mais saudável e menos sofrida. Fato é que fazer dessa maneira é caótico e incrivelmente contraproducente. O exercício da Matriz de Performance é mais do que uma prova disso. Deixe para lá o mito de ser multitarefa. Está mais do que comprovado pela ciência que nós seres humanos não somos capazes de processar (com efetividade e qualidade) mais do que uma atividade por vez.

Certo. Como devo proceder então uma vez que não é produtivo atacar tudo de uma única vez? Em cada ciclo, você priorizará UMA ÚNICA HIPÓTESE para atacar, e a partir daí concentrará toda sua energia, recursos e esforços para validá-la. Ao proceder dessa forma, sua produtividade crescerá de forma constante, uma vez que sua atenção estará integralmente concentrada em um único objetivo por vez (por ciclo). Com isso, você amplificará sua performance ciclo após ciclo e conquistará resultados melhores e com cada vez mais agilidade (lançamentos mais certeiros).

Qualquer hipótese serve? Imagino que a resposta você já saiba, mas não custa reforçar: não, não é qualquer hipótese que serve. Estamos em busca de uma hipótese chamada HIPÓTESE DA MORTE. *HIPÓTESE DA MORTE?*

A Hipótese da Morte

A melhor maneira de entender a HIPÓTESE DA MORTE é comparar o FOGUETE com o jogo chamado Torre de Madeira. Nesse jogo, constrói-se uma torre com toquinhos de madeira e, então, os participantes se revezam para remover toquinho a toquinho. Cada toquinho removido deve ser colocado no topo da torre, aumentando-a e tornando mais instável. Perde quem puxar o toquinho que faz a torre inteira desmoronar. O toquinho que faz a torre vir abaixo é a HIPÓTESE DA MORTE do seu FOGUETE.

A HIPÓTESE DA MORTE recebeu esse nome pelo simples fato de ser exatamente aquela hipótese que se for **invalidada**, ou seja, se **não** for comprovada, constatada, ou verificada, ou não proceder, ou não fizer sentido, ou for falsa, ou for diferente do que se supunha ou era esperado, faz com que seu foguete exploda, isto é, seu projeto desmorone todinho, e o obrigue a repensar o modelo de negócio (falarei disso no ESTÁGIO 8 — AVALIAR).

E aí você pensa, *Por que todo esse poder de destruição?* Porque a HIPÓTESE DA MORTE é a hipótese da qual o modelo de negócios mais depende, ou seja, é o pilar de sustentação de tudo que foi pensado e, por isso, se ruir não deixará peça sobre peça. Trata-se da hipótese fundamental ou hipótese mãe, portanto, aquela hipótese a partir da qual o modelo de negócios foi construído e que deu origem às demais hipóteses. Vale notar que em todo e qualquer modelo de negócios há sempre uma, e apenas uma, HIPÓTESE DA MORTE, muito embora possa parecer que outras hipóteses tenham igual poder de destruição.

Ao encontrar a HIPÓTESE DA MORTE, essa ferramenta norteará seus esforços, permitindo que você se concentre primeiro no que é mais importante, e ataque as hipóteses, UMA A UMA, SEQUENCIALMENTE. A HIPÓTESE DA MORTE é o ponto de partida para o lançamento do foguete que trará as evidências cruciais para o projeto.

Encontrando a Hipótese da Morte

Na teoria parece fácil, mas na prática pinçar a HIPÓTESE DA MORTE no Mapa de Hipóteses pode ser bem mais complexo. A HIPÓTESE DA MORTE é peculiar a cada projeto, e por mais que eu listasse aqui exemplos e mais exemplos para ilustrar o processo, não há uma receita ou fórmula mágica que se aplique a diferentes projetos, conduzidos por diferentes pessoas, em momentos e regiões distintas. Há, no entanto, duas orientações que o ajudarão nessa etapa.

Posição das hipóteses no Foguete

Há uma razão para as peças do FOGUETE estarem distribuídas da maneira como estão, e tem a ver (na maioria dos casos — cuidado com a generalização) com o potencial de destruição das hipóteses. É muito comum os times se preocuparem com hipóteses financeiras (PEÇA ENTRADAS), de marketing digital (PEÇA APPROACH) ou de benefícios que serão entregues (PEÇA BENEFÍCIOS) muito antes de terem eliminado as hipóteses localizadas nas quatro peças que formam a base do FOGUETE (GATILHO, CLIENTES, MERCADO E REGULAÇÃO). Ora, convenhamos que se há uma hipótese localizada na PEÇA GATILHO que aponta para uma dúvida sobre a existência ou latência de uma necessidade específica, e outra hipótese, por exemplo, na PEÇA ENTRADAS concernindo o preço que os clientes topariam pagar pela sua futura solução, é mais razoável elegermos a hipótese no gatilho como a HIPÓTESE DA MORTE. Afinal, quem compraria um produto ou um serviço que não resolve uma necessidade que está reconhecidamente nos prejudicando ou atrapalhando? Por isso — e não tome isso como regra geral —, muito provavelmente quando há hipóteses espalhadas pelo FOGUETE aquelas localizadas nas peças mais para baixo (mais próximas da base) tendem a ser hipóteses da morte.

Envolver pessoas externas ao projeto

A mesma orientação do ESTÁGIO 3 — DESAFIAR se aplica ao ESTÁGIO 4 — PRIORIZAR. Envolva pessoas de fora do projeto, sem conexão emocional com você ou com qualquer outra pessoa do time, e que, preferencialmente, não conheça o projeto. É recomendado que a rodada do ESTÁGIO 4 — PRIORIZAR aconteça no mesmo dia e logo depois do ESTÁGIO 3 — DESAFIAR. Se não der, tudo bem. O importante é contar com apoio externo.

Atenção da detecção da Hipótese da Morte

Recorda-se da entrada das fraldas Pampers na China? Aquela saga fornece insumos valiosos sobre erros e acertos consequentes da escolha equivocada de HIPÓTESES DA MORTE.

No começo, a Pampers apostou numa estratégia de preço muito baixo e tentou empurrar produtos de péssima qualidade. Resultado? Fracasso absoluto nas vendas. Por quê? Porque partiram de uma HIPÓTESE DA MORTE equivocada, uma HIPÓTESE DA MORTE depositada sobre o preço de venda das fraldas! Afinal, num país em que boa parte da população ainda está na zona rural o dinheiro é a maior preocupação dos casais com filhos recém-nascidos, certo? ERRADO!

Ao assumir que a HIPÓTESE DA MORTE do modelo de negócios da entrada das fraldas Pampers estava no preço de venda, todos os esforços de "validação" foram direcionados para atingir o preço-alvo estabelecido em algum documento interno de projeções econômico-financeiras. E como chegar a preços de vendas tão baixos sem ter uma operação instalada no país, ou seja, considerando os altos custos logísticos? Exportando para a China um modelo mais simples, proveniente de um processo de exagerada simplificação e adaptação das fraldas vendidas nos EUA e Europa, que resultou num produto de qualidade muitíssimo inferior ao padrão tradicional da marca. Houve outra questão problemática desdobrada da decisão de colocar a HIPÓTESE DA MORTE na PEÇA ENTRADAS. Ao fazê-lo, assumiram que o mercado-alvo (clientes e seus gatilhos) se comportaria de maneira semelhante aos consumidores dos outros continentes já atendidos pela Pampers, exceto pelo bolso mais raso, o que, por instância, justificava a qualidade inferior. Perfeito! Perfeito? Óbvio que não. Num país oriental, com uma cultural milenar completamente diferente da cultura ocidental, cujos casais com filhos recém-nascidos estavam acostumados a vesti-los com fraldas de panos ou a não vesti-los, o entendimento não poderia ter sido mais equivocado. Não por acaso, o projeto caiu por terra, mas a Pampers não desistiu. O potencial do mercado consumidor chinês era extraordinário.

A segunda onda do projeto (o que seria como um possível segundo Ciclo Validation Rocket) permaneceu com o direcionador de preço de venda bem acessível, mas trocou a HIPÓTESE DA MORTE para os atributos da fralda (solução). Afinal, os pais e mães chineses não deixaram de comprar o primeiro modelo de fraldas pelo preço, mas sim pela qualidade geral (textura de plástico, aparência simplória, desconfortáveis, baixa capacidade de absorção etc). Certo? Certo. ERRADO DE NOVO!

Ao assumir que a HIPÓTESE DA MORTE da segunda onda do projeto estava na PEÇA ATRIBUTOS, a Pampers direcionou esforços para pesquisar e desenvolver fraldas descartáveis de ótima qualidade, que passariam a ser produzidas em uma nova plataforma tecnológica para baratear o custo de produção, e que, com a abertura de uma fábrica na China, atingiriam o preço-alvo determinado. O problema em considerar a HIPÓTESE DA MORTE na PEÇA ATRIBUTOS é que se continuou assumindo que o comportamento dos clientes-alvo orientais seria análogo ao dos clientes ocidentais. Resultado? Prateleiras lotadas com o novo modelo de fraldas. Ora, mas as fraldas eram de ótima qualidade e a preços bem baixos. O que estava empacando as vendas? Bem. O básico de qualquer projeto. Adivinha? Conhecer os... clientes.

Então, a terceira onda iniciada e, finalmente, a HIPÓTESE DA MORTE foi colocada no devido lugar: nos gatilhos (dos pais)! Os pais querem tudo do bom e do melhor para os filhos, sempre. Vê-los crescer saudáveis e se tornarem pessoas inteligentes é tudo que os pais desejam. Além disso, o sono dos pais de recém-nascidos não será o mesmo por longos e demorados meses, apesar da sublime sensação de ser pai ou mãe. Porém, os pais e mães chineses já dispunham de uma solução, mesmo não sendo a que o "ocidente" recomendava. Fazê-los substituir (efeito colateral, recorda-se?) fraldas de pano por fraldas descartáveis requereria bem mais do que argumentos comparativos de atributos, condição bem comum em projetos e soluções realmente inovadoras (as fraldas descartáveis para os chineses até então eram soluções inovadoras e desconhecidas). Comparar atributos fazia sentido para convencer um pai da marca X a comprar a marca Y, e não convencer um comprador de banana a comprar carne de porco. Quais argumentos utilizar então? O argumento baseado nos benefícios infinitamente superiores gerados pelas fraldas descartáveis, que ficaram cristalinos como água quando os estudos apontaram que os bebês que usavam fraldas descartáveis dormiam mais e melhor todas as noites, cuja consequência imediata era o melhor desenvolvimento cognitivo e o fato de que os pais seriam beneficiados secundariamente por descansarem melhor e ganhar tempo "extra" para outras coisinhas. BINGO! Um novo mercado inteirinho para ser explorado.

Muito embora a Pampers tenha recuperado todos os anos "perdidos" por conta do bate-cabeça, a marca queimou muito mais dinheiro e muito mais esforço do que deveria pelo simples fato de ter errado na priorização da HIPÓTESE DA MORTE, e, ainda por cima, duas vezes. Sorte que havia bala na agulha para perseverar, facilitador que não se encontra por aí em qualquer canto. Melhor não pagar para ver, não é mesmo?

Agora é a sua vez!
Missão: Encontrar a Hipótese da Morte

No Estágio 4, a missão é analisar o MAPA DE HIPÓTESES, uma por uma, e encontrar a HIPÓTESE DA MORTE do ciclo em questão (não se esqueça da comparação com a Torre de Madeira). Ao encontrá-la, identifique-a com uma caveira bem grande, igual à do exemplo!

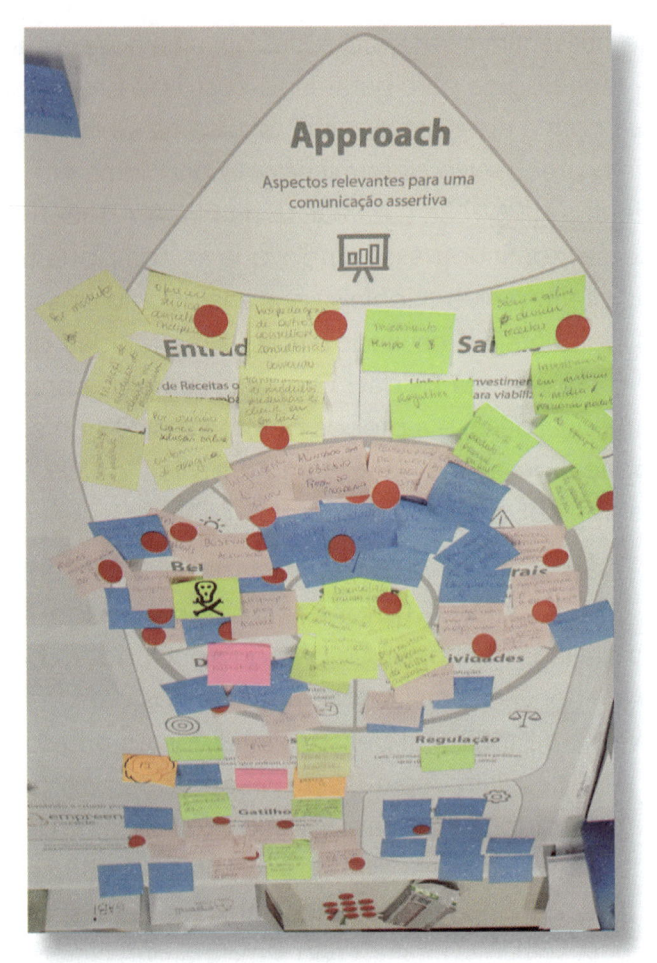

Figura 7
HIPÓTESE DA MORTE representada por uma caveira

Capítulo 7

Se você falha em planejar, você está planejando seu fracasso.
Benjamin Franklin

ESTÁGIO 5 – PLANEJAR

A HIPÓTESE DA MORTE direcionará sua busca por novos conhecimentos e aprendizados, pois é uma lacuna que deve ser preenchida, mesmo que não exatamente com as respostas que você deseja ou espera. Ela é o elo do seu projeto com a execução, com o mercado e com os futuros clientes. Em outras palavras, a HIPÓTESE DA MORTE é a deixa para você mergulhar na REALIDADE tal como ela é, uma oportunidade única para sair do campo da imaginação e experimentar. Mas você não pode fazer isso de maneira desestruturada, certo? É aí que entra o ESTÁGIO 5 – PLANEJAR.

No ESTÁGIO 5 – PLANEJAR você estruturará um passo a passo simples e objetivo para levantar os dados e informações relevantes para completar a lacuna representada pela HIPÓTESE DA MORTE. É claro que os dados e informações coletados podem servir para completar parcialmente outras hipóteses, mas não se esqueça que seu foco, seu objetivo principal, é dar condições para afirmar com segurança se a HIPÓTESE DA MORTE é válida ou não.

Com a Validation Rocket, você construirá um plano de ação assertivo, com atividades bem claras e de fácil compreensão, para buscar o que for preciso para responder a HIPÓTESE DA MORTE. E antes que você se assuste e feche o livro, o processo de concepção do plano de ação é tão leve e despretensioso, que não parece em nada com aqueles cronogramas imensos em que nos perdemos facilmente. Na Validation Rocket, esse plano de ação é chamado de PLANO DE VOO (ou Plano de Validação da HIPÓTESE DA MORTE).

Talvez seja necessário um ou dois ciclos para você acertar a mão e construir planos de voo mais efetivos. É só uma questão de prática. Sua performance total dependerá em grande parte dessa etapa. Dedique bastante tempo para entender os fundamentos que trago adiante para você, pois planos de validação bem elaborados a partir de bases sólidas (estágios anteriores) trarão níveis de performance fora de série e conquistas de resultados cada vez mais robustos.

Enfatizo que muito embora os Estágios 1, 2, 3 e 4 do Ciclo Validation Rocket sejam importantíssimos e contribuam para o direcionamento do projeto, é no ESTÁGIO 5 — PLANEJAR que você dará um rosto ao seu modelo de negócios, preparando-o para entrar em contato com o mercado e com os potenciais clientes de uma vez por todas, ou seja, preparando para decolar foguete atrás de foguete.

Ferramenta de Lançamento: PROPULSOR

O diferencial de empreendedores de verdade é a capacidade de colocar em prática e executar tudo aquilo que está no papel. Soluções incríveis e projetos matadores dependem muito mais da execução, que não necessariamente precisa ser perfeita, do que de infinitas horas de elucubração e planejamento, principalmente nos momentos iniciais em que tudo está cercado de muitas dúvidas e receios. Não me entenda mal. As etapas que antecedem a execução são importantes, sim. Entretanto, colocar a mão na massa é imprescindível e é o que dita o ritmo do sucesso. Com pouca energia e baixa capacidade de execução, nenhum projeto sobrevive ou chega longe. Com muito suor e níveis cada vez maiores de performance na execução as chances são surpreendentemente maiores e crescerão de forma gradativa. É precisamente nesse contexto que entra em cena o PROPULSOR, segunda ferramenta da Validation Rocket.

O **PROPULSOR** é acoplado ao seu FOGUETE para agilizar a criação do plano de validação do seu projeto (PLANO DE VOO). Não se assuste ao ler a palavra "plano". A ferramenta é enxuta e elimina as burocracias dos instrumentos mais conhecidos e tradicionais, aplicados no gerenciamento de projetos. O PROPULSOR acelera substancialmente o processo de planejamento, deixando-o mais efetivo e focado na conquista de ganhos rápidos, pois cada PROPULSOR tem o objetivo de trazer um novo conhecimento, específico e necessário, para validar ou invalidar uma hipótese em cada ciclo (a HIPÓTESE DA MORTE). Conforme cada ciclo é finalizado, abre-se caminho para que um novo ciclo seja iniciado, só que em um patamar mais elevado de consciência, conhecimento e maturidade. Claro que no começo o processo pode ser um pouco truncado e conturbado. Romper paradigmas que colocamos em nossas cabeças desde que somos criancinhas e substituir antigos modelos mentais é difícil, mas, felizmente, não é impossível, e está ao alcance daqueles dispostos a impactar a sociedade. O novo modelo mental oferecido pela combinação FOGUETE-PROPULSOR canaliza o esforço para um único ponto, priorizando e concentrando energia em

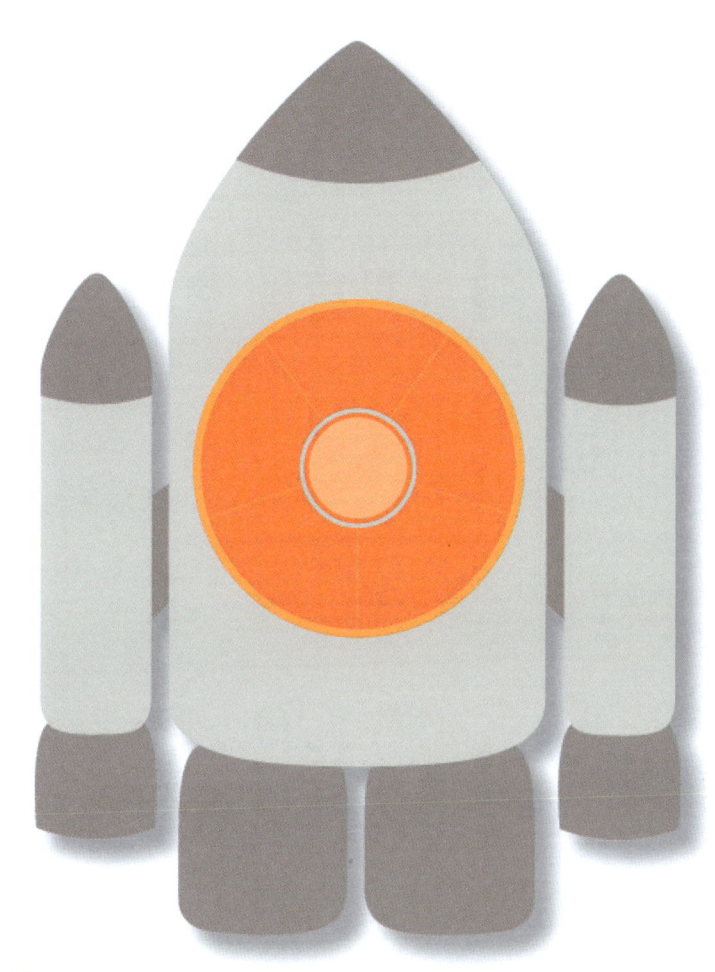

Figura 8
FOGUETE-PROPULSOR: Ideia geral

Figura 9
PROPULSOR: Modelo completo

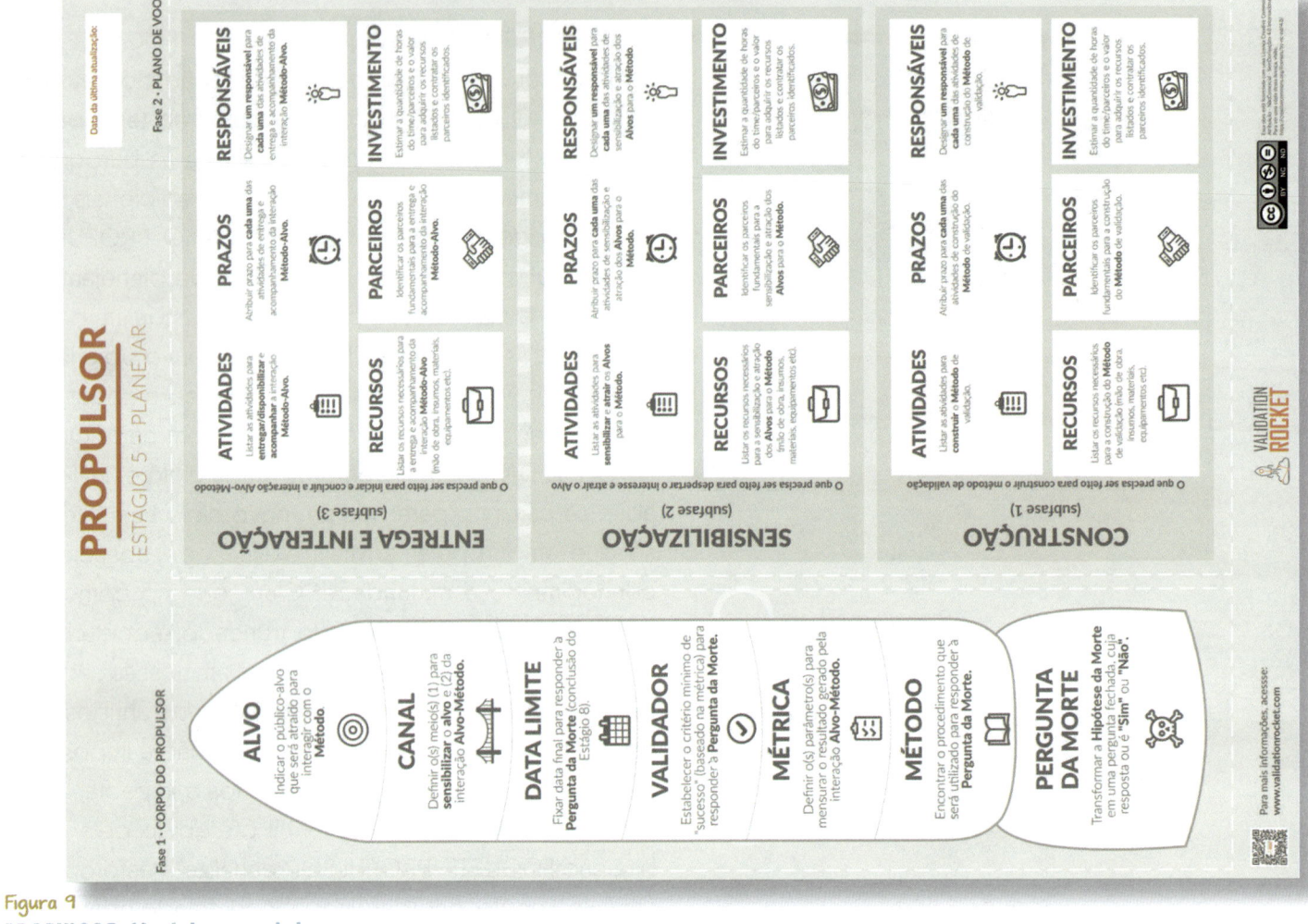

resolver o que é mais importante em primeiro lugar. E o PROPULSOR é definitivo nesse processo de canalização e concentração de foco.

Os holofotes sobre o tema da modelagem de negócios e as muitas ferramentas disponíveis para essa finalidade de certa maneira passam a impressão de que a principal (e "pior") parte terminou e que o projeto já é sucesso garantido. Entretanto, como estamos cansados de saber, o papel aceita qualquer coisa, mas o mercado e, principalmente, os clientes, não! O processo de planejamento para testar a HIPÓTESE DA MORTE, seguido de sua execução rigorosa, disciplinada, inteligente e ágil, é a carta na manga dos empreendedores de sucesso. Um plano de validação factível e executável, construído para rapidamente agregar valor ao projeto (ao testar a HIPÓTESE DA MORTE) e que esteja dentro da capacidade de entrega do time é infinitamente mais poderoso do que todo e qualquer tipo de modelo de negócios parado no papel. Como diz o velho ditado, a prática leva à perfeição! A aplicação do PROPULSOR transformará os grandes sonhos e desejos dos idealizadores em pequenos planos unitários de validação, conferindo ao time competência para buscar no mercado as informações necessárias para preencher as lacunas do modelo de negócios "do papel", convertendo-o em um negócio de verdade. O lema aqui é: Pense grande, muito grande, e execute pequeno. Estabeleça um ritmo que suas pernas consigam suportar, e cobre-se para ir mais longe em cada ciclo, é assim que você crescerá e produzirá mais. Porém, não vá além do que realmente é capaz de entregar ou suportar, além do que suas pernas aguentam. O tombo pode ser bem mais dolorido do que você imagina.

Bora lá?

Importante saber: Para melhor aproveitar o PROPULSOR, a dica é ler a primeira vez absorvendo o máximo de conteúdo, mas sem começar a aplicar ao seu projeto à medida que lê. Apenas faça anotações e registre lembretes. Isso dará a você uma visão de todo o PROPULSOR e as interligações entre as peças. Terminada a primeira leitura, volte ao início e releia, e agora sim, arregace as mangas e coloque a mão na massa conforme desenrola a leitura. Só então avance para o ESTÁGIO 6 — CONSTRUIR.

Preparação para montar o PROPULSOR: Partes do PROPULSOR

O PROPULSOR é montado em DUAS FASES: FASE 1 – CORPO DO PROPULSOR, dedicada ao design da validação, e começa com a conversão da HIPÓTESE DA MORTE em uma pergunta chamada de PERGUNTA DA MORTE; FASE 2 – PLANO DE VOO, foca o planejamento das atividades de validação. Acompanhe o escopo de cada uma delas.

> **Quer colocar a mão na massa?**
> Acesse o site www.validationrocket.com/livro e baixe o modelo para impressão do PROPULSOR.

BLOQUINHOS DE NOTAS ADESIVAS

Quando estiver construindo seu PROPULSOR, utilize os bloquinhos de notas adesivas menores (38mm x 50mm ou com dimensões similares) e não os maiores (75mm x 75mm ou 76mm x 76mm etc).

Não faça itens ou listas em uma mesma nota adesiva. Insira apenas uma palavra ou sentença. Não custa reforçar que o texto inserido em cada nota precisa ser legível e, principalmente, autoexplicativo. Se alguém não compreender o que está escrito, será necessário reescrever de modo a chegar a uma sentença mais clara.

Capítulo 8

ESTÁGIO 5 – PROPULSOR
FASE 1 – CORPO DO PROPULSOR

Boa sorte é o que acontece quando a oportunidade encontra o planejamento.
Thomas Edison

O processo de ideação do modelo de negócios, que toma lugar no FOGUETE (ESTÁGIO 2 – MODELAR), dá espaço, agora, para um processo de afunilamento e concentração de foco naquilo que é vital para a continuidade e sobrevivência do projeto naquele dado momento. No PROPULSOR, os sonhos e suposições do modelo de negócios são convertidos em um único plano concreto de validação, formado por ações tangíveis, factíveis, executáveis e mensuráveis, para que o projeto comece a ganhar corpo e vida tocando o mundo lá fora. Diluir sua energia para executar um escopo de validação (lançamento) muito amplo traria péssimos resultados e, possivelmente, inconclusivos, desviando você do caminho da alta performance e produtividade, e até mesmo o desmotivando para continuar trilhando sua jornada empreendedora quando as barreiras mais críticas surgirem. É por essa razão que *delimitar* e *delinear* o escopo do projeto são os dois objetivos primordiais do CORPO DO PROPULSOR, concentrando seu esforço e sua energia para acelerar a obtenção de ganhos rápidos e conquistas importantes que funcionarão como combustível para os próximos ciclos.

A ponte FOGUETE-PROPULSOR promoverá a substituição do antigo hábito improdutivo e sufocante de abraçar o mundo e (tentar) executar diversas coisas ao mesmo tempo por um novo modelo mental de excelência em performance e produtividade, baseado na execução de planos inteligentes de validação. À primeira vista, soa contraintuitivo afirmar que atacar uma hipótese por vez em cada ciclo imprime mais agilidade e velocidade em um projeto. Entretanto, essa é a chave da Validation Rocket: concentrar energia e esforços para trazer avanços significativos e cruciais para o time naquele contexto específico do projeto, e produzir conquistas que o impulsionarão adiante. Está mais do que provado pela ciência que não somos capazes de processar adequadamente muitas tarefas ao mesmo tempo. Ser multitarefa é um mito. Por isso que com o PROPULSOR você concentrará energia naquilo que é mais relevante e crucial para o projeto em cada um dos seus ciclos de validação.

O CORPO DO PROPULSOR é composto de 7 PEÇAS:

- PEÇA 1 – PERGUNTA DA MORTE.
- PEÇA 2 – MÉTODO.
- PEÇA 3 – MÉTRICA.
- PEÇA 4 – VALIDADOR.
- PEÇA 5 – DATA LIMITE.
- PEÇA 6 – CANAL.
- PEÇA 7 – ALVO.

Veremos agora cada uma delas. Aperte os cintos!

PEÇA 1 – PERGUNTA DA MORTE

A grande sacada do PROPULSOR está na peça PERGUNTA DA MORTE. As ferramentas mais conhecidas de modelagem de negócios são incríveis, mas acabam deixando os empreendedores desamparados por não oferecerem condições para tornar realidade tudo aquilo que foi colocado no papel. Pelo contrário. Na prática, essas ferramentas são desestimulantes. Muitas informações são colocadas no modelo de negócios e falta entendimento do que fazer a partir dali. É bem provável que você já tenha passado por alguma situação dessas, ou já presenciou amigos próximos ou conhecidos patinando agoniados sem sair do lugar. O fato é que realmente há um abismo gigantesco entre o papel e o início da execução do projeto capaz de inibir até o mais destemido empreendedor. Há não, havia! O PROPULSOR é a ponte entre o lindo e perfeito modelo de negócios do papel e a realidade, o mercado, e, se seguir à risca, o sucesso do seu projeto.

Para evitar um superfluxo de informações e perda de foco no que é vital para a sobrevivência do projeto, a HIPÓTESE DA MORTE dará origem a uma pergunta chamada de PERGUNTA DA MORTE, que conecta o FOGUETE ao PROPULSOR, afunilando o escopo do projeto em cada ciclo com o objetivo de agilizar o processo de injeção de realidade no modelo de negócios, todo carregado com suposições e desejos dos empreendedores (hipóteses), tornando-o mais maduro, consistente e, sobretudo, real e banhado pela realidade do mercado e pela visão dos clientes. A partir dali, toda e qualquer energia do time estará concentrada em identificar o modo mais efetivo e inteligente para respondê-la, considerando as possibilidades e disponibilidades do time naquele instante do projeto. Com a lógica do PROPULSOR, você *não* dará passos maiores do que é capaz de aguentar e não se frustrará ou subjugará suas competências empreendedoras. Muitíssimo pelo contrário. Com o PROPULSOR, suas competências serão potencializadas para que não haja desperdícios e você decole seu projeto de verdade.

Formular uma pergunta que realmente seja a PERGUNTA DA MORTE é tarefa para aqueles que estejam autenticamente dispostos, comprometidos e dedicados à causa requerida pelo empreendedorismo de novos negócios: resolver problemas reais de pessoas (ou empresas) de verdade. A maioria tende a formular qualquer tipo de pergunta e seguir adiante, acreditando que está tudo resolvido, ou retornar para outras ferramentas de modelagem para ter a quem ou ao que culpar pela falta de sucesso, ou ainda desistem do próprio sonho de empreender. Qualquer um desses caminhos levará você à frustração, ao arrependimento ou à inveja mórbida (daqueles pouquíssimos que perseveram e chegam lá). A PERGUNTA DA MORTE é decisiva para o empreendimento. O tempo investido para elaborá-la será devidamente recompensado ao longo da sua jornada quando resultados cada vez maiores e melhores forem extraídos em cada ciclo.

Formulando a PERGUNTA DA MORTE

É fácil formular perguntas? E que tal formular perguntas a partir de assuntos dos quais não temos certeza, e ainda por cima, envolvam nossa paixão, nossa emoção e, muitas vezes, nosso meio de sobrevivência, nossa esperança de um futuro melhor? O processo de conversão da HIPÓTESE DA MORTE na PERGUNTA DA MORTE parece ser simples e rápido, conceitualmente falando. Coloque a mão na massa e essa percepção evaporará como álcool. Mas não se preocupe. Os parágrafos que seguem contêm dicas reveladoras para você formular Perguntas da Morte efetivas. No entanto, não espere uma receita de bolo ou fórmula mágica em que colocamos a HIPÓTESE DA MORTE e retiramos a PERGUNTA DA MORTE prontinha para uso. Como dizem por aí, isso não existe nem aqui, nem na China.

Pergunta fechada com resposta restrita a "sim" ou "não"

A lógica da formulação da PERGUNTA DA MORTE começa pelo tipo de resposta desejada. O PROPULSOR agrega valor de verdade, ou seja, é efetivo para validar hipóteses e levar sua performance para as alturas, quando as respostas são curtas, e preferencialmente (o ideal é que realmente fosse) do tipo "sim" ou "não", "verdadeiro" ou "falso". E a razão para isso é reduzir a margem de erro e minimizar ao máximo a subjetividade na interpretação dos resultados do ciclo de validação. Segurança é a palavra-chave aqui. Ter segurança para afirmar se a PERGUNTA DA MORTE foi respondida, sem deixar abertura para dupla interpretação, ressalvas ou arrependimentos (aquela sensação desconfortável de dúvidas e que a qualquer momento a decisão precisará ser refeita). A interpretação de qualquer resposta que fuja ao "sim" ou "não", como, por exemplo, descritiva ou aberta, baseia-se em inferências e parcialidades e, por isso, tem dose considerável — e indesejável — de subjetividade. Além disso, interpretar respostas descritivas num contexto de validação tomará tempo e dificilmente estaremos confortáveis com a conclusão que vamos tirar, sem falar que quem está respondendo necessita de mais tempo para responder. A consequência é um processo de validação pesado e demorado. Você não quer isso para o seu PROPULSOR.

Repare na diferença entre as possíveis respostas para as duas perguntas a seguir. Uma delas é a PERGUNTA DA MORTE e a outra é... só uma pergunta. "As pessoas comprariam um livro pela internet para recebê-lo em casa?" e "O que as pessoas comprariam pela internet para receber em casa?". Qual delas é respondida mais rapidamente? Qual delas é analisada mais rapidamente? Qual é a PERGUNTA DA MORTE? A pergunta com resposta do tipo "sim" ou "não". Alguns leitores podem estar se questionando que a pergunta "As pessoas comprariam um livro pela internet para recebê-lo em casa?" também recebe "talvez" como resposta. Veremos na peça a seguir, chamada Método, o que será utilizado para trazer somente respostas "sim" ou "não". A propósito: "As pessoas comprariam um livro pela internet para recebê-lo em casa?" é a PERGUNTA DA MORTE (que poderia ter sido) feita por Jeff Bezos em 1994, e respondida pela... Amazon.com.

Agora, como obter uma resposta "sim" ou "não" no PROPULSOR? Uma resposta "sim" ou "não" é obtida por uma PERGUNTA DA MORTE fechada, ou seja, aquele tipo de pergunta que não deixa abertura para resposta descritiva ou múltiplas interpretações, pois é objetiva e direcionada. Objetiva porque a PERGUNTA DA MORTE fechada é formulada de maneira tal que possamos definitivamente concluir se o objeto de nosso interesse faz sentido ou não, se é pertinente ou não, se é válido ou não. E direcionada porque é binária, portanto, ou a resposta é "sim" ou a resposta é "não". Sem meio-termo, sem outras alternativas. Perguntas da Morte efetivas **NÃO COMEÇAM ou NÃO DEVEM CONTER** os termos: "**Qual**", "**Quem**", "**Quanto**", "**Quando**", "**Onde**", "**Por que**", "**O quê**", "**Com**" e "**Como**", pois não são perguntas efetivas para validar seu projeto. Esses termos são típicos de perguntas abertas e não cabem no escopo de validação da Validation Rocket. Repare mais uma vez como é gritante a diferença entre as possíveis respostas para as duas perguntas a seguir. "As pessoas comprariam um livro pela internet para recebê-lo em casa?" e "O que as pessoas comprariam pela internet para receber em casa?". Qual delas gera respostas efetivamente conclusivas? A primeira!

A PERGUNTA DA MORTE não é aleatória

Existe outro ponto interessante na pergunta: "As pessoas comprariam um livro pela internet para recebê-lo em casa?" Essa pergunta foi formulada a partir de um pressuposto (hipótese) claro e específico: só faz sentido vender livros pela internet se existir predisposição das pessoas para comprá-los. Em outras palavras, só faz sentido vender livros se houver alguém que os compre. Era uma suposição (quase uma convicção em se tratando de Jeff Bezos) que as pessoas comprariam, sim, livros pela internet. Lembre-se de que isso aconteceu em 1994. A internet e o comércio eletrônico estavam anos-luz de distância do que são hoje. Até então ninguém tentara e fora bem-sucedido. Essa suposição, ou pressuposto para prosseguimento do empreendimento, era, na verdade, a HIPÓTESE DA MORTE do projeto de e-commerce de livros da Amazon.com, que fora traduzida e embutida na PERGUNTA DA MORTE fechada, com resposta "sim" ou "não". "Você compraria um livro pela internet para recebê-lo em casa?" *Essa é a equação matadora para Perguntas da Morte efetivas: FOGUETE (modelo de negócio), HIPÓTESE DA MORTE e PERGUNTA DA MORTE interligadas em perfeita consonância, alinhamento e harmonia.*

O fato de a internet ter se popularizado e espalhado rapidamente provocou uma enxurrada de negócios online cujas Perguntas da Morte eram parecidas com a da Amazon.com. Afinal, era tudo muito novo para os clientes, que desconheciam os mecanismos das compras online. Muitos empreendimentos, evidentemente, receberam sonoros "não" e invalidaram o modelo proposto. Alguns poucos, no entanto, receberam "sim" e prosperam até hoje, dentre eles a Zappos.com, varejista online de roupas e calçados, nascida nos EUA em 1999, 5 anos após a fundação da Amazon.com. O fundador da startup, Nick Swinmurn, teve a brilhante ideia de vender sapatos pela internet, por meio de algo parecido com uma loja virtual ou e-commerce. Mais uma vez, comprar pela internet é comum hoje, mas era ameaçador à época. A PERGUNTA DA MORTE inicial da Zappos.com foi direta: "As pessoas comprariam sapatos em uma loja online (e-commerce)?" Em 2009, a Zappos.com foi comprada pela Amazon.com por mais de US$1 bilhão tamanha a quantidade de "sim" recebida. Notem. FOGUETE, HIPÓTESE DA MORTE e PERGUNTA DA MORTE conectados. PERGUNTA DA MORTE fechada, com resposta "sim" ou "não".

Exemplos: Perguntas da Morte na indústria audiovisual

O Spotify, empresa sueca de streaming de música digital, provocou uma reviravolta na indústria da música desde sua fundação, em 2008. O que poucos sabem é que o Spotify se valeu de três outras Perguntas da Morte, feitas por três outras empresas, e que foram respondidas com "sim", para formular sua a própria PERGUNTA DA MORTE e também encontrar milhões de "sim" para ela. A primeira delas foi a PERGUNTA DA MORTE respondida pela Sony com o lançamento, em 1979, do Walkman, um tocador portátil de fitas cassetes. Isso mesmo. Você não leu errado. O ano foi 1979! Poucos apostavam no sucesso do tocador. A ideia era revolucionária e simplesmente transformou o modo como consumimos música até hoje: ouvir suas músicas favoritas onde e quando você bem entender, dando de ombros para a sociedade invejosa e curiosa. Fosse indo e voltando para o trabalho, fazendo atividades domésticas, praticando esportes ou na escola, a ideia era sacar o dispositivo, colocar os fones, dar o play e pronto. Seu universo particular estava estabelecido. O sucesso estrondoso do Walkman, cuja versão mais tecnológica, digital e menos glamourosa ainda é comercializada, respondeu à PERGUNTA DA MORTE: "As pessoas ouviriam, individualmente, e em público, suas próprias músicas enquanto se deslocam de um lugar para outro?"

A segunda PERGUNTA DA MORTE que beneficiou o Spotify foi feita e respondida pelo Napster. Em 1999, a startup foi pioneira ao criar um sistema para compartilhamento online de arquivos digitais (leia-se, músicas no formato de MP3), cuja troca ocorria diretamente entre os usuários da plataforma (do inglês, *peer-to-peer, ou, pessoa para pessoa*). Novamente, a internet era novidade. Havia uma hipótese que recaía sobre os usuários compartilhando e fazendo download de seus arquivos de músicas por meio do sistema online em seus próprios computadores pessoais. Era, inclusive, um problema legal da solução da startup (lembram-se da PEÇA REGULAÇÃO lá no FOGUETE), pois os downloads das faixas eram gratuitos e infringiam os direitos autorais das gravadoras e artistas. A PERGUNTA DA MORTE foi: "Os usuários fariam download gratuito de arquivos de músicas?" O Napster bombou tanto na época que atraiu atenção dos órgãos reguladores em diversos países, encerrando operações em 2001.

A terceira PERGUNTA DA MORTE que beneficiou o Spotify veio com a dupla iPod e iTunes, ambos lançados em 2001. O iTunes veio primeiro, em janeiro daquele ano. Por meio desse sistema, os usuários passariam a ouvir música, gerenciar arquivos e comprar músicas. Mas a revolução aconteceria alguns meses mais tarde com a chegada do iPod, o tocador da Apple. Leve, portátil, elegante e com capacidade para centenas de faixas, em pouco tempo ele conquistou multidões no mundo todo, e respondeu à PERGUNTA DA MORTE da Apple: "As pessoas pagariam para fazer download de arquivos de músicas (e ouvi-las na rua, usando seus iPods)?" Vale lembrar mais uma vez que em 2001 os smartphones ainda eram somente projetos. A título de curiosidade, o primeiro iPhone foi lançado em 2007.

A música percorreu um longo caminho de 1979 até 2001 com as provocações e inovações da Sony, do Napster e da Apple. Essas empresas responderam Perguntas da Morte que abririam caminho, com a evolução tecnológica e a constante mutação das necessidades e aspirações dos clientes, para a chegada da PERGUNTA DA MORTE do Spotify, em 2008. É raro encontrar pessoas carregando MP3 Players por aí. Os smartphones estão cada vez mais poderosos, com mais memória, e com funções de câmera fotográfica, filmadora e tocador de mídia (música e vídeo). Os clientes querem liberdade para acessar, instantaneamente, milhões de faixas de músicas, quando e onde desejarem. Mas será que "as pessoas pagariam para ouvir músicas online sem precisar fazer download (streaming)?". No dia 3 de abril de 2018 o Spotify abriu capital na bolsa de valor de Nova York, sendo avaliada em mais de US$26 bilhões. E olha que curioso. Substitua a palavra "música" na PERGUNTA DA MORTE do Spotify por "filmes e séries" para encontrar a PERGUNTA DA MORTE do... Netflix em 2007, quando lançou sua plataforma de vídeos sob demanda (streaming): "As pessoas pagariam para assistir filmes e séries online sem precisar fazer download (streaming)?" Se hoje nossos finais de semana são preenchidos por Netflix você já deve estar imaginando qual foi a resposta, não é mesmo?

Compartilhar vídeos e postá-los em redes sociais é a coisa mais comum hoje, pois qualquer pessoa que disponha de um bom smartphone é capaz de gravar vídeos razoáveis. Só que já parou para pensar sobre quem de fato viabilizou tudo isso? Quem validou que realmente as pessoas se sentiriam à vontade compartilhando momentos pessoais e profissionais com amigos e seguidores? A história começou em 2005, quando três jovens tiveram uma brilhante ideia. Criar uma página de internet para armazenamento e compartilhamento de arquivos de vídeo, na qual um usuário faria o upload dos arquivos, que, por sua vez, poderiam ser assistidos por outros usuários. Isso é óbvio atualmente, mas, mais uma vez, é importante lembrar que não era tão prático gravar vídeos naquela época, imagine então compartilhá-los. Só a partir da década de 2010 que a função "filmadora" passou a valer de verdade nos smartphones. Até então não existia algo parecido, ou, pelo menos, nada que fosse conhecido pela grande massa.

Para vingar, o projeto dependia da validação do real interesse e disposição das pessoas para compartilhar seus momentos pessoais, no formato de vídeo, com outras pessoas, em uma página de internet. Essa era a HIPÓTESE DA MORTE do projeto, cuja PERGUNTA DA MORTE equivalente foi: "Será que as pessoas compartilhariam publicamente seus próprios vídeos para outras pessoas assistirem?" Se a resposta fosse sim, perfeito. HIPÓTESE DA MORTE validada. Se a resposta fosse não, bem, o projeto estaria morto. Até 2006, pouco mais de um ano após a fundação, o projeto dos jovens, um tal de... YouTube, recebeu tantos "sim" e cresceu tão rapidamente, que foi adquirido pelo Google por mais de US$1,5 bilhão em ações. Exato. Foi o YouTube que abriu caminho para a funcionalidade obrigatória de compartilhamento de vídeo nas principais redes sociais do mundo!

Concisão para precisão

Note que as Perguntas da Morte citadas são concisas e contêm exatamente aquilo que se busca validar, sem rodeios. Perguntas longas podem ser confusas e difíceis de interpretar. Perguntas muito curtas podem deixar escapar a essência da validação. Nenhuma pessoa do time do projeto deve ter dificuldades para entender a PERGUNTA DA MORTE. Essa é uma boa maneira de avaliar se estamos no caminho certo. Outra maneira é pedir para uma pessoa conhecida (e que tenha conhecimento sobre o que você está falando), mas que não faça parte do projeto, ler sua PERGUNTA DA MORTE e dizer o que entendeu (já deu para entender que eu realmente aprecio o envolvimento de pessoas de fora do projeto, não é mesmo?).

Quem "responde" à PERGUNTA DA MORTE

Não confunda o seu papel com o papel do cliente na hora de responder sim ou não. Não espere que o cliente responda sim ou não com a própria boca. Na maioria das situações esse não é, e nem deveria ser, o papel dele, mesmo porque talvez ele nem saiba que está sendo testado ou que faz parte de um processo de validação de determinado projeto. Esse é o papel do time do projeto, e, nem sempre a conclusão será direta, explícita ou clara, demandando inteligência e agilidade para interpretar os sinais emitidos pelos clientes. O exemplo do Walkman é simples e ilustra precisamente esse ponto. Uma coisa é fazer a PERGUNTA DA MORTE para os clientes: Você ouviria, individualmente, em público, suas próprias músicas enquanto se desloca de um lugar para outro? Uns responderiam que sim, outros que não, e outros ainda que depende, talvez sim, talvez não. Outra coisa diametralmente oposta é colocar o dispositivo na mão de alguns e ver o que acontece, não acha? Henry Ford uma vez disse: "Se eu perguntasse para as pessoas o que elas desejam, elas diriam cavalos mais velozes." Cabe aqui lembrar que no ciclo da Validation Rocket existe o ESTÁGIO 8 — AVALIAR, em que sua missão será avaliar e concluir sobre a resposta consolidada para a PERGUNTA DA MORTE.

A Pergunta da Morte, não "as" Perguntas da Morte

A técnica mais utilizada e conhecida para formular a PERGUNTA DA MORTE é o *brainstorming*, ideação, "tempestade de ideias", ou o famoso "toró de ideias". Ela consiste, resumidamente, no alinhamento e sincronização das mentes envolvidas no projeto para encontrar alternativas com o objetivo de resolver determinado problema ou situação, que, no nosso caso, é encontrar a PERGUNTA DA MORTE mais efetiva. Lembre-se de que a metodologia Validation Rocket é cíclica. Quanto mais conseguir absorver a essência por trás do processo ao mesmo tempo em que aplica na validação e construção do seu modelo de negócio, melhor e mais agilmente rodaremos os ciclos subsequentes, aumentando, com isso, sua performance e produtividade.

Para cada HIPÓTESE DA MORTE existe apenas uma PERGUNTA DA MORTE, e, como cada ciclo deve conter somente uma HIPÓTESE DA MORTE, haverá apenas uma PERGUNTA DA MORTE por ciclo. Não mais do que isso. Aventurar-se em qualquer outra abordagem impactará a performance e os resultados entregues em cada ciclo. Foco é a alma do PROPULSOR.

PEÇA 2 — MÉTODO

Com a PERGUNTA DA MORTE pronta é hora de pensar em como respondê-la. Essa é a missão da PEÇA 2 — MÉTODO.[1]

É importante esclarecer desde o início que não existe fórmula mágica para responder à PERGUNTA DA MORTE. Muitas variáveis estão em jogo e, por mais que exemplos sirvam de inspiração, cada projeto é único e, por isso, deve ser tratado como tal. Saiba que o que funcionou no passado para um empreendimento não necessariamente (e muito provavelmente) não funcionará hoje, para o seu projeto, que pertence a uma outra realidade. Uma boa dose de criatividade para pensar e repensar maneiras de responder à PERGUNTA DA MORTE é sempre melhor do que simplesmente replicar (para não dizer copiar) sucessos do passado. Ninguém aqui disse que é fácil ser criativo, muito menos ser criativo para encontrar maneiras elegantes de responder corretamente à PERGUNTA DA MORTE. Evitaremos desperdícios, desconfortos e frustrações se mantivermos isso em pauta, tirando da frente crenças limitantes e abrindo ainda mais espaço para performance e produtividade cada vez maiores, e resultados melhores a cada ciclo.

O método, como qualquer outro instrumento para validação de modelos de negócios, deve ser construído a partir da ótica de otimização de recursos e economia de tempo e dinheiro, afinal, ninguém está disposto a jogar dinheiro fora, ou estou enganado? É comum que equipes de startups espalhadas pelo mundo afora saiam construindo toneladas e toneladas dos famosos MVPs,[2] muito influenciadas pela realmente brilhante proposta da Startup Enxuta, de Eric Ries. Porém, quando indagadas sobre qual pergunta estão tentando responder com seus MVPs a devolutiva é vazia ou evasiva. Evidentemente falta foco e direcionamento para os esforços serem mais bem aproveitados e gerarem resultados inteligentes, porque competente a maioria é. A consequência? Dinheiro e tempo queimados, frustração e desmotivação crescente e equipes excelentes entrando em con-

---

1 No universo das startups de base tecnológica, o termo mais utilizado não é "método", mas sim MVP. Na prática, tanto faz. O importante é partir para cima e executar o projeto.

2 Da sigla em inglês, Minimum Viable Product, ou Produto Mínimo Viável. Nada mais é do que uma outra nomenclatura para o termo "método", utilizado na Validation Rocket.

flitos épicos, que muitas vezes culminam com o término de parcerias promissoras. A combinação PERGUNTA DA MORTE e Método (ou MVP, se preferir chamar assim) põe um fim definitivo a esse círculo vicioso e caótico, e canaliza a energia positiva para responder o que é mais vital e crítico para o projeto, no momento certo!

Disse Leonardo da Vinci que "a simplicidade é o último grau de sofisticação". Talvez porque fomos ensinados desde crianças, a maioria de nós inconscientemente refuta o modelo mais enxuto e econômico da peça método, pois soa como se fosse algo amador, incompleto ou imperfeito. Não confunda o conceito de método adotado pela Validation Rocket com porcaria ou lixo. Se encarar dessa maneira certamente não irá adiante na sua jornada empreendedora. Os métodos são alternativas ágeis, elegantes e saudáveis para extrair a resposta para a PERGUNTA DA MORTE. Os métodos são pensados e construídos a partir de uma perspectiva de otimização de recursos, tempo e dinheiro, e lançando mão da criatividade para evitar "perfeccionismos" e eliminar desperdícios humanamente evitáveis e previsíveis. Acredite, na maioria dos cenários de validação de modelos de negócios, o emprego de insumos e matérias-primas sofisticados e com "qualidade superior" pouco ou nada contribui para responder à PERGUNTA DA MORTE.

Lembre-se: o objetivo do PROPULSOR é responder à PERGUNTA DA MORTE (e, consequentemente, testar a HIPÓTESE DA MORTE), e não construir soluções lindas e maravilhosas. Isso acontecerá em algum momento do projeto, mas não nos momentos iniciais ou se para seus clientes a sofisticação não é valorizada, ou seja, não é um atributo relevante (lembra-se da PEÇA ATRIBUTOS do FOGUETE?).

Tipos de métodos de validação

Existem diversos tipos de métodos que podem ser aplicados para construir negócios de sucesso e soluções irresistíveis. Nas próximas páginas, serão apresentados alguns deles para inspirá-lo enquanto pensa no método que será utilizado no seu projeto. Além disso, nas peças do PROPULSOR que ainda estão por vir haverá mais exemplos para alimentar sua imaginação.

Apresentação

Apresentações em slides (MS PowerPoint, Google Slides ou qualquer outro software similar) podem ser ferramentas brilhantes quando o assunto é validação de novos negócios. O método consiste em preparar um documento eletrônico, agrupando blocos de informações e dados relevantes para o contexto, distribuindo-os e organizando-os em slides. Saber qual é a audiência é fundamental para elaborar o material, tanto pelo conteúdo em si quanto pela duração ou formato da exposição (PEÇA APPROACH). O método é aplicável tanto para projetos que estão no campo das ideias, para buscar as primeiras validações, quanto para empreendimentos em estágios mais avançados, com soluções mais maduras, que estejam prospectando, por exemplo, investimento para crescimento e expansão, e até mesmo em validações comerciais, em que, de fato, vende-se o produto ou serviço (ou tenta-se, pelo menos).

Utilizar apresentações para responder à PERGUNTA DA MORTE continua sendo um método bastante efetivo em diversos contextos de negócio. São instrumentos baratos, ou gratuitos (Google Slides, por exemplo), e rápidos de serem construídos, utilizados e modificados. Há uma vantagem tremenda nas apresentações de slides para responder à PERGUNTA DA MORTE: elas podem ser aplicadas ao vivo, cara a cara com o cliente. Com um pouco de treino, você conseguirá extrair sinais e insights poderosos para o projeto, não somente a partir do que é comentado e falado, mas principalmente da observação e leitura das reações e comportamentos (in)voluntários da audiência conforme o discurso evolui.

Vídeo

O consumo de conteúdo no formato de vídeos cresce em um ritmo impressionante. O YouTube é a segunda maior rede social do mundo, atrás apenas do Facebook. Em meados dos anos 2010, o Netflix sozinho superou a marca de 40% de todo o tráfego de dados na internet no mundo. Não é por acaso que os vídeos se tornaram tão populares como método para responder Perguntas da Morte. Observem que não me refiro a vídeos quaisquer, feitos aleatoriamente, sem o emprego de raciocínio lógico e que aparentem foram feitos sem cuidado e atenção. Notem também que não estou dizendo que vídeos com qualidade hollywoodiana são a salvação. Há um meio-termo entre os dois extremos, atingido quando equilibramos os recursos disponíveis, tempo e mão de obra, e estamos única e exclusivamente focados em responder à PERGUNTA DA MORTE. Mesmo sob condições severas de caixa (pouco ou nenhum dinheiro disponível) é possível desenvolver vídeos envolventes apresentando o conceito ou a proposta para a qual se busca validação com custo zero ou pouquíssimo investimento, e claro, uma pitada de criatividade e empatia. Há um amplo leque de softwares para construção de vídeos "animados" (não no sentido de vídeos divertidos, mas sim de vídeos roteirizados, com animações, personagens e narradores) disponíveis no mercado que se encaixam perfeitamente para aqueles que, como eu, não são especialistas no tema.

Vídeos que simulam o funcionamento básico ou as principais funcionalidades da (futura) solução são excelentes alternativas para responder a determinadas Perguntas da Morte (há quem chame esse tipo de vídeo de vídeo de demonstração, ou simplesmente "demo"). Mesmo que a solução ainda seja só uma proposta, digamos, uma ideia, é totalmente possível montar vídeos simuladores eficazes para galgar a resposta da PERGUNTA DA MORTE. O Dropbox, uma startup pioneira no armazenamento na nuvem de arquivos em múltiplas plataformas, que hoje conta com uma base de mais de 600 milhões de usuários ativos no mundo, provou por meio de um vídeo simulando o sistema que as pessoas estavam genuinamente preocupadas em armazenar seus arquivos eletronicamente para não os perder, bem como em acessá-los da maneira que quisessem e quando bem entendessem e desejassem. Os próprios fundadores foram os responsáveis pela gravação do vídeo. Eles aplicaram a Contação de Histórias (ou *storytelling*, em inglês) para estimular a audiência, e, numa tacada de gênio, utilizaram recortes de papel para ilustrar o conceito da plataforma e encenar algumas situações vividas pelos usuários. O vídeo está disponível no YouTube até hoje.

Pesquisa de mercado

A pesquisa de mercado é certamente o método mais utilizado pelos empreendedores em início da jornada para responder à PERGUNTA DA MORTE. A razão exata para isso não está muito clara, mas arrisco dizer que as grandes empresas de bens de consumo são as maiores responsáveis ("vilãs") por essa popularização do método. Com certeza você já foi abordado por um pesquisador, entrevistador ou promotor em um ponto de venda, não é mesmo? Colocando de lado minha opinião e meu ceticismo sobre a efetividade de pesquisas de mercado desenhadas, aplicadas e avaliadas por não especialistas ou pessoas sem experiência, creio que, como pontapé inicial — ou seja, como primeiro ponto de contato da equipe com o mercado e com prováveis clientes para quebrar a energia de ativação e o medo natural, e sair da inércia de início de projeto —, a pesquisa de mercado realmente seja interessante. Feito é melhor do que não feito!

Landing Page

As Landing Pages são sites simplificados, sem malabarismos exagerados, que resumem em uma única página de internet o conjunto de informações mais relevantes e cruciais para responder à PERGUNTA DA MORTE. A Landing Page expõe o projeto para o mercado e, especialmente, para o público-alvo, convidando-o para interagir com a ferramenta e com a proposta. O mais recomendado é que o visitante se cadastre ou deixe dados para um futuro contato, tal como e-mail, telefone ou WhatsApp.

Muitos mecanismos (iscas) podem ser acoplados à Landing Page para aumentar o nível de "engajamento" dos visitantes, dentre eles, formulários de pesquisa de mercado (não confunda com aqueles sites em que você precisa fornecer seus dados para ter acesso a um e-book ou qualquer outra coisa) e/ou vídeos de diversas naturezas, além, é claro, de obrigatoriamente serem fáceis de navegar e com excelente usabilidade.

Redes sociais e Landing Pages são métodos individuais que podem ser combinados para criar um método mais robusto para responder à PERGUNTA DA MORTE. Entretanto, e dependendo da PERGUNTA DA MORTE e da disponibilidade de recursos, as redes sociais, em especial, o Facebook, são alternativas "custo zero" para as Landing Pages. É literalmente gratuito criar uma Fã Page no Facebook e divulgá-la para seus amigos e/ou promovê-la por meio de anúncios patrocinados (impulsionamento).

Maquete/Mockup

Maquetes (ou *mockups*, em inglês) são ferramentas há muito tempo utilizadas por arquitetos, engenheiros e decoradores para representar a estrutura e as características de um imóvel, tanto para fins técnicos, de dimensionamento e avaliação de viabilidade, quanto para fins comerciais, como isca. Construtoras e incorporadoras, por exemplo, espalham sofisticadas e requintadas maquetes em lugares estratégicos para atrair potenciais compradores. E, embora outros artifícios mais modernos e tecnológicos tenham conquistado boa parte do mercado das maquetes de imóveis no passado recente, o método "tradicional" continua sendo muito funcional há décadas.

A mesma lógica das maquetes para representação de empreendimentos imobiliários é aplicável para o lançamento de novos negócios e soluções inovadoras. Nas duas situações, busca-se responder Perguntas da Morte. O que muda é o estágio de maturidade e nível de incertezas dos projetos. Imóveis são produtos conhecidos e amplamente dominados. Negócios inovadores, por sua vez, estão cercados de dúvidas e desconfianças. As maquetes ou mockups são versões simplificadas (esboços) que oferecem (contém) apenas as informações e funcionalidades indispensáveis sobre a nova solução com foco na resposta da PERGUNTA DA MORTE. A maquete é uma simulação bem simples da ideia, e não é possível consumi-la ou utilizá-la do ponto de vista prático, mas ainda assim — e aqui é o truque das maquetes — o cliente pode interagir diretamente com ela, seja tocando, manipulando, experimentando ou testando. Insights importantes surgem dessas interações, especialmente no que se refere à usabilidade e à utilidade do produto ou do serviço. Lembre-se de que sofisticação não é sinônimo de sucesso no empreendedorismo. Preze, e foque, a efetividade do processo de busca da resposta da PERGUNTA DA MORTE. Maquetes não só podem, como devem, ser construídas com pouco ou nenhum investimento, e aproveitando ao máximo os recursos disponíveis e gratuitos.

Protótipo

É necessário esclarecer que maquetes e protótipos **não** são a mesma coisa. Uma maquete é simplesmente uma representação fictícia da solução, isto é, uma simulação que não pode ser consumida ou aplicada, ou ainda uma visão superficial do que poderá vir a ser o produto ou serviço. Ao passo que um protótipo já é a solução propriamente dita, porém em uma "versão" mais simples e sem todos os atributos possíveis imaginados. Ou seja, o protótipo é uma aproximação real da solução, que pode ser consumida ou utilizada, embora apresente somente os atributos necessários e suficientes para responder à PERGUNTA DA MORTE. Em termos comparativos, a maquete é mais simplória e menos complexa, demandando menos recursos e esforços do que os protótipos. Considere, no entanto, que ser mais simples em nada se relaciona com a efetividade do método. Tudo depende da PERGUNTA DA MORTE em pauta. Existirão casos em que maquetes serão extremamente mais eficazes, à medida que em determinados contextos protótipos cairão como luva.

A evolução que aparentemente soa mais natural e parece fazer mais sentido é a maquete originar o protótipo, como aconteceu em 1998 com o PalmPilot, precursor do BlackBerry e do iPhone, que evoluiu de um pequeno toco de madeira (maquete), recortado em uma garagem, e carregado para cima e para baixo pelo idealizador para simular um dispositivo móvel de visualização de agenda, avançando por diversos protótipos, até finalmente atingir as prateleiras das lojas. Contudo, não obrigatoriamente existe ordem ou sequência linear nesse processo de validação (busca pelas respostas das Perguntas da Morte), e a GoPro é um belo exemplo. Com mais de 26 milhões de câmeras filmadoras digitais vendidas, a empresa começou com tiras de tecido de borracha (vestimenta de surfistas) amarradas ao pulso, em que se acoplava rudimentarmente uma câmera fotográfica analógica (filme 35mm) feita de pedaços de plástico.

O que há de comum nas maquetes e protótipos? Primeiro, ambos servem para quaisquer tipos de solução (produtos, serviços e experiências). Segundo, ambos devem ser desenhados única e exclusivamente para responder à PERGUNTA DA MORTE. Não se esqueça disso e não desperdice energia abraçando mais de um objetivo por vez. Terceiro, ambos devem ser construídos consumindo a menor quantidade de recursos possível, e otimizando ao máximo os recursos internos disponíveis. Maquetes e protótipos (tal como qualquer outro método apresentado) devem usar e abusar da criatividade e custar muito pouco ou, idealmente, nada. Quarto, ambos não devem ser lindos e maravilhosos, completos e perfeitos. Maquetes e protótipos não são, e não deveriam ser, a versão final da solução. Maquetes e protótipos são o caminho mais certeiro e barato para chegar lá e colocar o empreendimento de pé, sem sofrimentos e frustrações.

A Zipcar é uma alternativa para a mobilidade urbana caótica em grandes centros em que o cliente paga pelo tempo e distância percorrida, e não por dia de uso (diária), como nos tradicionais modelos de negócios das companhias de aluguel de veículos. Os dez mil carros que pertencem à empresa ficam distribuídos em locais predefinidos, cuja utilização acontece com agendamento prévio e posterior liberação para uso com a aproximação do Zipcard, um cartão magnético pessoal e intransferível que os clientes recebem em suas casas ao aderirem ao serviço. A fatura é enviada mensalmente baseada na quilometragem rodada e no tempo de uso, informações que são automaticamente captadas pelo dispositivo instalado nos veículos e então enviadas por internet sem fio para a plataforma da Zipcar, que armazena e processa os dados, e dispara as notificações para os clientes. Elegante, não acha? Mas o começo da startup foi algo bem distante disso.

Em 2000, enquanto ainda levantava os primeiros US$300 mil para viabilizar o negócio, a fundadora tomou uma decisão importante: não esperar o dinheiro entrar na conta para ter uma versão totalmente funcional da plataforma tecnológica, bem como sua integração e comunicação instantânea com o dispositivo instalado nos veículos e o Zipcard, e nem a negociação com os estacionamentos concluída. O primeiro protótipo da empresa foi para o mercado capenga, com apenas três veículos, que poderiam ser destravados com qualquer Zipcard, as chaves ficavam no porta-luvas, os próprios clientes eram encarregados de registrar em uma tabela impressa a quilometragem percorrida e a duração da viagem, que uma vez por mês era coletada manualmente pelo time da startup para contabilização e disparo das faturas. Foi assim que a Zipcar validou o potencial de mercado e cresceu rapidamente nos anos seguintes, chegando a abrir capital em 2011, avaliada em US$1 bilhão.

Solução "final"

O lançamento de produtos ou serviços em caráter "definitivo", ou "final", até hoje é um método recorrente e corriqueiro para grandes empresas. Esse método, herdado da Era Industrial e baseado na produção empurrada (empresa determina o que o cliente comprará, e ponto!), consiste em desenhar e desenvolver um produto ou serviço em sua versão completa e final, isto é, já contemplando todos os atributos idealizados, assumindo que não haverá modificações (relevantes) a serem feitas. Não há absolutamente nada de errado no método em si, mas há equívocos graves quanto ao *timing* da aplicação em cenários e contextos de inovação e incertezas, sobretudo em projetos com soluções com baixo nível de maturidade. Uma coisa é lançar atualizações simples e variações sem grandes extravagâncias de produtos e serviços já conhecidos tanto pelo público quanto pela própria marca. Outra coisa, completamente diferente, é alcançar o mercado com atualizações abruptas (repaginação completa ou substituição), que descontinuam a versão imediatamente anterior, ou então inserem propostas inovadoras, pouco conhecidas ou, de fato, desconhecidas pelos clientes e, inclusive, e principalmente, pela empresa.

No primeiro cenário, ainda que exista certo nível de risco e potencial de falha, a probabilidade de falha é baixa, pois querendo ou não o produto ou serviço já está no mercado e já está vendendo. Em outras palavras, os estágios de validação mais básicos já foram transpostos e a solução está suficientemente madura, o que é uma justificativa consistente e torna o método da solução "final" quase irresistível para responder determinadas Perguntas da Morte. Contudo, a lógica não se repete para cenários de maior incerteza e de sondagem de veredas inexploradas, em que o mercado será tateado por meio de soluções até então desconhecidas, ou seja, com baixo nível de maturidade e pouco domínio por parte dos responsáveis pelo projeto. Acreditar que projetos com baixo nível de maturidade e entendimento podem ser validados aplicando-se diretamente o método de solução "final", o que consiste em pular outros métodos mais rápidos e mais baratos, é uma aposta arriscada. Há toneladas de casos de fracasso que sugerem que o método de solução "final" pode custar muito caro nessas situações, tanto no sentido de investir-se muito recurso, tempo e esforço, quanto no sentido de não trazerem resultado algum para o projeto (não responder à PERGUNTA DA MORTE), além, é claro, de arranhar a imagem e reputação até mesmo de marcas e personalidades poderosas e renomadas. Claro que existem contraexemplos, mas são raridades louváveis.

Nos últimos anos, o comportamento mudou ligeiramente, mas a crença de que basta construir a solução que os clientes virão permanece com raízes profundas na mentalidade dos "empreendedores" de qualquer lugar do mundo. Persistência para permanecer firme e não desistir do sonho é uma coisa. Teimosia é outra completamente oposta e destrutiva. Em todas as intervenções que tive a oportunidade de fazer junto às startups, seja em nossas imersões de alto impacto, seja em mentorias individuais, o padrão típico é (tentar) correr para colocar a solução "final" o mais rápido possível nas mãos dos clientes, que, óbvio, pagarão para consumi-la ou utilizá-la, exatamente como idealizado, sem necessidade sequer de ajustes ou alterações mínimos, afinal, "eu não seria tolo de criar alguma coisa imperfeita ou que ninguém quisesse, né?". Acredite, não há atalhos para o sucesso. Não conseguiremos construir na velocidade que desejamos, muito menos criaremos algo que preste para alguma coisa sem muitas idas e vindas, e dezenas de interações com clientes, fornecedores e outras partes interessadas. Para escalar até o topo da montanha, é preciso fincar a primeira estaca, depois a outra, mais uma, depois outra, e assim sucessiva e incansavelmente até chegar ao topo e comemorar o sucesso. Em cada ciclo da Validation Rocket você fincará uma estaca rumo ao sucesso!

Atividade comercial

O método da atividade comercial consiste efetivamente na (tentativa de) venda da solução, ou seja, colocar dinheiro na conta do projeto. Observe a diferença de contextos entre a atividade comercial para venda de produtos e serviços conhecidos do público e o nosso contexto, de construção e validação de soluções inovadoras e empreendimentos extraordinários, e aumento gradativo da sua performance como empreendedor. Essa diferença precisa ficar bem clara para evitar mistura de conceitos e confusões no momento em que estiver maquinando o melhor método para cada ciclo do seu projeto. Não considero a venda de produtos e serviços conhecidos, com histórico comercial, realmente um método de atividade comercial para responder a Perguntas da Morte. Portanto, a atividade comercial visa cumprir metas de faturamento e pedidos. A atividade comercial no contexto de criação de novos negócios e desenvolvimento de soluções diferenciadas e inovadoras assume um significado mais valioso do que tão somente bater metas comerciais: a atividade comercial é um método de validação, de busca pelas respostas para às Perguntas da Morte.

A atividade comercial como método de validação encaixa-se perfeitamente bem para projetos em estágios menos avançados, com soluções ainda incipientes (protótipo, maquetes ou até mesmo no campo das ideias). Claro que muitas outras variáveis devem ser levadas em consideração para decidir se a atividade comercial é o método mais adequado para um determinado ciclo, mas certamente é uma opção a ser considerada dentro do arcabouço de oportunidades e possibilidades. Foi assim que Alexandre Tadeu da Costa criou a Cacau Show, uma rede de chocolates artesanais com mais de mil lojas no Brasil.

Em 1987, Costa, com 17 anos de idade, reativou a venda de chocolates iniciada por seus pais, e aproveitou a lista de contatos para gerar 2 mil pedidos de ovos de Páscoa de 50 gramas. Ovos de Páscoa que Costa não tinha. Problema? O fornecedor de Costa não fabricava ovos de Páscoa de 50 gramas. Qual a solução? Encontrar quem o fizesse. Costa encontrou Cleusa Trentin, que produzia ovos de Páscoa caseiros, e, juntos, produziram os produtos na cozinha dela, **conforme combinado com os clientes**. Assim nascia a Cacau Show.

É arriscado colocar isso nessa altura do campeonato, mas acredito que realmente faça parte do jogo da criação de novos negócios. A arrecadação de dinheiro de terceiros para viabilização do projeto é uma das possíveis vertentes envolvidas no método da atividade comercial, independente do estágio de maturidade do projeto e da solução. Não que seja o objetivo de todos os projetos que utilizam esse método, mas não existe nada de estranho se esse for o caminho escolhido em determinado ciclo do seu projeto. Boa parte daquelas famosas estratégias de pré-vendas, notadamente de produtos físicos ou bens, que oferecem preços especiais e condições exclusivas para os primeiros que comprarem nada mais são do que o método da atividade comercial em ação para levantar recursos financeiros para viabilizar o projeto. A Tesla, de Elon Musk, uma semana após a abertura das pré-vendas do Model 3, em 2017, bateu a marca de mais de 325 mil reservas, abocanhando nada mais, nada menos que US$325 milhões (mil dólares por reversa). Obviamente que esse dinheiro foi injetado na empresa para acelerar a produção e promover ajustes finais nos veículos.

Escolhendo o método

Existe um método que seja perfeito para qualquer PERGUNTA DA MORTE? Não, não existe. É possível que métodos bem-sucedidos em outros projetos funcionem no seu projeto? Sim, mas é improvável que traga os mesmos resultados. O que funcionou no passado muito provavelmente não funcionará no presente. E, o que não funcionou no passado eventualmente funcionará agora, ou no futuro. Não há como prever. Entretanto, sua disponibilidade de tempo, recursos e dinheiro, e o estágio de maturidade da solução (e do projeto), são as principais variáveis que influenciam (ou deveriam influenciar) na escolha do método para responder à PERGUNTA DA MORTE em cada ciclo do seu projeto, além, é claro, da própria PERGUNTA DA MORTE. Isso explica em partes porque a maioria das grandes empresas ainda opta por lançar produtos e serviços inovadores já em seu formato "final", em vez de aplicar métodos mais simplificados, que consumam menos recursos e dinheiro. Por mais que essas organizações insistam em afirmar que trabalham com recursos limitados, e "façam mais com menos", comparativamente a um projeto de startup elas dispõem de abundância de recursos, dinheiro e mão de obra qualificada. Por isso, métodos mais caros e sofisticados estão no topo da lista de métodos de validação de soluções ditas inovadoras utilizados por grandes empresas. Porém, além de métodos mais elaborados não implicarem necessariamente em resultados extraordinários, essa é a realidade de uma pequena minoria.

Para a maioria, as restrições são pesadas e delineiam o desenvolvimento de projetos inovadores. A baixa disponibilidade de recursos e dinheiro impõe limites especialmente na materialização (construção) do método, isto é, para colocar de pé o método idealizado para responder à PERGUNTA DA MORTE. No entanto, essa dura situação não cerceia sua imaginação e criatividade para pensar em alternativas que otimizem os recursos e dinheiro disponíveis para transformá-los em métodos matadores. A história da Avon, empresa de vendas diretas de produtos de beleza e cosméticos, começou com David McConnell, então um garoto de 16 anos, vendendo enciclopédias, porta a porta, nos EUA no fim do século XIX.

David enfrentava dificuldades para vender seus livros e buscava alternativas para aumentar suas vendas.

Em um bate-papo com um amigo, David teve o insight de adicionar alguma isca à oferta (solução) para chamar a atenção, um perfume, talvez. Seu amigo, farmacêutico e dono de uma drogaria, desenvolveu pequenas amostras grátis de perfume para David utilizar como isca para vender as enciclopédias, uma vez que seu principal público-alvo eram mulheres. O método não funcionou para aumentar as vendas das enciclopédias, mas as mulheres começaram a procurar o garoto para comprar mais daquele perfume entregue como amostra grátis. E assim começou a Avon. Aplicando um método simples, barato e efetivo.

A equação para a escolha do método também engloba o estágio de maturidade da solução. É comum encontrarmos times de projetos em momentos bem iniciais e com propostas de soluções ainda bastante incipientes maquinando métodos caros e emperiquitados para validar as primeiras Perguntas da Morte. Muito se engana quem supõe que esse comportamento é exclusividade de times corporativos. Isso também vale para times de startups. O grau de risco é gritante nesses cenários, portanto, a probabilidade de estarmos queimando dinheiro e jogando nosso tempo e recursos fora é muito alta, pois ainda estamos tateando o desconhecido, um ambiente ainda cheio de incertezas, e que dominamos muito pouco. Não é que não possa funcionar, mas são raros os casos que acertam na primeira tacada, e ainda mais raros aqueles que têm dinheiro sobrando para investir pesado, errar e tentar de novo (está lembrado da saga do Febreze nos EUA ou da fralda descartável Pampers para se estabelecer na China?). Para chegar ao topo da montanha, o alpinista finca a primeira estaca, depois a segunda, a terceira, e assim sucessivamente, até atingir o objetivo final. O mesmo acontece com nossos projetos e os métodos que escolheremos para validá-los. Métodos mais sofisticados talvez não sejam a primeira, nem a segunda estaca. Métodos mais simples, e não por isso menos assertivos e efetivos, sim, geralmente são o início da escalada, da sua jornada empreendedora.

PEÇA 3 – MÉTRICA

Se você nunca foi praticante de corrida de rua e simplesmente decide que correrá uma maratona, não soa razoável simplesmente comprar um tênis e sair correndo loucamente por aí, soa? A chance de dar errado e você sofrer lesões sérias é muito grande, sem falar que será frustrante desistir precocemente e se sentir incapaz de atingir uma meta pessoal. O mais sábio a ser feito é fragmentar o objetivo principal dos 42 quilômetros em objetivos menores, mais curtos, proporcionando ganhos graduais de condicionamento físico e preparando o corpo para receber cargas crescentes (qualquer semelhança com o ciclo da Validation Rocket não é mera semelhança). Mas não é só isso. É necessário definir o que, por que e como medir sua evolução, sua performance, ou seja, medir os resultados do seu esforço. E é aí que entram as **métricas**, tais como o número total de treinos até o dia da maratona, a quantidade de corridas por semana, a distância percorrida por dia e a duração de cada percurso, dentre tantas outras. Essas métricas, juntas, ajudam a projetar os próximos passos, tanto aumentando a régua pelo desempenho acima do esperado quanto cadenciando a empreitada para resultados abaixo do desejado.

A mesma lógica funciona para o método de validação da HIPÓTESE DA MORTE. Não é suficiente apenas idealizar, construir e sair testando um método mirabolante para validar a HIPÓTESE DA MORTE, sem antes ter definido o que, por que e como mensurar os avanços e resultados obtidos durante o período de testes em campo, ou seja, das métricas para avaliação. Portanto, essa será sua missão na PEÇA 3 – MÉTRICA: *identificar a métrica (ou as métricas) para mensurar os resultados obtidos com a aplicação do método*. A identificação da métrica (ou das métricas) é tão importante quanto a escolha do método. Não se engane ao pensar que o método sozinho será suficiente para você chegar em outro patamar como empreendedor e construir um negócio de sucesso. Mais cedo ou mais tarde você será cobrado por isso.

Duas considerações sobre as Métricas são extremamente importantes nesse momento. Primeira, o método escolhido em cada ciclo de validação do seu projeto pertence a uma realidade única e a um contexto específico. Não há problemas em beber de outras fontes e se inspirar em exemplos, entretanto, adote métricas pertinentes ao seu método dentro daquele determinado momento, e resista à tentação de usar indiscriminadamente métricas que funcionaram em outros projetos. Pode parecer que você está ganhando tempo, sendo esperto, malandro, quando, de fato, é exatamente o oposto. Pesquise, pesquise e pesquise, e nunca se sinta satisfeito com as primeiras três ou quatro métricas que encontrar. O esforço inicial será compensado nos ciclos seguintes.

Segunda consideração: métricas devem ser relevantes e úteis, expressando resultados que são realmente interessantes e alicercem a tomada de decisão sobre os próximos passos do projeto. Aqui, muitos caem numa tremenda cilada que Eric Ries, autor de *Startup Enxuta*, chamou de Métricas de Vaidade. São aqueles casos em que as métricas não têm significado, mas os empreendedores acabam acreditando cegamente que o projeto está indo de vento em popa, quando na realidade o negócio está degringolando. Parece brincadeira, mas já vivenciei contextos em que o pessoal da startup estava utilizando como métrica o número de curtidas em seus posts no Facebook para mensurar os resultados do método. Talvez essa métrica até faça sentido no mundo da moda ou do luxo, como os tantos blogueiros e YouTubers mundo afora, mas para construir negócios de sucesso é bem pouco provável que isso leve a avaliações sinceras e ações frutíferas, especialmente no início da jornada empreendedora. Seja honesto consigo, com o projeto e com os companheiros de jornada na escolha das métricas.

A peça Métrica é intimidante e põe medo na grande maioria dos indivíduos. É até engraçado notar as feições de espanto e aversão nos rostos das pessoas nos workshops Validation Rocket quando trazemos o tema para a pauta da dinâmica. Às vezes, tenho a impressão de que o nível de rejeição pelas métricas é tão intenso quanto o nível de rejeição causado pela Matemática, Física ou Química. O que poucos sabem, no entanto, é que as métricas para mensurar os métodos de validação podem (e devem) ser extremamente simples. Ainda que não tenham validade estatística ou acadêmica — e convenhamos, nem precisamos ter, não é mesmo? —, o importante é munir o projeto com conhecimento relevante e suficiente para responder à PERGUNTA DA MORTE, ou seja, validar ou invalidar a HIPÓTESE DA MORTE. Foi com uma métrica bem simples que a Easy Taxi deu um passo importante para hoje atuar em mais de 100 cidades em 17 países.

O padrão para chamar um táxi na época ou era erguer a mão no meio da rua (que ainda existe e resiste à tecnologia) ou ligar para uma central ou cooperativa, aguardar "horas" para ser atendido e depois mais algumas "horas" para o táxi chegar. Se estiver chovendo então, hum, a coisa consegue ser ainda pior. Foi a segunda situação — esse gatilho doloroso para os passageiros — que motivou a criação da Easy Taxi. No começo das operações, a Easy Taxi tinha uma PERGUNTA DA MORTE sobre os passageiros de táxis. Eles chamariam táxis pela internet — online — sem interferência direta de um atendente, ou seja, os usuários estariam dispostos a alterar o modo como solicitavam táxis? Com essa pergunta em mente, eles colocaram um método incrivelmente eficaz de pé para responder a essa PERGUNTA DA MORTE: uma página web (landing page) em que o passageiro solicitava a corrida (e recebia o táxi) preenchendo manualmente um campo com o endereço para o qual desejavam o serviço. Eram os próprios sócios que estavam por trás do método, operando os pedidos. Eles recebiam um e-mail assim que o passageiro demandasse o serviço, e ligavam para as cooperativas pedindo o táxi no endereço fornecido no site. Esse foi o método da Easy Taxi.[3] Qual a métrica? Número de solicitações realizadas. Ponto. Poderia ter utilizado outra? Sim. Mas essa foi a escolhida! Relevante, útil e de fácil entendimento.

Processo semelhante aconteceu com a Zappos.com, varejista online pertencente à família Amazon.com. O fundador, Nick Swinmurn, queria responder à PERGUNTA DA MORTE: "As pessoas comprariam sapatos em uma loja online (e-commerce)?" Naquela época, a internet ainda engatinhava. A proposta era inquietante. Qual método Nick aplicou? Construiu uma loja online (landing page) para vender sapatos (atividade comercial). Qual a métrica? Número de pedidos de compra. Um detalhe curioso nessa história: Nick não tinha par algum de sapatos para vender. Ele tirava as fotos nas lojas físicas da região e incluía na sua recém-criada loja online. Assim que um cliente realizava o pedido ele corria na loja que possuía o produto, comprava e enviava ao comprador.

E para soluções físicas (produtos físicos, bens etc.) o esquema é o mesmo. Recorda-se do PalmPilot, de 1998?

---

3 Alguns autores chamam esse tipo de método que simula uma operação real de "Mágico de Oz", em alusão ao livro de fantasia de 1900: "O Mágico de Oz".

A PERGUNTA DA MORTE inicial do projeto "As pessoas se interessam por agendas eletrônicas?" foi respondida aplicando uma maquete (pequeno toco de maneira) como método. Para simular o dispositivo móvel, o idealizador recortou um pedaço de madeira na garagem de sua casa e o carregou para cima e para baixo, sacando a "agenda" para simular uma consulta ao calendário ou fazer anotações. Não se esqueça de que o fato aconteceu na década de 1990 e os celulares não eram lindões e cheios de recursos como agora. A proposta soava, no mínimo, um tremendo devaneio. Qual a métrica? Número de pessoas genuinamente interessadas (pelas possibilidades potenciais apresentadas pelo toco de maneira). Foi assim que o PalmPilot abriu caminho e se tornou o precursor do BlackBerry e, posteriormente, do iPhone.

PEÇA 4 — VALIDADOR

Na PEÇA 4 — VALIDADOR você estabelecerá um *critério mínimo de sucesso* para o método/ciclo, ou seja, um critério a partir do qual poderá afirmar com "tranquilidade" que a PERGUNTA DA MORTE foi respondida favoravelmente, isto é, que a HIPÓTESE DA MORTE foi validada.

O ideal é que o validador, ou critério mínimo de sucesso, seja expresso numericamente (porcentagem, em valor absoluto etc.) muito embora validadores qualitativos também possam ser tão decisivos quanto. O importante é que o validador (ou validadores, dependendo do caso) seja condizente com o método e com a(s) métrica(s) e, sobretudo, conclusivo, ou seja, algo que não deixe o time titubeando e possa, sim, tirar conclusões rápidas e certeiras sobre a resposta da PERGUNTA DA MORTE. Da mesma maneira que não existe fórmula mágica para determinação do método ou da métrica, inexiste equação definitiva para encontrar o validador ideal para um dado projeto. Vejamos alguns exemplos para servir de fonte de inspiração.

Recorda-se de como a Cacau Show começou? Por meio do método da atividade comercial, Alexandre Tadeu da Costa respondeu à PERGUNTA DA MORTE do projeto, que se transformaria mais tarde em um império dos chocolates: Ovos de Páscoa de 50 gramas são atrativos? Qual a métrica do método de Alexandre? Número de pedidos de compra. Na sua opinião, quantos pedidos seriam suficientes para validar a HIPÓTESE DA MORTE, ou seja, responder "sim, ovos de Páscoa de 50 gramas são atrativos". Não se esqueça que isso aconteceu em 1987, quando o empreendedor tinha apenas 17 anos de idade, e morava em Piracicaba, uma pequena cidade no interior de São Paulo. Será que 100, 200 ou 500 pedidos seriam o suficiente? Para um primeiro método, assumo que a partir de 200 pedidos de compra Alexandre já estaria dando pulos de alegria. Em outras palavras, 200 pedidos de compra seria o validador para aquele primeiro método. E o que dizer de dois mil pedidos de compra, feito efetivamente alcançado pelo garoto? HIPÓTESE DA MORTE mais do que validada, não acha? Era só um pequeno detalhe o fato de que Alexandre não tinha os produtos prontos. Mas nada o impediu de correr atrás para entregar os dois mil pedidos.

Em determinado período da história do Dropbox, Drew Houston, fundador e CEO da empresa, intuía que a sincronização dos arquivos entre os diferentes dispositivos era um gatilho ainda desconhecido, porém latente e incômodo para os usuários de tecnologia. Havia ali, portanto, uma HIPÓTESE DA MORTE sobre o real interesse da comunidade de usuários experimentadores por essa funcionalidade do software. A PERGUNTA DA MORTE? A sincronização de arquivos entre vários dispositivos — celular, tablet e computador — preocupa os usuários assíduos de tecnologia? Sabendo que desenvolvê-la, de fato, demandava capital que a startup não dispunha àquela altura, e que os investidores não estavam dispostos a aplicar recursos financeiros, pois também desconheciam o gatilho, a saída foi colocar de pé um método composto de vídeo simulando como o sistema funcionaria, uma landing page e um formulário para coletar os e-mails das pessoas interessadas no que viria a ser a versão beta. Qual a métrica? Número de e-mails coletados para ter acesso à versão beta. Qual o validador, sabendo que a lista de espera anterior já estava na casa dos cinco mil interessados? Dobrar o número de pessoas, ou seja, dez mil, por exemplo, já seria de bom tamanho? Digamos que sim. Poderíamos supor 15 mil, 30 mil? Sim, claro que sim. O validador é um norteador e para estabelecê-lo precisamos estar confortáveis com ele. No caso do Dropbox, a lista saltou de 5 mil para 75 mil interessados, literalmente da noite para o dia, e mais do que respondeu à PERGUNTA DA MORTE, validando, assim, a HIPÓTESE DA MORTE do Dropbox naquele momento.

Note que o mais importante na PEÇA 4 — VALIDADOR não é bater o martelo em um validador preciso, exato, milimetricamente calculado. Queremos estabelecer uma condição, um patamar minimamente confortável, uma ordem de grandeza, para que possamos concluir, com segurança, se a resposta à PERGUNTA DA MORTE foi "sim" ou "não" e, então, afirmar se a HIPÓTESE DA MORTE fora ou não validada. Claro que cada caso é um caso, pois cada contexto é composto de variáveis completamente distintas, que merecem tratamento específico. Entretanto, o time deve estar confortável com o validador estabelecido. Confortável no sentido de que o validador faz sentido para o projeto, naquele dado momento, e confortável no sentido de que, ao atingir aquele determinado patamar, valor, ou condição, não haverá ressalvas na conclusão do resultado do método, isto é, se a HIPÓTESE DA MORTE foi validada ou não. Sim, de fato há uma boa dose de subjetividade — e imprecisão — na determinação do validador. E, felizmente, isso não é sinônimo de incoerência ou anarquia. O validador é, e deve ser, o desdobramento das três peças imediatamente anteriores: PERGUNTA DA MORTE, Método e Métrica, nessa ordem. E a consonância entre elas cria um PROPULSOR efetivo e matador.

Curiosidade sobre a Validation Rocket

Uma curiosidade sobre a evolução e crescimento da própria Validation Rocket é o nome atribuído à essa peça no passado: Meta. A ideia da então Peça Meta era bastante semelhante ao objetivo da Peça Validador, porém, existia algo que me incomodava profundamente. Chamar a peça de META em vez de VALIDADOR automaticamente dirigia os esforços dos times para "bater" ou "atingir" a meta estabelecida para o projeto e, como você já deve estar sabendo, essa não era (E CONTINUA NÃO SENDO) a missão dos Ciclos Validation Rocket. Na realidade, em cada ciclo de validação do seu projeto você não deve esperar necessariamente ratificar sua perspectiva e confirmar a HIPÓTESE DA MORTE, e o termo "meta" passava exatamente essa impressão. Cada ciclo (cada foguete lançado) é construído para trazer o conhecimento necessário para o time aumentar as chances de sucesso do projeto, mesmo que isso venha a contradizer pensamentos e pressupostos iniciais. E a ideia dessa peça é estabelecer um critério para nos ajudar a tomar a decisão e não uma meta para ser batida. Por isso, o termo "meta" deu origem ao termo "validador" na Peça 4 do

PROPULSOR, que é mais apropriado e mais pertinente com a proposta da Validation Rocket.

PEÇA 5 — DATA LIMITE (Deadline)

Empreender em alta performance requer foco, concentração, disciplina e, a partir de agora... prazos! Sem prazos, as atividades ficarão soltas no ar, muito embora tenhamos definido um validador coerente com a PERGUNTA DA MORTE, e em linha com o método e com as métricas. Acompanhe a história a seguir.

O sucesso da brasileira Rock Content esconde um passado não tão glamoroso assim: dois outros negócios que não estavam indo nada bem. Um deles tentava desenvolver um software de SEO e o outro era um marketplace de escritores freelancers. A união de forças dos dois empreendimentos deu origem à Rock Content, em 2013, cujo primeiro método (atividade comercial + protótipo) foi pensado para responder a uma PERGUNTA DA MORTE mais ou menos assim: "As empresas pagarão para uma agência *online* ajudá-las a criar e avançar suas estratégias de marketing de conteúdo?" A métrica escolhida pelo time recém-formado foi o número de clientes.

Já o validador foi estabelecido em 100 clientes, ou seja, atingindo 100 ou mais clientes a resposta da PERGUNTA DA MORTE seria "sim". Caso contrário, a resposta seria "não". Até aqui, ótimo. PERGUNTA DA MORTE, método, métrica e validador alinhados. Só que parar por aí teria sido o fim para a startup. Por quê? Vamos nos remeter à 2013 para entender.

O caixa não estava lá essas coisas, fora a pressão sobre os fundadores e a apreensão por parte dos investidores-anjo por trás dos outros dois negócios que originaram a Rock Content. Era preciso gerar caixa logo para dar fôlego financeiro ao empreendimento e, principalmente, restabelecer o moral, e de quebra mostrar que o time tinha competência para erguer o novo negócio a despeito do insucesso das iniciativas anteriores e criar uma solução desejada e efetiva. Ou eles arroxavam o prazo e partiam para a execução com força total ou poderiam colocar tudo a perder. Qual a saída? Estabelecer uma data limite para finalizar a aplicação do método e apurar os resultados, que no caso da Rock foi até o fim de 2013! A situação era tão crítica que ou eles chegavam lá e respondiam à PERGUNTA DA MORTE ou eles fechariam as portas e procurariam outra coisa para fazer (só não confundamos com o termo "meta" novamente, apesar de nesse caso em específico validador e meta terem o mesmo significado, por conta do método escolhido e do estágio do empreendimento). Se não fosse a pressão para agilizar o desenvolvimento do método imposto pela necessidade financeira que se refletiu em um prazo para lá de ousado, talvez a Rock Content não fosse uma empresa com receita recorrente superior a R$20 milhões anuais.

Apesar da situação extrema da Rock Content e da peculiar urgência para geração de caixa, que exigiu uma data limite apertada, a lógica é exatamente a mesma para qualquer projeto em qualquer ciclo de validação aplicando a Validation Rocket: é preciso estabelecer uma DATA LIMITE (prazo final, prazo de conclusão ou prazo de término) para definitivamente darmos uma resposta para a PERGUNTA DA MORTE daquele respectivo ciclo. Essa é a sua missão na PEÇA 5 — DATA LIMITE. Em termos práticos, isso implica em definir agora, no ESTÁGIO 5 — PLANEJAR, quando finalizaremos o ESTÁGIO 8 — AVALIAR, estágio de cada ciclo em que necessariamente concluímos se a resposta da PERGUNTA DA MORTE foi "sim" ou "não" para, então, avançamos ao ciclo seguinte.

É importante saber que a data limite não é uma data qualquer. O prazo de entrega final é simplesmente o mais importante de um projeto. Acredite, você não quer passar vergonha na frente de investidores ao ser perguntado sobre essa (e outras datas intermediárias) e não saber responder ou responder algo que claramente não faz o menor sentido. Será a primeira e certamente a última vez que aquela turma disponibilizou agenda para ouvi-lo.

"Mas que data devo colocar?" Essa é mais uma daquelas perguntas cuja resposta é "depende". A definição de uma data limite deve ser condizente e adequada à realidade e ao contexto de cada projeto, levando-se em consideração a familiaridade do time com a Validation Rocket, com o tema em si, com a execução propriamente dita, e com a complexidade de construir e aplicar o método escolhido, bem como apurar e consolidar os dados e informações gerados para então chegar na resposta à PERGUNTA DA MORTE e constatar se a HIPÓTESE DA MORTE é ou não verdadeira. Por isso, pode variar bastante de um caso para outro.

Outro ponto a ser enfatizado sobre a data limite para responder à PERGUNTA DA MORTE é que ela poderá ser revisitada e alterada diversas vezes dentro do período de planejamento, ou seja, de elaboração do PLANO DE VOO, até mesmo porque é na próxima fase, na Fase 2 do PROPULSOR, que você transformará tudo que foi elucubrado até agora em atividades exequíveis, havendo aí um bate-bola e idas e vindas até bater o martelo numa data limite definitiva. Entretanto, uma vez estabelecida essa data limite definitiva, nenhuma alteração deverá ser promovida sem justificativa clara e plausível, senão não faria o menor sentido existir uma peça no PROPULSOR chamada Data Limite. E, caso seja inevitável a alteração, o motivo deverá ser muito bem registrado e todos devem ser colocados a par da decisão para evitar desalinhamento e desentendimentos (e aqui não estou falando só dos membros do projeto; às vezes, os clientes também devem ser informados, e dependendo da situação até participarem da redefinição).

PEÇA 6 – CANAL

Voltemos ao método de validação do Dropbox. A startup de compartilhamento de arquivos preparou uma página na web, contendo um vídeo explicativo simulando o funcionamento do sistema e acrescentou um formulário para coleta de e-mails. Imagine que você é o CEO dessa empresa e o método está nas suas mãos, prontinho para ser testado, ou seja, a página de internet já está no ar, com o vídeo rodando e o formulário piscando para atrair os mais interessados. O que fazer agora? Sentar, colocar as mãos no queixo e esperar que as pessoas o descubram por conta própria? Ou partir para o ataque, convidando-as e atraindo-as para conhecer o método (a proposta da solução)? Claro que partirá para o ataque, movimentando-se proativamente para engajar o maior número de alvos, não é? Pois bem, e você as convidará por meio de quais vias? Carta escrita, boca a boca, e-mail, telefone, palestras, estandes em feiras e eventos, grupos de discussão, panfletagem, SMS, redes sociais, aplicativos de mensagens, comprando espaço publicitário em mídias impressas e digitais, ou investindo em anúncios digitais (Facebook Ads, Insta Ads, Google Adwords ou LinkedIn Ads)? Essa decisão é tão importante e estratégica para o sucesso da validação que é o tema da PEÇA 6 – CANAL.

Na Peça 6, você terá duas missões: (1) identificar uma ou mais vias (canais de comunicação ou distribuição) de sensibilização do público de interesse, isto é, vias por meio das quais o público-alvo tomará conhecimento sobre a existência do método de validação; (2) escolher a(s) via(s) de acesso, teste ou contato direto (touch point) do público-alvo com o método, ou seja, o canal ou canais por meio dos quais o público acessará, tocará, testará ou experimentará o método, e, com isso, receberá a carga completa de informações preparada para responder à PERGUNTA DA MORTE.

No caso do Dropbox, o boca a boca, e-mail, redes sociais e anúncios patrocinados certamente estariam na lista de canais de sensibilização dos adeptos experimentadores de novas tecnologias. A startup foi fundada em 2007, mesmo ano do lançamento do primeiro iPhone. Por isso, os aplicativos de mensagens em smartphones não entraram na lista simulada de canais de sensibilização. Uma vez sensibilizados, ou seja, cientes de que existia algo novo para ser experimentado, os alvos precisavam de fato ter contato direto com o método, que no caso do Dropbox, era a próxima página web contendo o vídeo e o formulário. Em outras palavras, o canal de acesso ou de contato dos adeptos de tecnologia com o método era a página de internet que continha o vídeo e o formulário para coleta de e-mail de quem se interessasse pela proposta. Para o primeiro método da brasileira Easy Taxi, focado em identificar o interesse dos passageiros (usuários) de serviços de táxis, não foi muito diferente. Aos canais de sensibilização acrescenta-se os aplicativos de mensagens, que já eram realidade em 2011, quando a Easy Taxi foi fundada. Já o canal de contato/acesso ao método também era a página de internet, aquela que continha o campo para que o usuário digitasse o endereço de origem e de destino.

Não se preocupe se eventualmente o canal de sensibilização e o canal de contato forem iguais. Isso pode acontecer. Na década de 1880, em Nova York, David McConnell, fundador da Avon, tentava vender suas enciclopédias batendo de porta em porta. As pessoas tomavam conhecimento no mesmo momento em que tinham contato com o método: ao abrirem a porta e o garoto iniciar o discurso de venda. O canal de sensibilização e de acesso ao método era o próprio porta a porta, que mais tarde se materializaria nas vendas diretas que consagraram a Avon e deram a milhões de revendedores uma oportunidade de fazerem o próprio dinheirinho. Distribuir panfletos informativos até poderia ter sido um canal de sensibilização, mas muito provavelmente David não tinha recursos para fazer esse investimento. O caminho foi usar sua própria energia e disposição para convencer a mulherada.

No universo de tecnologia, a exemplo do Dropbox, Easy Taxi, Uber e Airbnb, canais digitais são a preferência, sem sombra de dúvidas. Os aparatos tecnológicos estão cada vez mais sofisticados, e o aprimoramento das técnicas e ferramentas de marketing digital também influenciam fortemente na escolha de canais de comunicação online e digitais. Entretanto, nem tudo gira ao redor de tecnologia e nem todo canal digital tem o mesmo impacto e efetividade de canais, digamos, tradicionais. Tudo depende da maneira como você o utiliza. E foi exatamente assim que a Fasten começou a galgar espaço no ultraconcorrido mercado norte-americano de transporte privado urbano, dominado essencialmente pelas agressivas Uber e Lyft.

A startup veio com a proposta de tornar mais justa a relação entre o intermediador (no caso, ela própria) e os motoristas, cobrando um valor fixo e invariável por corrida, em vez de percentual, como suas principais concorrentes. A PERGUNTA DA MORTE do projeto era: "As taxas cobradas pelos concorrentes incomodam os motoristas ao ponto de cogitarem outras alternativas?" O método foi o próprio aplicativo, a solução final pronta. A métrica mais relevante naquele exato momento foi a quantidade de motoristas aprovados no processo seletivo da Fasten. Validador? Quarenta por cento dos motoristas convertidos em parceiros durante a corrida. O alvo? (Definirei para você na próxima peça, a PEÇA 7 — ALVO.) Motoristas da cidade de Boston que usavam os aplicativos das concorrentes. E quanto ao canal de sensibilização, visto que o canal de contato foi o smartphone, afinal, trata-se de um aplicativo de celular? Aqui vem o grande pulo do gato da empresa.

Em vez de investirem pesado em canais de sensibilização digitais para atrair os primeiros motoristas para o aplicativo da empresa — que, por sinal, já usavam ou a Uber, ou a Lyft, ou ambas — os fundadores da Fasten optaram por uma estratégia bem simples, criativa, muito barata e extremamente efetiva: o boca a boca, que eles mesmos se encarregaram de fazer. Ao usarem o serviço da Uber ou Lyft eles questionavam o motorista sobre o interesse em fazer mais dinheiro, e entregavam uma nota de US$2 com um adesivo pregado dizendo: "Seu passageiro não perde isso. Você está perdendo aproximadamente US$2 por corrida quando você paga 20%. Ganhe mais com a Fasten. Nós recebemos apenas US$0,99 por corrida." Resultado? **Noventa por cento** dos motoristas toparam se cadastrar durante a corrida após serem convencidos pelos fundadores. Pergunta mais do que respondida e HIPÓTESE DA MORTE mais do que validada. Genial, não é mesmo?

A precisão da abordagem da Fasten para atrair novos motoristas releva a importância de compreender o perfil e as características do público-alvo para identificar os canais que trarão os melhores resultados para o PROPULSOR, além, é claro, da influência do tipo de método escolhido. Esse é o tema da próxima peça do PROPULSOR, a PEÇA 7 — ALVO.

PEÇA 7 — ALVO

A essa altura, e após ter formulado a PERGUNTA DA MORTE, escolhido o método mais adequado para respondê-la, selecionado as métricas relevantes para mensuração e estabelecido o validador para avaliação dos resultados, você parou para pensar sobre quem responderá à PERGUNTA DA MORTE? Pois bem. Esse é o objetivo da PEÇA 7 — ALVO: especificar quem são as pessoas que responderão — direta ou indiretamente, voluntaria ou involuntariamente — à PERGUNTA DA MORTE.

Tal como no FOGUETE, o principal conceito por trás do PROPULSOR é o foco no cliente para construir soluções úteis e relevantes, ou seja, que prestem para alguma coisa e não se tornem apenas elementos figurativos e disfuncionais. No caso do PROPULSOR, "prestar para alguma coisa" significa construir um método que verdadeiramente tenha condições de gerar o conhecimento necessário para que possamos responder com segurança à PERGUNTA DA MORTE, utilizando o mínimo de recursos possível. Apesar das linhas gerais do método já terem sido definidas lá na PEÇA 2 — MÉTODO, ele ainda carece de refinamento baseado no perfil e características do público-alvo (Alvo) do ciclo em questão. É um erro bastante comum construir um método de validação sem levar isso em consideração. A consequência será tão frustrante quanto passar meses desenvolvendo uma solução e então descobrir, depois de pronta, que ela não despertou o menor interesse nos "clientes-alvo".

"Mas isso não é retrabalho?" Na verdade, não. Não entenda como retrabalho, pois os momentos são distintos do planejamento do PROPULSOR. Na PEÇA 2 — MÉTODO, buscamos encontrar o método mais adequado para responder à PERGUNTA DA MORTE, partindo do ponto de vista da otimização dos recursos que temos disponíveis, e tentando reduzir ao máximo o consumo de recursos para não encarecer demasiadamente a validação. Naquele exato momento, não deveríamos mergulhar excessivamente nos detalhes do método, muito menos partir para a execução, construindo-o de fato. A missão é apenas caracterizar o escopo e o retrato geral de como e o que será o método. Aqui, momento da PEÇA 7 — ALVO, no topo do PROPULSOR, selecionaremos o público que queremos atingir com o método, listando e especificando quem são (se possível com nome, telefone e e-mail), onde encontrá-los e por aí vai. Quanto mais específico, melhor, pois se reduz a margem de erros e as dúvidas do time e demais envolvidos ao longo da jornada. A efetividade e a precisão do PROPULSOR, ou seja, do plano de validação do projeto, dependem também da qualidade e profundidade dessas informações.

O alvo (ou público-alvo) do PROPULSOR na grande maioria dos casos tem origem ou pode ser obtida a partir da PEÇA CLIENTES, do FOGUETE, onde é feita a segmentação dos clientes contemplados por uma solução. O exercício na PEÇA 7 — ALVO é pinçar aquelas pessoas e/ou empresas, cavando dados, informações e analisando especificidades delas. Quanto mais detalhes sobre os alvos listarmos, melhor para o enriquecimento do método, para a agilidade da validação em si, para a efetividade do ciclo e, claro, para sua produtividade e entrega de valor. Alguns times tendem a ser exageradamente superficiais e/ou extremamente abrangentes na definição do público-alvo a ser atingido pelo método. Nem um, nem outro, funcionarão. É total perda de tempo.

O alvo escolhido pelo Dropbox para o método da página web com vídeo de simulação poderia ter sido apenas usuários experimentadores de tecnologia de todos os Estados Unidos, ou ainda qualquer tipo de usuário da região do Vale do Silício. Mas não. Os empreendedores compreendiam a necessidade de precisão na escolha das pessoas a serem atingidas pelo método, por isso, escolheram usuários experimentadores de tecnologia da região do Vale do Silício. Se o seu negócio, por exemplo, é focado em oferecer soluções para médias empresas brasileiras e você está desenhando seu primeiro PROPULSOR, faz muito mais sentido escolher algumas poucas empresas de acordo com critérios pertinentes ao projeto, tais como região geográfica, número de funcionários, faturamento, segmento de negócio, latência e grau de reconhecimento do gatilho e proximidade com contatos ou facilidade para contatar tomadores de decisão lá dentro, dentre tantos outros critérios possíveis, do que tentar atingir todas, ao mesmo tempo. É virtualmente impossível. Cada caso deve ser analisado cuidadosamente, e a mesma lógica é aplicável para negócios que atenderão clientes finais (consumidores), e não empresas. Especifique o alvo e fuja de generalizações.

A abrangência extremada ou múltiplos alvos em um mesmo ciclo não traz resultados consistentes na maioria dos contextos de validação de negócios. O esforço fica disperso e diluído ao abrangermos duas ou mais classes de alvos, porque reduzimos o nível de atenção alocado em cada um deles e limitamos nossa capacidade de perceber e processar sinais importantes provenientes da interação dos alvos com o método, além, é claro, de diminuir substancialmente nossa velocidade e agilidade de aprendizagem e evolução. Recorda-se da Matriz de Performance, aquela com três colunas que você preencheu por linhas e depois por colunas? Pois bem. Ela é válida aqui também. No melhor dos mundos, métodos com múltiplos alvos trarão resultados pífios e seremos incapazes de aprimorar nosso projeto a partir da análise e da leitura da perspectiva daqueles que farão (ou fariam) o empreendimento decolar definitivamente: os clientes! Mesmo para projetos não restritos a segmentos específicos de clientes ou nichos de mercado, como Uber, Apple, Dropbox e Netflix, faz-se necessário não atacar múltiplos alvos com o mesmo método durante o mesmo ciclo. Quem tenta fazer de tudo, acaba não fazendo coisa alguma. É uma das mais tristes e profundas fontes de frustração, desistência, e, no universo da criação de novos negócios, falência, fracasso, quebradeira e fim de parcerias de longa data. Não é isso que você quer para seu futuro, estou certo?

Agora é a sua vez!
Missão: Construir o Propulsor

Essa é a hora de retomar para o início da FASE 1 – CORPO DO PROPULSOR e reler o conteúdo, só que desta vez colocando a mão na massa conforme desdobra a leitura. Aproveite para reler suas anotações e lembretes.

Capítulo 9

Não fale apenas sobre o que seu produto faz ou por que ele é melhor; mostre de uma forma convincente como ele fará a vida das pessoas melhor... isso é o que as excita.
Steve Jobs

ESTÁGIO 5 – PROPULSOR
FASE 2 – PLANO DE VOO

Chegar até aqui implica em reduzir em mais de 50% as chances de você jogar dinheiro e tempo fora fazendo coisas que não agregam valor nem para você nem para seu cliente. Ter passado pela modelagem no FOGUETE, ter se desafiado para encontrar lacunas no próprio projeto, e ter se exercitado para encontrar uma maneira de trazer exatamente o que é mais relevante e útil abastece você com a confiança, a energia e a força que somente os empreendedores de verdade têm para completar as duas próximas etapas da jornada da Validation Rocket:

- Transformar tudo que foi feito até agora em um PLANO DE VOO (plano de ação ou plano de validação, se assim preferir) sob medida, ágil, efetivo e concentrado no que precisa ser feito, sem nenhuma atividade a mais ou a menos (Fase 2 do PROPULSOR).

- Executar o PLANO DE VOO, atividade por atividade, ou seja, construir, sensibilizar, aplicar e avaliar o método (ESTÁGIO 6 – CONSTRUIR, ESTÁGIO 7 – LANÇAR e ESTÁGIO 8 – AVALIAR do Ciclo Validation Rocket).

Quem acha que para empreender basta ter uma boa ideia e uma simples visão de futuro não poderia estar mais enganado. Aquela história de sonhe grande, muito grande e pronto, não tem como ser mais equivocada. Uma boa ideia por si só não serve para muita coisa. Uma boa ideia executada mais ou menos não passará de um projetinho. Uma boa ideia bem planejada e bem executada pode ser que vire um negócio legal. Agora, uma ideia, qualquer que seja ela, quando guiada por um objetivo claro, bem planejada (FOGUETE e CORPO DO PROPULSOR) e, então, executada com maestria tem muito mais chance de virar um negócio de sucesso. Eu não tenho dúvidas de que a capacidade e a competência para execução são dois fatores que diferenciam empreendedores fora de série de pessoas comuns e empreendedores medianos. Os grandes nomes da história são indivíduos muito mais produtivos, que concentram foco e esforço fazendo o que precisa ser feito, e descartam todo o resto e, por isso, concluem infinitas atividades em tempo recorde, tornando-se empreendedores de alta performance. Por trás de um empreendedor de alta performance, a execução não é desnorteada ou sem direção. Esses fenômenos fora da curva particionam sua visão de tal modo que conseguem determinar o que, como e quando cada atividade deve ser finalizada para que o projeto vire mesmo uma realidade. Além disso, e, acima de tudo, eles são mestres em comunicar com clareza qual o plano a ser seguido para que todos os envolvidos dancem no mesmo ritmo. Para os mais desprevenidos pode até parecer impossível performar como esses empreendedores, mas a boa notícia é que esse modelo mental de alta performance e execução é desenvolvível. Essa é a função da próxima fase do PROPULSOR. Aventureiros não conseguem, pois requer disciplina oriental, foco em resultados, persistência para romper antigos paradigmas improdutivos e resiliência para cair e levantar inúmeras vezes. Entretanto, se você realmente quer empreender em alta performance, preste bem atenção nos mecanismos do PROPULSOR que apresentarei a seguir.

Viagem entre amigos

Imagine que você e seus amigos acabaram de decidir numa mesa de bar que viajarão para o exterior daqui a seis meses para celebrar os vinte anos de amizade, só que ainda não decidiram o destino. Como você ordenaria as seguintes atividades da viagem a partir de agora: comprar as passagens aéreas, arrumar as malas, decidir o destino, embarcar no avião e comprar suvenires? Se você ordenou começando por decidir o destino, depois comprar as passagens aéreas, arrumar as malas, embarcar no avião e, finalmente, comprar suvenires, ótimo. É o que faz mais sentido. Imagino que ninguém tenha pensado em comprar as passagens aéreas e embarcar no avião sem antes decidir o destino, pois seria incoerente, concorda? Acredite se quiser, mas na hora de executar projetos de empreendedorismo e inovação é isso que acontece: até se sabe o que tem que ser feito, mas a sequência ou a ordem para a execução é confusa e ocorrem inversões terríveis, que são inconsistentes e não se conectam, da mesma maneira que comprar as passagens sem antes saber o destino.

É natural, e até certo ponto aceitável, que no calor da emoção e na ânsia para fazer acontecer a gente se esqueça da sequência lógica do processo de validação. Queremos criar atalhos e pular etapas na esperança de chegar mais rápido ao nosso destino. Porém, conforme-se. Não há corta caminhos. A forma mais saudável, aquela aplicada pelos empreendedores de alta performance, é aprender a ser ágil e melhorar a cada ciclo, e não pular etapas essenciais e cruciais para construir negócios de sucesso. Qualquer outro caminho que não seja cumprir todas as etapas do ciclo aumentado gradativa a agilmente direcionará você para o fracasso.

Felizmente, há uma saída bem mais próxima do que você imagina. É apenas uma questão de manter a calma, respirar fundo e se debruçar para organizar as peças do quebra-cabeça. Essa fase do PROPULSOR tem a missão de listar e distribuir cronologicamente cada uma das atividades que serão executadas para responder à PERGUNTA DA MORTE, bem como estabelecer prazos, identificar os recursos, selecionar os parceiros e fazer uma estimativa do investimento necessário para rodar o ciclo.

As três subfases do PLANO DE VOO

Para nos tornarmos especialistas em execução, validação e lançamento de foguetes não podemos ter dúvida sobre o que precisa ser feito, como será feito e para quando precisa estar pronto, concluído. Qualquer sinal de dúvida não programada que surgir **durante a execução** do plano de validação causará ruídos e prejudicará sua performance na hora mais crítica do projeto. Para não restar dúvidas na hora da execução do plano a fim de responder à PERGUNTA DA MORTE você agrupará as atividades de validação em três subfases, que explicarei com detalhes na sequência:

- SUBFASE 1 – CONSTRUÇÃO.
- SUBFASE 2 – SENSIBILIZAÇÃO.
- SUBFASE 3 – ENTREGA E INTERAÇÃO.

Antes de avançar para a explicação das subfases, deixe-me fazer dois alertas para que você não entre num beco sem saída e seja obrigado a reduzir sua velocidade de execução ou até mesmo interrompê-la.

Alerta 1: Primeiro a lista, depois a ordem

Concentre esforços em listar toda e qualquer atividade que vier à sua cabeça relativa ao escopo do PROPULSOR. Não tente logo no começo atribuir data, prazo ou duração, muito menos designar responsáveis. O ordenamento cronológico será feito mais adiante, mas não agora. Não filtre. Não prejulgue. Não restrinja. Nenhuma atividade é desprezível ou insignificante. Não queremos uma validação capenga e ineficaz para responder à PERGUNTA DA MORTE. Contudo, repare que não estou falando de preciosismo e perfeccionismo nessa altura do campeonato. Não há espaço para isso. Há pessoas que equivocadamente confundem cautela no planejamento com perda de agilidade e desempenho no projeto. É precisamente o zelo na listagem das atividades (planejamento) que trará aumento gradativo de performance e produtividade durante a execução do ciclo, do projeto, e para todos os demais ciclos subsequentes. Sair executando desorganizadamente é comportamento de amadores. Empreendedores de sucesso não correm riscos desnecessários como esses.

Alerta 2: Clareza e transparência

Por trás de um negócio de sucesso há sempre um time com desempenho extraordinário e que trabalha em alta performance. Isso só acontece quando todos estão em perfeita sintonia, trabalhando na mesma frequência. E a sincronia não acontece aleatoriamente. Transparência e clareza são ingredientes indispensáveis para a equação da sincronização para entrega de resultados incríveis. Quanto maior a transparência sobre o que já foi feito e a clareza sobre o que será feito, maior a agilidade do grupo e maior a produtividade e a capacidade de entrega do empreendimento. Por isso que não podemos deixar de registrar até mesmo uma mínima atividade, ou aquela que "pareça" boba ou insignificante. Realmente registre tudo, e registre de modo que todos do time entendam rapidamente, e com riqueza de detalhes. Já deve ter acontecido com você alguma vez. Na correria, fazemos uma anotação e mais tarde quando vamos lê-la sequer lembramos do que se trata de tão vago que foi o registro (às vezes, até ilegível). Não queremos isso de jeito nenhum. Se necessário, portanto, (recomendo, inclusive) acrescente comentários e adicione qualquer outra informação, dado ou imagem que possa ajudar na compreensão do que foi escrito e do que se espera daquilo. Pecar pelo excesso aqui não será desperdício algum. Acredite.

SUBFASE 1 – CONSTRUÇÃO

Entregável: método pronto

Lembro que o passo seguinte à formulação da PERGUNTA DA MORTE (Peça 1 do PROPULSOR) é a definição do método (Peça 2 do PROPULSOR) que irá respondê-la. Naquele instante, o método ainda é uma proposta, não está concretizado. Aqui, na etapa de planejamento da construção, mapearemos cada atividade necessária para materializá-lo, seja ele um vídeo, uma apresentação, uma atividade comercial, um protótipo ou qualquer outro método que tenha sido escolhido. Portanto, o entregável da SUBFASE 1 – CONSTRUÇÃO é o método pronto, obtido como resultado após executada a última atividade que for planejada aqui.

Essa primeira subfase do planejamento da validação é focada no agrupamento das atividades que darão vida ao método, isto é, tudo que você precisará fazer para que o método idealizado esteja prontinho para ser colocado em campo e começar a responder à PERGUNTA DA MORTE. Em outras palavras, a SUBFASE 1 – CONSTRUÇÃO é a subfase de planejamento das atividades da **construção** do método. Outros termos são aplicáveis em substituição ao termo "construção", tais como desenvolver/desenvolvimento, preparar/preparação, elaborar/elaboração ou criar/criação do método. Sinta-se à vontade para escolher aquele que melhor se encaixe ao seu método. Por exemplo, talvez você se sinta mais confortável para dizer que irá elaborar ou preparar uma apresentação do que construir ou criar.

Sem método, sem interação

Um aspecto importante nessa subfase do planejamento da validação diz respeito à validação propriamente dita. Os clientes da Zappos.com comprariam um par de sapatos pela loja virtual antes da loja virtual existir? Os passageiros da Easy Taxi chamariam um táxi pelo celular acessando à página de internet da empresa antes de ela existir? Os usuários de tecnologia do Dropbox assistiriam ao vídeo simulador antes do vídeo existir? Os clientes motoristas agendariam, destravariam e dirigiriam os carros compartilhados da Zipcar se os carros não tivessem sido adquiridos, preparados e disponibilizados em locais preestabelecidos? As donas de casa sentiriam a fragrância das amostras grátis de perfume de David McConnell antes do perfume estar pronto? A resposta é não, não, não, não e não. O raciocínio é direto, sem truques. Da mesma maneira que você não embarcará no avião sem antes ter comprado as passagens, os alvos da validação não acessarão o método se ele não estiver pronto e disponível.

Sem planejamento, sem método

Você idealizou o método para responder à PERGUNTA DA MORTE lá atrás no PROPULSOR. No entanto, ainda falta um bocado para materializá-lo, transformá-lo em realidade. É provável que você já tenha uma (vaga) ideia do que fazer para colocá-lo de pé, mas será que isso é suficiente? Você está confortável para colocar a mão na massa hoje, agora? Eu arriscaria dizer que você ainda está com certas dúvidas e algumas lacunas ainda não preenchidas, acertei? Pois bem. É certo que partir para a execução nesse exato momento, com tanta incerteza pairando no ar, seria improdutivo e precipitado. Não queremos uma execução desorganizada, caótica e ineficaz. Isso mata excelentes projetos mundo afora. Controle a ansiedade, que a essa altura provavelmente está batendo no teto. Você precisará investir um pouco mais de esforços para que a validação seja efetiva e objetiva, sem estresses e livre de desperdícios evitáveis.

SUBFASE 3 — ENTREGA E INTERAÇÃO

Sim, eu inverti a sequência de explicação, deixando a Subfase 2 por último. Por quê? Porque a Subfase 3 só pode ser iniciada quando o entregável da Subfase 1 (ou seja, o método pronto) estiver disponível. Vejamos mais detalhes.

Entregável final: conclusão se a Hipótese da Morte está validada ou não

Direto ao ponto. A última atividade da Subfase 3 (e do Plano de Voo) é dar uma resposta para a Pergunta da Morte — seja ela um **SIM**, ou um **NÃO** —, e consequentemente concluir se a Hipótese da Morte foi **VALIDADA** ou **INVALIDADA**. E, se você já absorveu o Ciclo Validation Rocket, concluiu que a Subfase 3 envolve desde a interação do primeiro alvo com o método **até o ESTÁGIO 8 — AVALIAR**, aonde definitivamente deve-se chegar a um veredito sobre a Hipótese da Morte.

Porém, há dois outros entregáveis "intermediários" que devem ser cumpridos primeiro para que o caminho esteja pavimentado para o entregável final, e que esclarecem a linha temporal entre a Subfase 1 e a Subfase 3.

Entregáveis intermediários da Subfase 3

Pacote de percepções, insights, dados e informações

Reforcei em páginas anteriores que não são os alvos os responsáveis por concluir qualquer coisa a respeito da PERGUNTA DA MORTE. Essa é a missão do time do projeto e acontece no ESTÁGIO 8 – AVALIAR. Mas baseado em que essa decisão é tomada? Alguma ideia? Baseado em dados e informações, ou mais precisamente em um **pacote composto de percepções, insights, dados e informações válidos, relevantes e úteis**, o entregável intermediário da Subfase 3. E de onde vem esse pacote que auxiliará o time a encontrar a resposta da Pergunta da Morte?

Interação alvo-método propriamente dita

O pacote é fruto da **interação dos alvos com o método pronto**, o primeiro entregável intermediário da Subfase 3. E o que acontece se o método não estiver pronto? Se o método de validação não estiver pronto não existe possibilidade de interação. E sem interação não há pacote de percepções, insights, dados e informações. Por isso, a Subfase 3 só tem condições de começar quando a execução da Subfase 1 está concluída.

Sem interação, sem resposta

Você conseguiria me dizer com certeza se um bolo é saboroso (ou não) apenas lendo a receita ou somente olhando para a guloseima quentinha recém-saída do forno, sem tocá-la ou experimentá-la? Não é possível afirmar com certeza, não é mesmo? É preciso experimentar pelo menos um pedacinho para tirar essa dúvida cruel. Pois bem, é exatamente a mesma coisa quando estamos falando da validação da sua ideia, projeto ou negócio. Sem a interação direta do alvo com o método (pronto) é impossível extrair as informações minimamente necessárias para responder à PERGUNTA DA MORTE. Seja o método a primeira apresentação de slides de um projeto individual ou a vigésima versão do protótipo de uma grande empresa de tecnologia, se as pessoas não interagirem e "colocarem a mão" não há possibilidade alguma de concluirmos qualquer coisa a respeito da opinião dos alvos, e muito menos se a resposta da PERGUNTA DA MORTE foi "sim" ou "não". Sem interação, não há resposta.

Sem planejamento, sem interação

Imagine como seria caótico para a Coca-Cola ter realizado mais de duzentos mil testes cegos para lançar a New Coke sem um plano estruturado e objetivos claros?

Se mesmo com planejamento e organização o método de produto final falhou, já imaginou o que teria acontecido sem a estruturação prévia? Já falamos que sem um método ou com um método capenga você não responderá à PERGUNTA DA MORTE. Tempo e dinheiro perdidos, com certeza. Agora, que tal um método perfeito, cuidadosamente construído, só que aplicado incorretamente, de modo desleixado, sem organização e sem controle? Pior ainda, sabia? Porque você terá gasto um tempão planejando o projeto, um tempão construindo o método para... nada, para absolutamente nada conclusivo, e nenhuma resposta para a PERGUNTA DA MORTE. Planejar (e executar) a interação do alvo com o método é tão importante quanto o planejamento (e execução) da construção do próprio método. Um está amarrado ao outro, e um para nada serve se não for complementado pelo outro.

A terceira subfase do PLANO DE VOO é focada no agrupamento das atividades de organização da interação alvo-método propriamente dita, de controle e monitoramento das interações, de coleta e registro sistemático e estruturado do pacote de dados e informações, bem como da sua avaliação e, finalmente, da determinação da resposta da Pergunta da Morte e da conclusão a respeito da Hipótese da Morte. Lembre-se de que o ponto não é engessar a validação, pelo contrário, o objetivo é observar e capturar todos os dados, informações, sinais e percepções provenientes dos momentos em que efetivamente o alvo está interagindo (analisando, sondando, consumindo, testando, experimentando, tocando, vendo ou ouvindo) com o método. E não ache que a Subfase 3 se aplica somente a grandes projetos de empresas estabelecidas. Até o jovem David McConnell, da Avon, planejou (e executou controladamente) a interação do seu método (enciclopédia e depois enciclopédia mais amostra grátis de perfume) com as donas de casa lá nos anos 1880.

Agora, qualquer dado, informação, sinal ou percepção serve? É isso que estamos procurando para nos tornarmos indivíduos, times e organizações que empreendem em alta performance? Não, claro que não! Buscamos apenas os dados, as informações, os sinais e as percepções úteis e relevantes para compor a resposta da PERGUNTA DA MORTE. Recorda-se onde na

Validation Rocket definimos o que é útil e relevante para um determinado ciclo de validação? Sim, na PEÇA 3 — MÉTRICA e na PEÇA 4 — VALIDADOR (no CORPO DO PROPULSOR).

Métrica e validador

A PERGUNTA DA MORTE é respondida com base no validador, que por sua vez é desdobrado da métrica ou das métricas que foram definidas uma peça antes. Seria uma completa perda de tempo e dinheiro sair aplicando o método sem saber exatamente o que queremos levantar. A interação não deve ser aleatória e desordenada. A interação precisa estar alinhada com a métrica (e com o validador) para extrairmos o máximo de informações úteis e relevantes para que alimentemos o validador e respondamos à PERGUNTA DA MORTE (decisão que acontecerá no ESTÁGIO 8 — AVALIAR). Ainda que tenha ocorrido em uma escala minúscula, e também tenha dado errado duas vezes consecutivas, nos primeiros dois métodos que David McConnell aplicou para validar o projeto de enciclopédias, as interações estavam preparadas para extrair informações relativas à métrica escolhida (unidades vendidas) e sempre de olho no validador indicativo de sucesso (ou fracasso, como foi o caso).

SUBFASE 2 — SENSIBILIZAÇÃO

A segunda subfase ocupa posição intermediária entre a primeira e terceira subfase, não existindo obrigatoriedade de concluirmos a execução da SUBFASE 1 — CONSTRUÇÃO para iniciarmos a SUBFASE 2 — SENSIBILIZAÇÃO, como acontece na relação entre a SUBFASE 1 — CONSTRUÇÃO (entregável — método pronto) e a SUBFASE 3 — ENTREGA E INTERAÇÃO (entregável — método aplicado). A segunda subfase faz a ponte entre as duas outras subfases, relevando a existência do método (e do projeto) para o público externo (mercado) e convidando os alvos para a interação (terceira subfase).

Entregável: alvos sensibilizados

Provavelmente os alvos selecionados no ciclo de validação não sabem que o método e o projeto existem. Não porque o projeto é ruim ou porque você não é um bom empreendedor. Isso acontece porque simplesmente você está dando os primeiros passos com o empreendimento e ainda não chegou o momento de comunicá-lo mais enfaticamente. Essa é a hora. É preciso despertar o interesse dos alvos convencendo-os a interagir com método (que pode ou não já estar pronto), seja lá qual for o canal (ou canais) de sensibilização escolhido na peça Canal, lá no PROPULSOR. O resultado desse processo — alvos atiçados e dispostos a interagir com o método — é o entregável da SUBFASE 2 — SENSIBILIZAÇÃO. Em outras palavras, o entregável da segunda subfase são os alvos sensibilizados (conscientes e instigados a experimentar o método).

Sem sensibilização, sem interação

Nunca será demais reforçar que ficar escondido dentro de casa, com medo de mostrar sua ideia para o mundo, não serve para coisa alguma, e muito menos é comportamento de quem deseja empreender em alta performance. Quem não arrisca, não petisca. Ainda que de maneira tímida nas primeiras tentativas, precisamos sensibilizar as pessoas que não estão diretamente envolvidas no projeto, sejam elas futuros clientes, parceiros, investidores, conselheiros ou apenas amigos e conhecidos dos quais queremos extrair informações relevantes. Se ninguém interagir com seu belo método, você terá perdido seu tempo e seu dinheiro. Você pode até alegar que está totalmente seguro que a solução será um estouro e, por isso, seguiu para a versão final da solução (método mais arriscado para quem está começando a empreender e até para grandes empresas "acostumadas" e familiarizadas com o lançamento de novos produtos e serviços). Ainda assim, as pessoas e, especialmente, os clientes, inevitavelmente precisão ser sensibilizadas e tomar consciência que sua proposta existe para, talvez, interagirem com ela. Não postergue a sensibilização/interação para subfases mais avanças do projeto, porque as chances de falha são grandes. Por essa razão, quanto antes começarmos o processo, melhor, pois aprenderemos os macetes e ganharemos mais agilidade para finalmente empreender em alta performance.

Sem planejamento, sem sensibilização

Lembra da Fasten? Os fundadores da empresa aplicaram uma abordagem barata, elegante e efetiva para sensibilizar os primeiros motoristas sobre a existência do aplicativo (método de solução "final"): eles chamavam um carro pelo aplicativo dos concorrentes (Uber e Lyft), batiam um papo com o condutor focado em trazer à tona as dores e desconfortos dele com os apps (especialmente as taxas cobradas dos motoristas, que eram consideradas "abusivas" pelos fundadores), e antes de encerrar a corrida davam a cartada final entregando ao motorista uma nota de US$2 com um adesivo colado que dizia que a taxa da Fasten era fixa, independentemente do custo total do percurso. **Noventa por cento** dos motoristas toparam se cadastrar durante a corrida após serem convencidos pelos fundadores. Analise comigo por alguns instantes.

Você realmente acredita que os fundadores da Fasten partiram para a sensibilização dos motoristas sem antes terem elaborado o roteiro da "entrevista", construído o discurso de sensibilização e criado o conteúdo dos adesivos (e os próprios adesivos) que foram colados nas notas de US$2? Claro que não. Houve muito planejamento e estratégia para que a execução da sensibilização fosse tão elegante e efetiva. Não adianta achar que despertar a curiosidade e instigar a audiência é tarefa simples. O pior é que tem muita gente que deseja atrair a atenção de milhares de espectadores no melhor estilo Steve Jobs, mas que nada fazem para dar o primeiro passo. Diga-se de passagem, uma das maiores lições e obsessões de Jobs eram cronogramas detalhados e prazos estrategicamente apertados ao ponto de deixar de cabelos em pé os gestores de projetos profissionais. Aqui, na segunda subfase de planejamento da validação, você evitará falácias dessa natureza.

A segunda subfase de planejamento da validação é focada no agrupamento das atividades que comunicarão a existência do método (e do projeto) ao mercado, despertando o interesse dos alvos, previamente escolhidos no CORPO DO PROPULSOR. O objetivo é "chamar atenção", "convidar", "informar", "atrair" e/ou "instigar" a audiência ou público de interesse do ciclo para interagir com o método, tal como os fundadores da Fasten o fizeram para engajar os motoristas dos aplicativos concorrentes para experimentar a nova solução.

Já falamos sobre canal de sensibilização mais cedo no livro. Recorda-se em qual parte tratamos do assunto?

O canal (ou canais) de sensibilização foi determinado no PROPULSOR, e o planejamento (e execução) da sensibilização deve, obviamente, contemplá-los. No caso da Fasten, o canal de sensibilização escolhido foi o carro do motorista (canal offline e presencial), um canal relativamente atípico e, no mínimo, curioso, para uma startup de tecnologia.

Canais digitais de sensibilização se tornaram comuns e populares de alguns anos para cá. Redes sociais, posicionamento em buscadores, anúncios digitais pagos, e-mail marketing, blogs e vlogs figuram entre as preferências dos empreendedores (e das agências de marketing digital) atualmente. Se você escolher mais de um canal de sensibilização (múltiplos canais), não se esqueça de planejar o passo a passo da sensibilização para cada um deles, separadamente, e independentemente de serem canais online e/ou offline. Cada um deles merece ser planejado individualmente, mesmo que em determinado momento eles convirjam para um ponto em comum.

Sem precisão, sem resultados

Atirar para todo lado significa desperdiçar recursos valiosos e escassos. Não devemos nos dar a esse luxo, principalmente quando estamos tentando dar os primeiros passos rumo ao empreendedorismo de alta performance. Mais do que atrair um monte de pessoas para interagir com nosso método, essa segunda subfase do planejamento é direcionada para atrair as pessoas **certas** para o ciclo de validação. A vontade é grande de abraçar o mundo e abranger todos de uma única vez, mas ainda que diversos grupos de clientes tenham sido identificados no FOGUETE (PEÇA CLIENTES), ou que a aposta seja cobrir um leque bastante amplo de clientes com a mesma solução (smartphones e aplicativos de transporte particular, por exemplo), devemos começar pinçando apenas alguns poucos indivíduos, para que acompanhemos cuidadosamente a evolução e o desempenho da sensibilização (e, posteriormente, da interação). Se resgatar em sua memória, lembrará que já tratamos disso aqui no livro. Recorda-se onde? Na PEÇA 7 – ALVO, no topo do CORPO DO PROPULSOR. Exatamente! Para que a segunda subfase da validação (e consequentemente, o ciclo como um todo) seja assertiva e efetiva devemos mirar (a sensibilização) nos alvos. Evoco a Fasten mais uma vez. A sensibilização concentrou energia em um alvo específico: motoristas dos aplicativos concorrentes (Uber e Lyft) na cidade de Boston! Os fundadores poderiam ter escolhido motoristas que não usufruíam dos serviços dos concorrentes, da mesma maneira que poderiam ter focado em outra cidade, ou até mesmo *outras cidades*, para iniciar a validação simultaneamente. A estratégia dificilmente teria gerado os resultados desejados, ou seja, respondido à PERGUNTA DA MORTE sobre a dor dos motoristas quanto à fatia abocanhada pelos concorrentes.

"Mas será sempre assim, pequenininho?" Claro que não será sempre assim, "pequenininho". Conforme as validações acontecem e as perguntas da morte são respondidas, gradativamente aumentam-se a amplitude (abrangência), a profundidade e a quantidade de indivíduos sensibilizados. O problema está em inverter a ordem e tentar começar a execução grande demais. É um fardo pesado demais para os primeiros passos de um projeto inovador. Note que não estou falando dos primeiros passos de quem está empreendendo pela primeira vez. Muitos projetos de empreendedores renomados e de grandes empresas estabelecidas falham por começarem a validação de modo megalomaníaco. Evite entrar para a lista de estudos de casos de fracassos épicos. Já imaginou o quão complexo seria sensibilizar dois bilhões de usuários em uma única tacada (quase um terço da população mundial)? Impossível, não acha? E que tal começar com pequenos grupos, formados por pessoas mais próximas, "atingíveis", e mais dispostas a experimentar algo novo, ainda que incompleto, porém interessante e instigante? Foi assim que Mark Zuckerberg, em 2004, transformou o Facebook na máquina de geração de dinheiro que conhecemos hoje. O primeiro alvo da rede social foram os estudantes de Harvard. Na verdade, *somente* os estudantes de Harvard podiam acessar, ninguém mais. Apenas em setembro de 2006, o Facebook estaria disponível para qualquer um que possuísse um endereço de e-mail válido e tivesse mais de 13 anos de idade.

Linha do tempo, Duração e Prazos (Cronograma)

Cronograma é o ingrediente mais mágico do empreendedorismo de alta performance. Trabalhar sem prazos em qualquer aspecto da vida é inebriante e improdutivo. Não ter visibilidade do que precisa ser feito em um dia, em uma semana, na quinzena, no mês, no trimestre, no ano, na vida, é inadmissível para quem quer ser muito mais produtivo do que a média e viver uma vida harmônica e equilibrada, ainda que intensa e corrida. Pergunte para qualquer especialista em desenvolvimento humano e leia qualquer material sobre o assunto e você identificará que pessoas bem-sucedidas no empreendedorismo ou no intraempreendedorismo não somente têm total clareza de onde querem chegar (visão de futuro), mas também conseguem esmiuçar a trajetória para saber exatamente o que precisa ser feito hoje, agora, amanhã, depois de amanhã, e assim por diante, para chegar lá. Talvez seja um dom de alguns poucos privilegiados. Ponto para eles. A boa notícia é que essa competência é desenvolvível e está ao alcance de todos. Basta ter disciplina e treinar incansavelmente. A Validation Rocket é o seu ponto de apoio nessa jornada.

A dinâmica de preenchimento da matriz por linhas e por colunas é uma maneira de demonstrar a importância da priorização. Não há como estar envolvido em dezenas de projetos e acreditar que todos trarão grandes resultados ou sentimento de realização, completude. Devemos focar aqueles que são prioridade e estão alinhados com nossos objetivos. Entretanto, não é suficiente priorizar os principais projetos e listar um monte de atividades para executá-los, como fizemos até agora. Ordenar a sequência de execução de cada atividade dentro de cada projeto é fundamental e indispensável tanto para o sucesso do projeto quanto para sua realização como empreendedor.

A linha do tempo das três subfases de validação

Você já notou que por trás das três subfases há uma linha do tempo, uma distribuição temporal dos três grandes grupos de atividades, não é mesmo? Construção, sensibilização e interação, nessa ordem, correto? Pois bem, é exatamente isso. Ou melhor, quase isso.

Subfase 1 e Subfase 3: sequenciais

Vimos que a SUBFASE 1 – CONSTRUÇÃO e a SUBFASE 3 – ENTREGA E INTERAÇÃO são necessariamente sequenciais. Não tem como inverter essa ordem. É impossível o alvo interagir com o método (entregável da Subfase 3) antes do método estar finalizado, prontinho para teste (entregável da Subfase 1).

Subfase 2

A SUBFASE 2 – SENSIBILIZAÇÃO é intermediária entre as outras duas subfases e pode se mover de acordo com a estratégia adotada em cada ciclo de validação, para aumentar a efetividade do processo. Vejamos algumas considerações e relações entre a primeira e a segunda subfases, e desta com a terceira subfase.

Relação entre a SUBFASE 1 – CONSTRUÇÃO e SUBFASE 2 – SENSIBILIZAÇÃO

Para iniciar a Subfase 2 *não* é preciso que a Subfase 1 tenha sido concluída completamente. Em outras palavras, o método *não* precisa estar totalmente pronto para que você comece a sensibilizar os alvos. Dependendo do contexto e do projeto é até recomendado que comecemos a comunicação (execução das atividades planejadas na SUBFASE 2 – SENSIBILIZAÇÃO) antes que tudo esteja pronto e preparado para a interação (Subfase 3). Essa tática de iniciar a sensibilização antes do método estar concluído pode servir para sentirmos se estamos no caminho certo. Muitas campanhas de pré-lançamento são baseadas nessa lógica.

Não soa muito razoável, no entanto, planejar a Subfase 2 para iniciá-la *antes* da execução das primeiras atividades contidas no plano da Subfase 1. Arregaçar as mangas primeiro e colocar a mão na massa para construir o método trará mais clareza para todas as demais atividades do ciclo. Por quê? Porque é só executando que descobrimos as diferenças entre o que foi planejado e a realidade, entre o mapa do terreno e o próprio terreno. É perfeitamente aceitável que encontremos dificuldades não previstas e contratempos durante a execução das atividades planejadas para a Subfase 1, que impactarão as atividades subsequentes. Em casos extremos, mais comuns quando desconhecemos os processos e recursos necessários, interrompe-se a execução do ciclo ainda na subfase de construção ao se deparar com a inviabilidade técnica para materializar o método. Vejo com muita frequência times e mais times com propostas incríveis de métodos de validação. Quando pergunto como aquilo será materializado a maioria simplesmente não tem a menor noção tanto da parte técnica quanto das subfases, do ferramental e dos valores envolvidos. Vale um parêntese aqui. É por isso que a Validation Rocket é cíclica: para acelerar essas descobertas e torná-lo um empreendedor de alta performance.

Gerenciar a expectativa é outra razão a ser considerada nessa equação. Sair comunicando algo que sequer sabemos se deixará o papel é arriscado e pode causar danos profundos. Não quer dizer que não seja possível ou factível. É só um ponto a ser considerado durante o planejamento. Citei a Tesla algumas vezes no livro, especialmente o método de atividade comercial do Model S, que em 2017 levantou uma bolada de dinheiro de clientes ávidos pelo veículo elétrico. Mais de um ano depois, em 2018, a Tesla continuava enfrentando dificuldades operacionais para montar o carro. Consequências? Clientes decepcionados cancelaram milhares de pedidos, mídia especializada sinalizando a bancarrota da Tesla, investidores pedindo a cabeça de Musk, imagem da companhia sofrendo abalos constantes e reputação do empreendedor questionada mais uma vez. Steve Jobs uma vez disse: "Todo fabricante de automóveis gosta de exibir seu carro-conceito, que deixa imprensa e consumidores de queixo caído. O problema é que, quando o carro finalmente é lançado, quatro anos depois, é um lixo. O que acontece? Ora, o designer tem uma peça maravilhosa nas mãos, mas os engenheiros simplesmente não conseguem fabricá-la em série. Na Apple, nós conseguimos." Profecia?

Por essas e outras razões é melhor que a sensibilização comece após os momentos mais delicados e críticos da SUBFASE 1 – CONSTRUÇÃO.

Relação entre a SUBFASE 2 – SENSIBILIZAÇÃO e a SUBFASE 3 – ENTREGA E INTERAÇÃO

Na outra ponta da história está o término da Subfase 2. Não necessariamente a segunda subfase deve terminar para que as atividades da SUBFASE 3 – ENTREGA E INTERAÇÃO comecem. Na verdade, é mais comum que elas aconteçam paralelamente durante algum tempo. Alguns alvos já podem ter iniciado a interação e outros ainda estarem em processo de atração para conhecerem o método (e o projeto). Peguemos novamente o Dropbox, como exemplo. O método utilizado foi composto de vídeo de simulação dentro da página de internet mais o formulário para captura de dados dos interessados. Enquanto alguns usuários entravam na página, assistiam o vídeo e forneciam os dados, outros potenciais alvos poderiam estar sendo engajados para seguir o mesmo caminho. Analisando com profundidade, seria até mais oportuno aproveitar a onda de interessados para fortalecer a sensibilização. Já viu aqueles posts ou e-mails marketing dizendo que tantas pessoas já se inscreveram ou compraram e que só falta você? Essa é uma boa maneira (desde que seja verdade e não mais uma daquelas péssimas táticas de marketing de manipulação) de demonstrar a relação de troca entre a Subfase 2 e Subfase 3, quando elas se desenrolam simultaneamente.

Tal como a construção do método pode relevar questões não previstas no planejamento, a subfase de interação também esconde surpresas só observadas na prática. Mais uma vez, o mapa do terreno é diferente do terreno em si. Querendo, ou não, durante o planejamento da interação (SUBFASE 3 — ENTREGA E INTERAÇÃO) supomos como os alvos se comportarão diante do método. Comportamento esse que pode ou não ser observado na prática, quando estão "frente a frente" com o método. Quando a ruptura não for abrupta ao ponto de demandar a interrupção da validação para uma reavaliação (é uma possibilidade não tão remota em projetos inovadores) é plenamente possível ajustar a sensibilização ainda em curso para melhorar a estratégia de sensibilização.

Outro aspecto da Subfase 2 para ser considerado é que provavelmente *não* faz sentido planejar seu término para *depois* da conclusão da Subfase 3, quando as interações dos alvos com o método já estiverem encerradas e já tivermos respondido à Pergunta da Morte.

Outro aspecto que trago para essa discussão diz respeito à diferença entre marketing digital e o processo de sensibilização dos alvos. Tente não confundir a sensibilização para validação de projetos inovadores com marketing (digital), pois essas ferramentas e estratégias deveriam ser aplicadas nos casos em que as hipóteses mais fundamentais foram validadas e o projeto precisa de uma forcinha para prosperar mais rapidamente. Apesar de pegarmos emprestado algumas ferramentas dos marqueteiros para validar modelos de negócios, isso não significa que estamos posicionando marcas ou vendendo soluções finais de bate-pronto. Não crie expectativas exageradas (em você e nos outros) e não jogue dinheiro fora antes de ter o mínimo de segurança para fazer investimentos em publicidade e propaganda.

Atribuindo prazos e duração para cada atividade

Há duas maneiras de montarmos o cronograma de validação do projeto. A primeira maneira, de trás para frente, provavelmente é a mais conhecida, que parte da data de conclusão da interação. A segunda, é a para frente, menos utilizada, mas não por isso pior ou melhor do que a outra, e parte da data de início da primeira atividade da primeira subfase. Vejamos com mais detalhes.

Cronograma de trás para frente

Elaborar um cronograma de trás para frente (cronograma reverso) consiste em estabelecer primeiro a data limite para término da interação do alvo com o método, e então estipular o prazo (data de início e data de conclusão ou término) e/ou duração (horas, dias, semanas ou meses) da última atividade, depois a penúltima, e então a antepenúltima, e assim por diante até chegar na segunda atividade da Subfase 1. Só não se esqueça de que a data de início da validação (execução das atividades planejadas) é hoje, agora! Não preciso dizer que é a abordagem preferida dos investidores de startups e altos executivos de grandes empresas, preciso? Há também situações em que se descobre a data em que concorrentes farão grandes lançamentos. Nesses casos, imediatamente a data de término do projeto está definida. É hora de acelerar! O cronograma de trás para frente é uma estruturação mais forçada, e geralmente obriga o time a trabalhar com prazos mais apertados. Eventualmente algumas atividades serão comprometidas pelo arroxo, mas nem sempre. Existe um fato curioso sobre a Apple nesse quesito. Arrisca dizer quanto tempo levou para a Apple chegar ao iPod de primeira geração? Um ano e meio? Dois anos? Cinco anos? Uma década? Não. Resposta: 9 meses! Ponto.

Cronograma para frente

Elaborar um cronograma para frente consiste em estipular a data de início e a duração da primeira atividade da primeira subfase, e então cascatear para a segunda, depois para a terceira, e assim por diante até chegar na última atividade da terceira subfase. No fim desse processo, você terá encontrado a data de término da validação, bem como sua duração total, que pode ser dada em horas, dias ou meses. Se por um lado o cronograma reverso espreme o time ao ponto de comprometer a execução de algumas atividades, o cronograma para frente pode deixá-lo demasiadamente confortável e com prazos folgados. Entendo que essa abordagem exija maior nível de maturidade e experiência aplicada. Minha sugestão para quem ainda não está familiarizado com a ferramenta é começar com o cronograma de trás para frente.

Conectando com a Peça 5 — Data Limite

Lembra-se da PEÇA 5 — DATA LIMITE, lá do CORPO DO PROPULSOR? Nela você define a data final para responder à Pergunta da Morte e determinar se a Hipótese da Morte está validada ou não, ou seja, um prazo limite para concluir o ESTÁGIO 8 — AVALIAR do Ciclo Validation Rocket. Conforme mencionei, há uma conexão entre a PEÇA 5 e a Fase 2, mais especificamente a Subfase 3, pois a data para conclusão da última atividade deve coincidir com a data limite colocada na Peça 5. Difícil acertar de primeira? Sim, por isso existe aprendizado e ajuste fino ao longo do PLANO DE VOO. Essa é a hora que o ajuste fino da data limite começa a acontecer. Nos primeiros ciclos, a acurácia talvez seja baixa. Com o tempo, no entanto, você pegará o jeito e melhorará a estimativa cada vez mais. O que isso significa? Na prática, que nos dois ou três primeiros ciclos a data limite inicialmente estabelecida na PEÇA 5 — DATA LIMITE sofrerá (profundas) alterações durante a Fase 2 do PROPULSOR, sendo redefinida ao final da estruturação do PLANO DE VOO. Porém, os próximos ciclos trarão mais assertividade e realismo para as estimativas e a data limite passará a influenciar os prazos estabelecidos na Fase 2, e não o contrário. *Em ambos, no entanto, a data limite deve coincidir com a data da última atividade da última subfase, ou seja, da SUBFASE 3 — ENTREGA E INTERAÇÃO, que é marcada pelo término do ESTÁGIO 8 — AVALIAR.*

Responsáveis

Aquela história que cachorro com dois donos morre de fome é bem verdade. E é igualmente muito verdade que cachorro sem dono também morre de fome. Por isso, sua missão aqui é direta e reta: atribuir responsáveis para cada uma das atividades. Nenhuma, repito, nenhuma atividade deve ficar sem responsável. Da mesma maneira, nenhuma, repito, nenhuma atividade deve ser atribuída a mais de um responsável. Além disso, o responsável por uma determinada atividade é uma pessoa que faça diretamente parte do time. A responsabilidade por uma atividade é de alguém de dentro do projeto, sempre, e em qualquer circunstância, mesmo que algum terceiro, parceiro ou qualquer outra pessoa de fora tenha sido contratada para realizá-la.

Essa informação precisa estar clara para todos os envolvidos para que saibamos a quem procurar caso precisemos de detalhes sobre aquela determinada atividade. O objetivo não é identificar culpados ou apontar dedos quando atividades saírem do trilho. Muitíssimo pelo contrário. Não há, e não deveria haver, competição interna no projeto. Todos estão batalhando para conquistar a mesma missão. A principal ideia é realmente que cada um compreenda sua própria responsabilidade na execução do projeto para ganharmos velocidade, agilidade e nos tornarmos empreendedores de alta performance. Centralizar não é a palavra de ordem. Buscamos autonomia com responsabilidade, e dividir e compartilhar, para crescer e prosperar. Quanto mais transparentes formos, melhor para o crescimento da equipe e do projeto.

Você viu claramente que as atividades dependem umas das outras. Se uma atividade por qualquer que seja a razão atrasar, todas as demais atividades poderão sofrer algum tipo de impacto (atraso). Saber quem é o responsável é fundamental para o projeto de dois modos. O primeiro é que se você é responsável por uma atividade e percebe que não concluirá dentro do prazo previsto cabe a você, e somente a você, comunicar aos demais e pedir ajuda. Não tem o que temer, porque, mais uma vez, não é uma competição. Segundo, e agora analisando do ponto de vista da equipe como um todo. Se você notar que algum membro da equipe, responsável por determinada atividade, estiver tendo problemas para concluí-la e, está tendo dificuldades para comunicar isso ao restante, é sua obrigação estender a mão e oferecer apoio e ajuda, eventualmente dobrando as próprias mangas e contribuindo com a conclusão da atividade. É assim que se constroem negócios de sucesso, duradouros.

Se você for um time de uma pessoa só, a nomeação do responsável é bem simples, não é mesmo? Tem ideia de quem seja? Pois é, é você mesmo! A parte mais complexa vem depois, pois executar tudo sozinho é, digamos, tenso. Todo o fardo estará nas suas costas. Posso dizer isso por experiência própria. Chega uma hora em que fazer tudo sozinho é a pior coisa do mundo. Às vezes, não temos opção naquele momento, mas sempre que tivermos alternativa para não seguir na jornada sozinho, devemos agarrá-la com unhas e dentes.

Recursos, parceiros e investimentos

Já temos tudo, certo? Atividades, prazos e responsáveis. Vamos botar para quebrar e executar nosso plano, atividade por atividade, e responder à PERGUNTA DA MORTE. Será mesmo? Mas não está faltando nada? Só resta mesmo executar, certo?

Empreender em alta performance significa *executar* em alta performance. E, para executar em alta performance, empregando 100% do nosso tempo de maneira útil, sendo produtivos de verdade, não podemos nos deparar com "imprevistos" previsíveis, que travam o projeto todo, e nos forçam a parar tudo e correr atrás de resolvê-los às pressas. "Imprevistos previsíveis?", você deve estar se perguntando, não é mesmo? Sim, é exatamente isso. Imprevistos previsíveis. Sabe quando estamos cozinhando e, putz, esquecemos o principal ingrediente e aí precisamos parar tudo para dar um pulinho do mercado? É um exemplo clássico de imprevisto previsível. Se você tivesse montado uma lista de ingredientes a partir da receita nada faltaria na hora da preparação. Estresse desnecessário e frustração garantida. Exatamente a mesma coisa acontece em projetos de empreendedorismo. Por não termos de antemão listado as necessidades (recursos, parceiros e investimentos) e estimado custos e quantidades para execução do plano de validação, comprometemos o andamento e o sucesso do projeto, além da nossa vida virar um caos, um labirinto sem saída. Senti algumas vezes esse gosto amargo em meus primeiros projetos — e presenciei outros tantos desaparecerem do mapa —, quando já no momento de execução do plano, ou a necessidade não estava disponível, pois não tinha sido prevista, ou a necessidade não estava disponível na quantidade demandada (por conta de um chute aleatório baseado em nada), ou as duas coisas. A sensação de impotência e incapacidade por ser pego de surpresa é incalculável.

O confeiteiro precisa de farinha, fermento e ovos para preparar a massa em uma bancada, que antes fora devidamente limpa e desinfetada com produtos apropriados. A cozinha é bem iluminada e, para acelerar o processo de preparação, ele utiliza uma batedeira elétrica. Enquanto a massa está sendo batida, o forno a gás está em preaquecimento e a assadeira é untada com manteiga, para receber a massa pronta e não grudar. O tempo de cozimento é cronometrado em um relógio de parede. Depois de pronto, o bolo é fatiado com uma faca de metal, e as fatias servidas, individualmente, em pratos pequenos, e ingeridas pelos fregueses usando garfos plásticos. Hum. Deu até vontade, não é mesmo?

E, por que é tão importante *listar* e *quantificar* as necessidades durante o planejamento e não ao longo da execução, conforme a necessidade surgir? A primeira razão é antever as necessidades para não emperrar a subfase de execução. O planejamento é só a receita do bolo, com mais alguns adendos, pois geralmente a receita não fala sobre energia elétrica, gás, facas e garfos, não é mesmo? O bolo degringola se alguma das necessidades faltar *durante* a preparação. Imagine o que aconteceria se a farinha e o fermento já estivessem na batedeira e, então, o confeiteiro descobrisse que se esqueceu dos ovos, ou que acabou o gás do forno ou que a batedeira está sem uma das pás, ou até quebrada. Os fregueses ficariam sem bolo e iriam para o concorrente. E você? Bem, você ficaria sem dinheiro e paciência, pode ter certeza!

A segunda razão é que uma receita (de bolo) contém não somente os ingredientes, materiais, equipamentos necessários, e o passo a passo de como precisa ser feito, mas também a *quantidade* de cada ingrediente. Essa noção é importante para que nenhuma colher de farinha falte durante a preparação do bolo (execução da receita), e para que o resultado seja realmente um bolo e não uma gororoba intragável.

A terceira razão para *listar* e *quantificar* as necessidades durante o planejamento, e não ao longo da execução, é estimarmos quanto custará a brincadeira toda. Os recursos custam. O bolo não é produzido de graça. O preço de venda da fatia de bolo não deveria ser calculado aleatoriamente (lembra-se da PEÇA SAÍDAS no FOGUETE?). Essa base de cálculo considera o dinheiro investido para produzi-lo. Não saber quanto custará implica em grandes chances de prejuízos financeiros, algo inadmissível para quem deseja construir negócios de sucesso e empreender em alta performance. "Ah, não vou vender nada agora. Meu método de validação não envolve venda. Para que vou estimar quanto devo investir (gastar) nos recursos?" Talvez o método de validação que você escolheu para o ciclo atual do projeto não envolva comercialização, validação de preço ou qualquer coisa de natureza financeira. Ainda assim, você não deverá ignorar o fato de que eventualmente desembolsará dinheiro (e tempo) para adquirir ou utilizar recursos para construir, sensibilizar e permitir a interação do cliente com o método. Se esse for o seu caso, esteja preparado para registrar tudo, pois a quantia sairá de algum bolso. Pode até ser do seu bolso, mas você não seria relapso ao ponto de não considerar cada centavo que tira do próprio bolso, nem mesmo se estiver sobrando. E se for pedir para alguém de fora do projeto, por mais que essa pessoa acredite no seu potencial, o mínimo de justificativa e clareza você precisará oferecer, certo? Ou você acha que encontrará investidores inconsequentes e despreparados para distribuir dinheiro a dar com pau para lunáticos autointitulados empreendedores?

Claro que não estamos falando de registrar coisas minúsculas, ínfimas, com pouco impacto ou representatividade, tal como a energia elétrica consumida por um laptop durante a preparação dos slides de uma apresentação institucional, ou do consumo de tinta da caneta utilizada para tomar nota. A aquisição do laptop, no entanto, deveria ter o investimento estimado uma vez que seu valor não é ignorável, tal como o software para elaboração do material, caso este fosse pago, ou ainda a contratação de um parceiro externo especialista em apresentações. Vamos nos concentrar em registrar o que é relevante para nossa realidade no momento do planejamento. Há uma certa subjetividade nessa interpretação, mas usar o bom senso e se colocar na pele de um investidor avaliando o racional de cálculo para chegar ao valor solicitado já são suficientes para sermos bem mais criteriosos, e bem menos complacentes nessa fase de preparação para a decolagem.

Felizmente, aprendi que imprevistos previsíveis são facilmente evitáveis adotando duas práticas simples. A primeira é listar todas as necessidades, sem exceção. Simplesmente liste-as, e não exerça nenhum tipo de filtro ou prejulgamento. Nenhuma necessidade é dispensável. Lá na frente, na hora da execução, uma mínima necessidade não mapeada poderá arruinar com a performance e o sucesso da empreitada. É o mesmo exercício realizado na listagem das atividades das três subfases da validação, porém aplicado para identificar as necessidades do corrente ciclo de validação. Só não inverta a ordem quando estiver planejando sua validação. A listagem das *atividades* deve acontecer necessariamente *antes* da listagem das *necessidades*.

A segunda prática requer colocar a ingenuidade e a inexperiência de lado para melhorar a qualidade das estimativas de custos e quantidades, deixando-as menos com cara de chutes imprecisos, típico de empreendedores despreparados. Uma boa parcela dos erros das nossas estimativas acontece porque não fazemos a menor ideia do que estamos falando, não dominamos o assunto que estamos abraçando. Um exemplo atual é a febre dos aplicativos para dispositivos móveis que domina o Brasil desde o início dos anos 2010. Muita gente fora do universo de programação tenta surfar a onda. Ótimo. Até aí, sem problemas. A coisa começa a mudar de figura quando esse mesmo pessoal esquece de procurar informações e entender mais sobre o assunto, assumindo quase sempre que o cenário é superotimista no melhor estilo futurologista de nada. Doce engano. As estimativas (de valor da hora de um programador qualificado, por exemplo) na verdade são chutes que passam longe do gol, e na hora do vamos ver o projeto degringola tamanha a distância entre a projeção e a realidade de mercado. Ler livros, pesquisar na internet, vasculhar em sites e blogs, perguntar para amigos e conhecidos, solicitar orçamentos para potenciais fornecedores e contatar especialistas são só algumas das milhares de ações para aprender sobre o assunto e evitar cair em ciladas.

Antever as necessidades do PLANO DE VOO é indispensável para empreender em alta performance. Nossa visão é ampliada e o horizonte expandido. Só assim a execução será contínua, sem interrupções desnecessárias, e estresses evitáveis.

No contexto da Validation Rocket, as necessidades estão divididas em três tipos:

- Recursos.
- Parceiros.
- Investimentos.

Recursos

Recurso é tudo aquilo que será consumido ou usado para realizar uma atividade ou um conjunto de atividades para cumprir objetivos preestabelecidos. No caso do nosso amigo confeiteiro, os ingredientes, a manteiga, os equipamentos, a energia elétrica, a mão de obra, o espaço (local) de preparação e até os produtos de limpeza são considerados recursos e, por isso, devem entrar na lista de necessidades e estimativa de quantidade. Para validar o interesse dos passageiros do serviço de táxi comum por uma solução online em tempo real, os fundadores da Easy Taxi precisaram de uma lista de recursos composta de endereço eletrônico (domínio), servidor para hospedagem do site, computadores, mão de obra de desenvolvedor(es) para programar o código da página de internet, software para coleta do endereço do passageiro que demandasse um táxi, serviço (*cliente*) de e-mail para receber notificações de solicitação de novas corridas e telefone para ligar para as cooperativas e enviar um táxi para o passageiro. Já as listas de recursos da Amazon.com no início da sua jornada — um e-commerce de livros — e da Zappos.com — um e-commerce de sapatos — para responder às suas PERGUNTAS DA MORTE iniciais seriam compostas de quase os mesmos recursos da Easy Taxi, com exceção dos livros e sapatos, respectivamente, vendidos nos sites (recursos chamados de mercadorias).

Categorias de recursos

Para facilitar o trabalho de identificação (e quantificação), os recursos podem ser separados nas seguintes categorias.

- Matérias-primas e ingredientes.
- Insumos.
- Máquinas, equipamentos e ferramentas.
- Mercadorias.
- Domínios, sistemas eletrônicos, softwares, servidores e redes.
- Espaço físico.
- Logística e transporte.
- Mão de obra, capital intelectual, conhecimento e competências.

Listagem dos recursos na validação

Você precisa listar todos os recursos indispensáveis para executar o plano de validação, conforme as categorias apresentadas. A listagem dos recursos levará em consideração a etapa de validação (Construção, Sensibilização e Entrega & Interação) onde o recurso será usado. Proceder dessa maneira simplificará sua jornada significativamente, além de contribuir para o desenvolvimento da sua visão sistêmica e sobre a alocação e distribuição ao longo do tempo dos recursos. Recebo uma pergunta frequentemente: Um recurso pode ser alocado em mais de uma subfase, ou até mesmo em todas as subfases? Sim, é possível que isso aconteça. Quando acontecer, basta listá-lo nas três subfases para não restar dúvidas e ficar claro para todos. Lembre-se, a Validation Rocket mantém todos na mesma página, o tempo todo. Esse alinhamento constante é uma das mais importantes chaves para o sucesso de qualquer negócio.

Estimando a "quantidade" de recursos

A estimativa da quantidade e do custo de cada recurso para viabilizar a validação será abordada no tópico Investimento.

Parceiros & parcerias

A quem recorrer quando os recursos listados não estiverem disponíveis internamente no projeto e não formos capazes de (ou optarmos por não) desenvolver dentro de casa? Sim, recorremos aos parceiros. Esses agentes são fundamentais para o sucesso de qualquer tipo de empreendimento, desde um pequeno comércio de bairro, como uma padaria, até uma startup exponencial. A grande verdade é que não dá para construir negócios de sucesso sem parceiros e parcerias. Até mesmo a Apple, uma das marcas mais cultuadas e idolatradas do mundo, utiliza a força de agentes externos para o design, fabricação e distribuição de seus elegantes produtos. Por que então nós, meros mortais, não faríamos o mesmo?

Há uma infinidade de possibilidades de envolvimento de parceiros ao longo da cadeia de valor de um projeto. Desde um fornecedor de matéria-prima e insumos, passando por prestadores de serviços básicos e consultorias especializadas, até conselheiros e investidores, há um leque gigantesco de finalidades para as quais recorreremos a agentes externos para atingirmos nossos objetivos e executarmos o plano de validação.

Listagem dos parceiros na validação

Tal como os recursos, os parceiros devem ser listados dentro de cada uma das três subfases de validação. O exercício tende a ser mais rápido do que a listagem dos recursos, pois trata-se de um escopo menor.

Investimento

Recursos e parceiros custam (ou custarão), e o dinheiro para pagá-los sairá de algum bolso. Adivinha de qual?

Alinhando expectativas sobre o investimento

Não entrarei em detalhes ou especificidades a respeito de finanças, nem abordarei teorias e conceitos, não passarei por como fazer cálculos e projeções financeiras, muito menos demonstrativos de resultados, *princing* (precificação ou formação de preços), *valuation* (avaliação de valor de mercado do projeto/empresa) ou qualquer coisa do gênero. Além de requerer muitas e muitas páginas pela complexidade, o tema finanças para startups e empresas nascentes depende essencialmente da maturidade do projeto (e da familiaridade e experiência do time). Sei que a disciplina de finanças assusta e inibe promissores empreendedores de seguirem adiante. Não adianta fugir do tema ou tapar o sol com a peneira. A maioria não gosta do assunto, mas com toda certeza do mundo eu afirmo: ninguém está disposto a queimar dinheiro!

Quanto antes falar diretamente sobre finanças, melhor será para você e seu time, e mais tempo hábil haverá para estudar e dominar a questão. Por isso, daremos um passo de cada vez. Com o perdão do trocadilho — começando pelo começo: desembolsos (ou investimentos). Mais uma vez eu digo, a Validation Rocket não é cíclica por obra do acaso. Gradativamente e, acredite, naturalmente, você ganhará conhecimento e confiança em finanças, melhorando, inclusive, seu poder de defesa e argumentação perante a potenciais credores e investidores. Não evite ou negligencie as finanças nos seus projetos. Não estou dizendo que todos precisam se tornar mestres em finanças ou nada do tipo, mas você não quer experimentar a imensurável sensação de impotência e incompetência de quando estamos bem próximos de chegar a uma solução magnífica, mas o dinheiro simplesmente acabou de acabar.

O que é desembolso na Validation Rocket

Desembolso é toda e qualquer quantia (dinheiro) a ser *investida* no ciclo de validação para realizar uma ou mais atividades, comprar/contratar um recurso ou contratar um parceiro. Em outras palavras, tudo que sairá do bolso para viabilizar a validação é considerado um desembolso, seja comprar uma matéria-prima, contratar um prestador de serviço (*freelancer*, consultor, agência de marketing digital e por aí vai), arcar com salários, encargos e benefícios de funcionários, ou com o pró-labore dos sócios, participar de um treinamento, obter uma certificação, registrar uma marca, depositar uma patente ou comprar um livro, para citar algumas possibilidades. Não se atenha, no entanto, somente a esses itens, pois há uma infinidade de maneiras do dinheiro sair do bolso para validarmos nossos projetos.

Desembolsos ou investimento?

Por que estamos falando de desembolsos dentro do tópico Investimento? Por uma simples razão: queremos que cada suado centavo que tirarmos do nosso bolso e aplicarmos na viabilização de nossos projetos empreendedores traga frutos e renda não somente satisfação e realização pessoal e profissional, mas dinheiro de volta para reinvestirmos no negócio e vivermos uma viva agradável e confortável. Alguns críticos mais ácidos questionariam que não é uma definição técnica. Sinceramente, não estou preocupado com esses "alguns". Preocupo-me mesmo com a imensa massa de novos empreendedores ávidos por construírem seus sonhos. Considerar desembolsos como investimento é só uma questão de abordagem e entendimento de causa daqueles que mais precisam de suporte e atenção, e não dos teóricos e chatos de plantão. Na Validation Rocket desembolso é igual a investimento.

Claro que tecnicamente ou conceitualmente falando há distinções entre desembolsos (gastos, ou custos e despesas) e investimentos. Como adiantei, não entraremos nessa discussão por diversas razões. A principal delas é que tudo depende da sua necessidade para viabilizar seu projeto no dia de *hoje*. Há geralmente outros pontos mais críticos para validação de projetos inovadores do que aqueles relacionados exclusivamente a finanças, pelo menos no que tange ao pontapé inicial. Conforme vimos, não faz sentido projetar o retorno sobre o investimento quando ainda sequer sabemos qual gatilho desejamos utilizar ou que clientes queremos servir. Oferecer excesso de conteúdo e ferramental desequilibraria a balança efeitos colaterais-benefícios (na casa da Validation Rocket o espeto não é de pau). Em outras palavras, não adianta apresentar coisas que não serão úteis e relevantes para você nesse momento. Seria uma completa perda de tempo e acrescentaria mais complexidade à toa, prejudicando sua jornada rumo ao sucesso e ao empreendedorismo de alta performance. Gosto da analogia com bebês aprendendo a andar. Faz sentido dar uma Ferrari para ajudá-los nessa empreitada? Tudo no seu devido momento para melhor aproveitamento.

Estimando o investimento do ciclo

Reta final do planejamento. Diferentemente da PEÇA SAÍDAS no FOGUETE, em que a orientação é *qualificar* as saídas financeiras, ou seja, identificar as principais linhas de desembolsos para o projeto como um todo, aqui no investimento a regra é outra. A essa altura, você já afunilou o escopo, saindo da macrovisão do modelo de negócios no FOGUETE, para um plano inteligente de validação, e está prestes a botar para quebrar e, óbvio, não quer bem agora ser pego de surpresa por imprevistos previsíveis e detonar sua performance, não é mesmo? Portanto, chegou a hora de *quantificar* os investimentos. Você *estimará* o investimento (valor) necessário para executar cada uma das três subfases do plano de validação, item a item. No fim, basta somar o subtotal de cada subfase para chegar ao valor total do investimento (desembolso) naquele ciclo.

O ponto de partida para a quantificação do investimento para o ciclo são as atividades do cronograma de validação, os recursos mapeados e os parceiros identificados. Você os lerá utilizando lentes financeiras nesse momento. Ao encontrar uma atividade, recurso ou parceiro que demande investimento, pare e estime sua quantidade e/ou valor. Por exemplo, o confeiteiro utilizará farinha e ovos no bolo. Mas quantos quilos de farinha? Quantos ovos? Com a quantidade definida, calcularemos o investimento. Não é, e não deveria ser, um exercício complexo, mesmo para quem não está acostumado. A parte mais truncada desse trabalho é quando o valor não é facilmente encontrado, pois não é tabelado ou preestabelecido, nos forçando a fazer consultas e mais consultas para obter orçamentos e, então, acrescentar na estimativa de investimento para o ciclo de validação. Acontece muito na prestação de serviços, como na contratação de programadores ou agências de marketing digital, em que cada um pratica o valor que bem entender. Mas acontece também para aquisição de produtos, equipamentos ou softwares.

Ao final desse último passo, o resultado esperado é uma previsão do investimento (dinheiro ou quantia) para executar o ciclo de validação. Não é esperado, no entanto, que haja uma precisão milimétrica, principalmente nas primeiras rodadas. Lembre-se de que é um processo de aprendizado e melhoria contínua. Com disciplina e dedicação as previsões serão melhores e as margens de erro (diferença entre o investimento previsto versus o investimento realizado) menores em cada novo ciclo.

Receita de bolo versus projeto de startup

Fazer um bolo pela primeira vez não é tão simples quanto parece. Não estou falando daqueles bolos de saquinho, com massa pré-pronta. Estou falando de bolo de verdade. As primeiras tentativas geralmente resultam em qualquer coisa menos um bolo, mesmo seguindo exatamente o que está na receita, comprando os ingredientes certos, nas quantidades indicadas, e executando atividade por atividade, etapa por etapa. Depois de muito treino, frustrações e desperdícios, os resultados melhoram. Aquela história que diz "é errando que se aprende" é bem verdade. É um ciclo de melhoria contínua, de aprendizado constante e de crescimento acelerado.

Acredite, em desenvolvimento de startups, de novos negócios, novos produtos e serviços, é a mesma lógica. Não é mera coincidência que a Validation Rocket seja cíclica. No começo, o PLANO DE VOO (projeção) do seu projeto será distante do voo (realidade), ainda que planejemos com o maior cuidado do mundo. Isso acontece porque na primeira rodada ainda desconhecemos o terreno e tudo ainda é incerto, não temos muita clareza do que nos espera, apesar de acharmos que sabemos tudo. Faz parte do processo de crescimento e aprendizado. Em cada novo ciclo, aproximaremos a teoria da prática, o plano da realidade, pois ficaremos cada vez mais familiarizados com o caminho, e focando energias em refinar o planejamento com as novas constatações extraídas em cada ciclo, e executando com mais agilidade e efetividade, pois estamos mais confiantes. Em pouco tempo, e poucos ciclos, empreendedores de verdade se tornam grandes mestres em planejamento e execução.

Agora é a sua vez!
Missão: Construir o PLANO DE VOO

Essa é a hora de retomar para o início da FASE 2 — PLANO DE VOO e reler o conteúdo, só que desta vez colocando a mão na massa conforme desdobra a leitura. Aproveite para reler suas anotações e lembretes.

3, 2, 1...

"Só tem sucesso quem se dispõe a pagar o preço de transformar seu sonho em realidade."

Silvio Santos

Parte 4

Não custa repetir. Planejamento sem execução de nada serve quando o assunto é empreender em alta performance, desenvolver soluções efetivas, conquistar uma base de clientes fiéis e viver uma vida equilibrada e gratificante. Em outras palavras, modelar um negócio no FOGUETE, vasculhá-lo cuidadosamente à procura da HIPÓTESE DA MORTE e, então, estruturar um PLANO DE VOO (plano de validação) para responder à PERGUNTA DA MORTE e... parar por aí, engavetar o projeto, sem executar o plano seria o maior desperdício de tempo que alguém poderia ter. E aí você pode estar pensando: "Que tipo de pessoa chegaria até aqui e pararia, largando tudo pela metade, sem executar nadinha do que foi planejado?" Pois bem. Eu digo. Por incrível que pareça, a maioria, e eu digo, mais de 85% de todos que concluem a estruturação do PLANO DE VOO acaba desistindo exatamente nesse momento de transição da teoria para a prática. Por qual razão? São diversas as razões, sendo a principal delas resumida à palavra "medo". Medo de quê? Medo do novo, do desconhecido, da rejeição, da opinião alheia, de falhar e, então, ser tido como fracassado, de não ser capaz ou competente para executar o plano, de não ser bom o suficiente para oferecer algo para a potencial clientela, de sair da zona de conforto. Medo, medo, medo.

Não entenda minha observação como uma crítica. Pelo contrário. Minha observação, na verdade, é um sinal de alerta e um pedido para que você não permita que o medo tome o controle da sua vida e faça você de refém. Refém de uma vida mediana ou medíocre, sem conquistas relevantes, sem saltos extraordinários, sem sonhos sendo vividos de corpo, alma e coração. Refém dos paradigmas sociais e padrões impostos por sabe-se lá quem. Refém do que os outros acham ou deixam de achar. Refém de si próprio e sujeito a deixar a vida te levar e, então, ser engolido pela maré. Resumindo: uma vida negativa, repleta de reclamações e frustrações. O que posso dizer a você é que tem duas coisas que aprendi: (1) o não a gente já tem como resposta desde que nascemos, então o que vier além disso é lucro; (2) se você não fizer, ninguém fará por você. Pode ter certeza disso.

Por isso, minha cara leitora e meu caro leitor, se você comprou este livro e está lendo estas palavras que escrevi é porque já passou da fase mais crítica da seleção natural do empreendedorismo. São poucos os que chegam até aqui, e desistir a essa altura não me parece ser coerente considerando o tremendo avanço e todo o sacrifício, empenho e suor derramados para transformar seu sonho em realidade. Foram páginas e mais páginas, fora o esforço e energia na modelagem e planejamento das atividades para validação da HIPÓTESE DA MORTE. O medo que aflige os desprevenidos e despreparados, no seu caso e neste momento, não passará de um friozinho na barriga. Sabe por quê? Porque você está mais do que preparado(a) para alçar voo, ou seja, dar, finalmente, vida ao seu projeto e poder afirmar com todas as letras que agora, sim, empreende de verdade e não só de mentirinha, no papel.

Então, o que está faltando, uma vez que o passo a passo, ou seja, o PLANO DE VOO você já tem em mãos? EXECUTÁ-LO, ATIVIDADE POR ATIVIDADE! Para isso, foram criados o ESTÁGIO 6 – CONSTRUIR e o ESTÁGIO 7 – LANÇAR.

Capítulo 10

Planos são apenas boas intenções ao menos que sejam imediatamente desdobrados em trabalho duro.
Peter Drucker

ESTÁGIO 6 – CONSTRUIR

A execução do PLANO DE VOO não acontece de qualquer jeito. Nem faria sentido ser diferente, concorda? Até agora tudo foi organizado e colocado no seu devido lugar. Não seria bem na execução que a coisa degringolaria. Há uma ordem a ser seguida, respeitando os prazos e datas considerados no PLANO DE VOO.

Como vimos, o PLANO DE VOO estruturado na Fase 2 do PROPULSOR é dividido em três subfases:

- SUBFASE 1 – CONSTRUÇÃO.
- SUBFASE 2 – SENSIBILIZAÇÃO.
- SUBFASE 3 – ENTREGA E INTERAÇÃO.

Aqui, no ESTÁGIO 6 – CONSTRUIR, seus esforços serão concentrados na execução das atividades planejadas na **SUBFASE 1 – CONSTRUÇÃO**, ou seja, construir, desenvolver, elaborar ou criar o método de validação escolhido para responder à PERGUNTA DA MORTE daquele ciclo. Ponto.

Não tem segredos ou pegadinhas. Tudo que foi planejado na SUBFASE 1 do PROPULSOR deverá ser colocado em prática no Estágio 6, atividade por atividade, até chegar à última, utilizando os recursos dimensionados e articulando com os parceiros mapeados para dar vida, corpo e alma para seu projeto por meio da materialização do método. *Note, no entanto, que apesar de ganhar vida no ESTÁGIO 6 – CONSTRUIR, o método ainda não tocará o mundo externo. A sensibilização do público-alvo e lançamento definitivo são escopo do ESTÁGIO 7 – LANÇAR.*

Sim. A explicação do Estágio 6 é enxuta para compensar o fato de que é o momento mais delicado e que demanda maior concentração e cuidado do time. O sucesso do ciclo como um todo e a viabilidade do estágio seguinte, o ESTÁGIO 7 – LANÇAR, dependem do método estar prontinho para que os alvos comecem a interagir e produzir os dados e informações que você usará para concluir (no ESTÁGIO 8 – AVALIAR) qual foi a resposta da PERGUNTA DA MORTE. Sem método, sem interação. Sem interação, sem dados e informações e, portanto, sem resposta. Sem resposta, sem validação. Sem validação, fracassos, frustrações e arrependimentos garantidos.

O recado é direto e reto: foco e disciplina para executar o PLANO DE VOO, especialmente a SUBFASE 1 – CONSTRUÇÃO.

Capítulo 11

Todo mundo nasce empreendedor. Alguns têm a chance de libertar esse potencial. Outros nunca terão essa chance ou nunca souberam que tinham essa capacidade.
Muhammad Yunus

ESTÁGIO 7 – LANÇAR

Da mesma maneira que um plano perfeito sem execução não serve para coisa alguma, um método pronto, mas encaixotado e que ninguém sabe da existência também não. Portanto, no **ESTÁGIO 7 – LANÇAR** você chamará a atenção e "convidará" o público-alvo para interagir com o método, orientando-se pela **SUBFASE 2 – SENSIBILIZAÇÃO** e pela **SUBFASE 3 – ENTREGA E INTERAÇÃO** do PLANO DE VOO, não se esquecendo da Data Limite, que representa o término "oficial" da interação do alvo com o método e, portanto, o fim desse estágio.

O Estágio 7 é o derradeiro momento no Ciclo Validation Rocket em que o método/projeto/empreendimento proposto no modelo de negócios tateia o mercado em busca de sinais que ajudem na (in)validação da HIPÓTESE DA MORTE. O Estágio 7 é definitivamente o ponto de contato do seu projeto e do seu time com o mundo exterior. Até aqui, as percepções e impressões pessoais predominaram no modelo de negócios, mesmo com o método prontinho para testes. Ou seja, as discussões estavam confinadas com os membros do projeto e geralmente envolveu-se poucas pessoas externas. Normal. A partir de agora, e daqui em diante, sua proposta de negócios será posta à prova e receberá uma enxurrada de avaliações (críticas e sugestões) de futuros clientes e outras partes interessadas. Enquanto no ESTÁ-

GIO 3 – DESAFIAR promoveu-se o debate interno sobre o modelo, no ESTÁGIO 7 – LANÇAR o modelo e o projeto são analisados por indivíduos não pertencentes ao projeto por meio do método.

O lançamento do foguete (método) é um marco importantíssimo na sua caminhada, e ficará marcado para sempre na sua história, independentemente dos resultados que serão gerados. Você ganhará uma confiança que jamais imaginou existir dentro de si e canalizará ainda melhor sua energia para desenvolvimento de um negócio de extremo sucesso. Lançar um foguete é um tremendo passo na sua jornada empreendedora, visto que a maioria dos aspirantes jamais chega neste estágio. Por isso, o lançamento do método não deve ser caótico ou ficar à mercê das intempéries. Seu experimento será disponibilizado de modo estruturado, para um grupo controlado de pessoas, e por meio de canais previamente selecionados. Você será capaz de acompanhar a evolução do validador (critério mínimo de sucesso), respeitando, sempre, a data limite definida. Seja um produto físico, um aplicativo de celular, uma plataforma online, uma prestação de serviço ou uma experiência, a Validation Rocket transformará o lançamento do método em um momento rico e prazeroso. Porém, não confunda prazeroso com fácil ou com a hora de afrouxar as rédeas. É sempre bom reforçar que testar o método em campo é de longe o estágio mais desafiador de todos no Ciclo Validation Rocket.

O nível de atenção deve ser máximo e os olhares do time devem estar atentos ao desempenho da sensibilização dos alvos e da interação deles com o método. Qualquer bobeada no ESTÁGIO 7 – LANÇAR pode deixar escapar uma informação ou uma constatação crucial para responder à PERGUNTA DA MORTE, ou, ainda, uma oportunidade para realizar pequenos ajustes no PLANO DE VOO durante o voo para melhorar a performance do ciclo. Por exemplo, ao longo da execução da estratégia de sensibilização adotada na Subfase 2 do PLANO DE VOO o time pode identificar que há poucos alvos chegando até o método, o que exigirá não uma parada completa do ciclo, mas sim uma mudança rápida de abordagem e, às vezes, até no canal, na tentativa de atrair mais alvos. Também já presenciei mais de uma vez revisões no PLANO DE VOO com o FOGUETE no ar que vieram da observação da interação dos alvos com o método. O método inicialmente planejado apresentava problemas funcionais graves que prejudicavam a usabilidade dos alvos. Por estar acompanhando bem de perto, o time agiu com agilidade, interrompeu momentaneamente o ciclo, remodelou o método e colocou o foguete de volta no ar, com a estratégia de sensibilização. Isso pode acontecer e é bastante natural que aconteça.

Não há dúvidas de que essa etapa é a mais gostosa, aquela em que todo seu imenso esforço gerou um método, que agora, finalmente, atinge o público de fora e você começará a vivenciar a reação e comportamento de quem nunca ouviu falar do seu projeto. Ao mesmo tempo, ela é repleta de tensões e novas sensações, e exigirá muito da sua inteligência emocional. Se poucos empreendedores conseguem construir e lançar o primeiro método para seus projetos, um número menor ainda está psicologicamente preparado para receber avaliações, escutar ativamente críticas e sugestões, e sobretudo, absorver, processar e transformar essas diferentes perspectivas em oportunidades de crescimento, melhorias e, por que não, reconstrução do modelo de negócios ou da proposta de solução. Sua reação aos sinais e informações vindas do mercado tem impacto direto na performance geral do projeto e na sua produtividade. É impossível atingir níveis elevados de performance para construir um projeto de sucesso se isolando em uma redoma de ilusões.

Capítulo 12

Houston... we've had a problem here*

Você tem que praticar a improvisação. Não deixe as pessoas te enganarem dizendo o contrário.
Art Tatum

Não aconteceu só com a Apolo 13. O fato é que nem sempre o voo sai exatamente conforme planejado. E a reação e a velocidade de resposta do time diante dessas adversidades define o sucesso ou fracasso do ciclo.

Percalços acontecem em qualquer projeto, e não espere não enfrentar algum tipo de dificuldade na execução do PLANO DE VOO, principalmente durante os dois ou três primeiros ciclos, quando ainda estará aprendendo os macetes da Validation Rocket e conhecendo em profundidade o próprio projeto e como melhor planejá-lo e executá-lo. Por mais que tentemos afastar os imprevistos previsíveis, sempre surgirão entraves e situações impossíveis de serem antecipados. Quando qualquer tipo de imprevisto aparecer, o segredo é manter a calma e avaliar cuidadosamente a situação e as possíveis causas, com o intuito de evitar sua ocorrência em ciclos

---

* Houston... nós temos um problema.

futuros. Enfatizo que não estamos procurando pessoas para apontar o dedo na cara e chamar de culpado. A ideia primordial é diagnosticar a causa raiz (ou as causas raízes) e reduzir ao máximo a chance de que aconteça novamente.

Eventualmente, haverá atrasos na Data Limite ou alterações no PLANO DE VOO por conta desses imprevistos. Não se irrite, não se frustre, e não desista. Reveja e, se necessário e se possível, dentro do escopo de validação, ajuste o PLANO DE VOO com o FOGUETE ainda no ar, "em rota". Não se esqueça de revisitar as 3 Subfases da Fase 2 — PLANO DE VOO. Em algumas situações mais extremas será necessário abortar o ciclo durante o Estágio 6 ou Estágio 7, e seguir para o ESTÁGIO 8 — AVALIAR para realizar uma avaliação minuciosa, entender as razões que levaram à interrupção e registrar as conclusões tintim por tintim. Feito isso, o ESTÁGIO 9 — REVISAR entra em cena e propele o início de um novo ciclo.

Empreender em alta performance requer paciência, e acima de tudo inteligência para extrair ensinamentos de cada mínima situação e tornar a fazer com mais sabedoria e acurácia. Não é à toa que a Validation Rocket é cíclica, pois é assim que seres humanos e organizações crescem, aprendem e evoluem. E aqueles e aquelas que dominam a arte se diferenciam da grande massa e passam a ocupar lugar cativo no mundo.

Torre, Câmbio, Permissão para Aterrissar?

"Na adversidade, uns desistem, enquanto outros batem recordes."

Ayrton Senna

Parte 5

Estamos próximos ao final do Ciclo Validation Rocket. Faltam apenas o ESTÁGIO 8 – AVALIAR e o ESTÁGIO 9 – REVISAR. Com o término do ESTÁGIO 7 – LANÇAR, um estágio que apesar de prazeroso e divertido naturalmente consome uma quantidade absurda de energia do time ao ponto de levá-lo ao completo esgotamento, a tendência é recostar na cadeira e... perder o foco e a concentração, retardando o início da avaliação de tudo que foi produzido durante a interação dos alvos com o método daquele ciclo. Não podemos tirar o pé do acelerador bem nesse momento. Essa é a hora do sprint final, de manter a cadência e o ritmo de conquistas e evolução. Esteja preparado porque essa reta final exigirá a mesma concentração e o mesmo foco que o time dedicou nos estágios anteriores, só que destinados a compilar os dados e informações brutos, e a desvendar e traduzir os insights, percepções e observações, consolidando-os em conhecimento e aprendizado para responder com assertividade à PERGUNTA DA MORTE e afirmar se a HIPÓTESE DA MORTE foi validada ou invalidada, e, a partir daí, abrir caminho para o começo de um novo ciclo, desta vez num patamar mais alto de maturidade e entendimento do contexto, do mercado, dos clientes e, por que não, de si próprio como empreendedor ou empreendedora de alta performance.

O ESTÁGIO 8 – AVALIAR é o fechamento de um longo ciclo de descobertas e de muita, muita, muita transpiração. É nele que o time determinará o caminho que o próximo ciclo deverá tomar, pelo sim ou pelo não, ou seja, pela validação ou invalidação da HIPÓTESE DA MORTE. Se o ESTÁGIO 7 – LANÇAR é desafiador porque requer monitoramento em tempo real e atenção máxima para captar os mínimos sinais da interação e da sensibilização, bem como as oportunidades de corrigir a rota com o FOGUETE no ar, o ESTÁGIO 8 – AVALIAR, por sua vez, é desafiador porque coloca o time em xeque ao confrontar achismos e opiniões ensimesmadas com a realidade do mercado. Por isso, avalie com cuidado cada peça do quebra-cabeça e tome a decisão baseada nos dados e fatos apurados, deixando de lado o ego, a vaidade e a convicção de estar sempre certo. Nada é tão certo quanto o comportamento do cliente-alvo diante do método. Se precisar optar, opte pelo que os resultados da interação apontam, e não pelo seu eu interior no sentido de provar que está certo ou que sua opinião prevaleceu! Humildade, resiliência e flexibilidade são o segredo para extrair o máximo do Estágio 8 e fechar o ciclo atual com chave de ouro, criando a base perfeita para o início do próximo ciclo, o ESTÁGIO 9 – REVISAR.

Vejamos com mais detalhes.

Capítulo 13

Aprender é a única coisa da qual a mente nunca se cansa, nunca tem medo e nunca se arrepende.
Leonardo da Vinci

ESTÁGIO 8 – AVALIAR

O método colocado na mão de futuros clientes (alvos do ciclo) e outras possíveis partes interessadas causará impressões e percepções, produzirá dados, insights e informações, e criará um ambiente para leitura de comportamentos e reações, com a finalidade de responder à PERGUNTA DA MORTE e, evidentemente, validar (ou invalidar) a HIPÓTESE DA MORTE. No ESTÁGIO 8 — AVALIAR, você e seu time estarão exclusivamente dedicados à consolidação da avalanche de novidades, surpresas e descobertas proporcionadas pelo método de validação.

Tão importante quanto pôr à prova o método e monitorar de perto o comportamento dos testes (ESTÁGIO 7 — LANÇAR), é avaliar tudo que foi gerado a partir das interações dos alvos. Em cada Ciclo Validation Rocket, o time empenhará boa parcela do tempo total do ciclo na compilação e interpretação dos sinais e resultados obtidos (a quantidade de tempo varia de caso para caso, de método para método, de PERGUNTA DA MORTE para a PERGUNTA DA MORTE). Você batalhará para evitar parcialidades, subjetividades ou tentativas de defesa de seus próprios argumentos em prol de algo maior, mais importante e infinitamente mais valioso: a realidade (verdade) do mercado. Não há tempo para soberba, vaidades ou brigas de ego. O time precisa estar concentrado em observar qualquer mínimo sinal na identificação da resposta à PERGUNTA DA MORTE, e não para justificar opiniões individuais ou achismos sem base nem fundamento. O propósito maior é colocar o projeto de pé, e não enaltecer pontos de vista individuais, ou alimentar vaidades, ou inflar egos dos ensimesmados e ensimesmadas espalhados por aí.

A avaliação dos resultados é o momento específico na Validation Rocket em que se coloca na mesa precisamente tudo que foi gerado pelo método naquele ciclo, para que todos os envolvidos estejam na mesma página e possam, juntos, aprender e construir o conhecimento necessário para levar o projeto adiante. É interessante adotar uma postura investigativa para buscar fatos na realidade e, não necessariamente, para validar a HIPÓTESE DA MORTE, como venho fazendo questão de reforçar incansavelmente. O que se espera no ESTÁGIO 8 — AVALIAR é produzir o conhecimento para responder à PERGUNTA DA MORTE e, acima de tudo, determinar se a HIPÓTESE DA MORTE foi validada ou não, baseando-se em dados e fatos! Repito. Dados e fatos, e não achismos e opiniões egocêntricas. *Mas é uma avaliação livre? Há algum direcionamento para nos ajudar nesse momento tão crítico que é avaliar os resultados do ciclo?*

Vale reforçar que as bases da avaliação do Estágio 8 não são aleatórias e você não caminhará a esmo aqui, tentando identificar qual rota tomar. Isso significa que há uma referência sólida para nortear seus esforços de compilação, análise e determinação do próximo passo que será dado no projeto. Talvez ainda não tenha percebido, mas você mesmo já começou a preparar os fundamentos para suportar o ESTÁGIO 8 — AVALIAR lá atrás, no PROPULSOR. A avaliação de cada Ciclo Validation Rocket é norteada pela(s) MÉTRICA(S) e pelo(s) VALIDADOR(ES), ambos definidos APÓS a escolha do MÉTODO de avaliação. Como vimos, a MÉTRICA estabelece *o que* precisa ser medido para avaliar a performance do ciclo, enquanto o VALIDADOR representa o *critério mínimo de sucesso*, ou seja, o valor minimamente confortável a partir do qual pode-se responder à PERGUNTA DA MORTE e, então, concluir se a HIPÓTESE DA MORTE está ou não está validada.

No fim do dia, portanto, seus esforços no ESTÁGIO 8 — AVALIAR culminarão num determinado resultado que, por sua vez, deverá ser comparado com o VALIDADOR definido no PROPULSOR (algo como *planejado versus realizado*). É com base nessa comparação que você será capaz de responder à PERGUNTA DA MORTE e afirmar se a HIPÓTESE DA MORTE está validada ou não.

Praticamente falando, chegar ao final do ESTÁGIO 8 — AVALIAR significa chegar ao final de um Ciclo Validation Rocket. Acredite. Não é para qualquer um caminhar até o Estágio 8. Há muita força de vontade, resiliência e perseverança envolvidas ao longo da jornada para chegar até esse estágio do Ciclo Validation Rocket. São dias, semanas, ou até meses para avançar até o momento da avaliação dos dados, informações, percepções e insights gerados a partir da interação alvo-método, além de muitos nãos, portas na cara e repetidas frustrações. Considere-se fora da curva se chegou até aqui cumprindo rigorosamente cada recomendação proposta em tantas e tantas páginas, e prepare-se para uma ascendente sem fim na sua performance como empreendedor ou empreendedora (principalmente se você estiver terminando seus primeiros dois ou três Ciclos Validation Rocket).

Então quer dizer que finalmente acabou? Bem. Sim e... não. Acabou o ciclo em questão, não sua jornada ou a jornada do seu empreendimento. Como você já deve estar imaginando, há muito o que ser construído e validado pela frente ainda, começando pelo ESTÁGIO 9 — REVISAR.

Capítulo 14

Conhecimento não é poderoso até que seja aplicado.
Dale Carnegie

ESTÁGIO 9 – REVISAR

Rápida retrospectiva. Até aqui você aqueceu os motores, resgatando a motivação que deu origem ao projeto, relembrando as realizações e conquistas obtidas até então, e formulando a visão de futuro para o empreendimento (ESTÁGIO 1 – ALINHAR). A iniciativa foi (re)estruturada no formato de um novo modelo de negócios (ESTÁGIO 2 – MODELAR), e então você foi desafiado a identificar (ESTÁGIO 3 – DESAFIAR) as hipóteses no seu próprio modelo e identificar a HIPÓTESE DA MORTE (ESTÁGIO 4 – PRIORIZAR). Daí partimos para o planejamento (ESTÁGIO 5 – PLANEJAR), construção (ESTÁGIO 6 – CONSTRUIR) e testes (ESTÁGIO 7 – LANÇAR) do método para validar a HIPÓTESE DA MORTE. Os resultados da interação do método com futuros clientes foram então avaliados (ESTÁGIO 8 – AVALIAR) para produzir o conhecimento e o aprendizado buscados naquele ciclo específico e responder à PERGUNTA DA MORTE. Mas, e agora, o que fazer com isso? Agora é a hora do ESTÁGIO 9 – REVISAR, último estágio do Ciclo Validation Rocket.

O ESTÁGIO 9 – REVISAR marca o começo de um novo ciclo. Independente da validação ou invalidação da HIPÓTESE DA MORTE, você revisitará os quatro primeiros estágios do Ciclo Validation Rocket, começando pelas informações registradas lá no ESTÁGIO 1 – ALINHAR. Há, evidentemente, diferenças entre abrir um novo ciclo partindo de uma HIPÓTESE DA MORTE **validada** e de uma HIPÓTESE DA MORTE **invalidada**.

HIPÓTESE DA MORTE VALIDADA

Sem sombra de dúvidas o cenário mais agradável acontece quando a HIPÓTESE DA MORTE é validada, e, diante dessa constatação, deve-se checar rapidamente as informações inseridas no ESTÁGIO 1 — ALINHAR (Motivação, Realizações & Conquistas, e Visão). Certamente haverá breves atualizações a serem feitas em decorrência da comprovação da até então HIPÓTESE DA MORTE, pois o fato em si já representa uma conquista significativa e relevante na caminhada do projeto. Caso algum outro item mereça atenção, atualize-o prontamente. Não deixe de registrar nadinha na CAIXA-PRETA do seu empreendimento. Lembre-se da importância da gestão do conhecimento para o sucesso do empreendimento.

Terminada a revisão do que foi colocado lá atrás no Estágio 1, atividade que não deveria demorar muito tempo, é hora de retornar ao FOGUETE (ESTÁGIO 2 — MODELAR) para revisitar cada peça, **sem exceção**, e remover ou adicionar novas afirmações de acordo com os aprendizados extraídos do(s) ciclo(s) anterior(es) (se você já estiver praticando, isso significa reler cada nota adesiva, e acrescentar novas ou remover antigas conforme esse novo patamar de maturidade e conhecimento). Dificilmente o FOGUETE permanecerá igualzinho ao do ciclo anterior por conta do ar fresquinho trazido pelo contato com o mercado consumidor. Há sempre novas descobertas em cada novo ponto de interação método-alvo (lançamento de foguete) que nada mais são do que incríveis oportunidades de crescermos e evoluirmos nossos projetos. Consequência?

Como provavelmente houve revisão e atualizações nos componentes do FOGUETE (e não é "normal" que não haja... talvez tenhamos aí um forte indício de Transe da Idealização), as chances são grandes de terem ocorrido alterações nas hipóteses do modelo de negócios, certo? Por essa razão, terminada a revisão do FOGUETE deve-se seguir para o ESTÁGIO 3 — DESAFIAR, no qual procede-se com a revisão do MAPA DE HIPÓTESES, e, eventualmente, a eliminação e/ou inclusão de novas hipóteses. Consequentemente, não há como fugir de uma nova rodada de priorização para a identificação da nova HIPÓTESE DA MORTE (ESTÁGIO 4 — PRIORIZAR). Sim, isso mesmo. A nova HIPÓTESE DA MORTE! Você não acredita que sua solução será eterna e definitiva, acredita? Independente do estágio do seu empreendimento, haverá sempre uma HIPÓTESE DA MORTE para ser testada!

Então quer dizer que o Estágio 9 é composto dos Estágios 1, 2, 3 e 4? Sim. Na prática, a diferença entre os Estágios 1, 2, 3 e 4 do primeiro ciclo e o ESTÁGIO 9 — REVISAR (que nada mais é do que os mesmos Estágios 1, 2, 3 e 4 só que num momento diferente da jornada do projeto) para times que acabaram de validar a HIPÓTESE DA MORTE é que o Estágio 9 não parte do zero, do nada, ou seja, de um FOGUETE em branco, novinho em folha. No Estágio 9, estamos utilizando uma base pré-construída, ou seja, um FOGUETE repleto de afirmações, que requer atualização conforme aprendizados e ensinamentos gerados a partir da interação do método com o mundo externo. Por isso, a tendência é que os ciclos subsequentes sejam mais rápidos (e possivelmente mais efetivos) nos casos em que a HIPÓTESE DA MORTE é validada.

Outra pergunta que recebo com frequência é: *"Por que não pular diretamente para o ESTÁGIO 4 — PRIORIZAR e vasculhar o MAPA DE HIPÓTESES em vez de rever o modelo de negócios?"* A resposta é simples. Porque o contato com os futuros clientes e a realidade de mercado não somente alimenta o projeto com novo conhecimento e descobertas surpreendentes, mas também é um poderoso instrumento para insights e inovação, que podem significar o sucesso (ou fracasso) do empreendimento, e, por isso, precisam ser absorvidos pelo modelo de negócios, mesmo que isso implique em alterá-lo parcialmente ou reconstruí-lo das cinzas, como acontece com os casos em que a HIPÓTESE DA MORTE é INVALIDADA.

HIPÓTESE DA MORTE INVALIDADA

Muitos empreendedores de primeira viagem se desesperam quando invalidam a HIPÓTESE DA MORTE. Não há nada a temer. Sobriedade e calma nessa hora. Uma HIPÓTESE DA MORTE invalidada não deveria ter força

Quem nunca cometeu um erro, nunca tentou algo novo.
Albert Einstein

o suficiente para arrancar de você o sonho e o direito de empreender e abrir um negócio próprio. Muito pelo contrário. Vários são os exemplos de empreendedores e inovadores corporativos que deram a volta por cima depois de solavancos desconcertantes que fariam o cidadão comum jogar a toalha e voltar para uma vida repleta de frustrações. Além de uma automotivação única e peculiar, esses exemplos que reverterem o jogo depois de fracassos e mais fracassos apresentam duas características em comum, louváveis e, ao mesmo tempo, raríssimas: ter humildade para assumir os próprios erros e reconhecer que errar é humano (e persistir no erro é burrice), e a capacidade de aprender com os próprios erros e com os erros alheios, ou seja, tirar ensinamentos a partir da experiência e vivência acumulados. É por isso que a recomendação para os times que acabaram de invalidar suas respectivas Hipóteses da Morte é **não desistir** e seguir para o ESTÁGIO 9 — REVISAR, revisitando o projeto desde o princípio. Há oportunidades quase milagrosas escondidas nas entrelinhas, tanto na recauchutagem do projeto, como no início de um novo FOGUETE (modelo de negócios).

São pouquíssimos os que chegam até aqui. A maioria simplesmente desiste ao longo do caminho, e nem sequer chega próximo de desenvolver um único método de validação, que dirá disponibilizá-lo para interação. Portanto, considere-se um vitorioso ou uma vitoriosa por ter realizado muito mais do que a média medíocre é capaz. Veja o avanço que você obteve. Orgulhe-se das conquistas e dos marcos empreendedores estabelecidos rumo ao empreendedorismo de alta performance e à decolagem de negócios de sucesso. Ao contrário do que muitas culturas ao redor do globo pregam, falhar não é demérito ou motivo de constrangimento. Falhar é mérito de quem tenta, de quem dá a cara a tapa e não se importa nem um pouco com o que os invejosos acham ou deixam de achar. Opiniões que importam são as dos clientes e partes interessadas que nos querem bem. O restante, dane-se! Quem não tenta, não sente o gostinho das realizações e da materialização do sonho, mesmo que o resultado do ciclo tenha jogado um balde de água fria com muito gelo ao sinalizar para uma direção diferente das suas expectativas lá atrás antes do ESTÁGIO 1 — ALINHAR, quando tudo ainda era só uma ideia.

Reerguer-se é questão de força de vontade mais do que qualquer outra coisa. E você já tem tudo na mão para isso, porque já tateou o mercado. Existe um potencial enorme para grandes descobertas na avaliação dos resultados de cada método. O contato com os alvos é um campo fértil, e se cultivado com cuidado e carinho, pode dar frutos surpreendentes, mesmo que diferentes daqueles idealizados inicialmente. Manter a mente permeável para novas oportunidades será decisivo na sua jornada empreendedora.

Por mais que as grandes empresas por aí sejam criticadas, com alegações de que são transatlânticos lentos e que precisam exercer um esforço hercúleo para mudarem de direção, dois dos maiores exemplos de projetos que conseguiram dar a volta por cima apesar da invalidação da HIPÓTESE DA MORTE vieram da P&G, com as histórias da criação do Febreze, e da saga da Pampers para se estabelecer na China. Ambas começaram supondo que a HIPÓTESE DA MORTE estava na PEÇA ENTRADAS e deram com os burros n'água mesmo investindo pesadamente nos projetos. A Pampers conseguiu ir mais longe e falhou mais uma vez ao acreditar que o projeto falhara não pelo preço, mas sim pelo produto em si, cuja primeira versão era de qualidade inferior. Quando as duas marcas compreenderam que a HIPÓTESE DA MORTE estava, na verdade, na PEÇA GATILHO (Febreze "no segundo ciclo" e Pampers "no terceiro ciclo") elas destravaram mercados gigantescos, aproveitando para abocanhar boa parte deles. Tudo por conta da competência para aprender com as falhas, absorver as negativas, e aproveitar o rico contato com o mercado para se reerguer mais forte e mais bem preparados para encarar os desafios.

Conforme falei, desistir não é uma opção para empreendedores de verdade, muito embora sejamos colocamos à prova e falhemos com frequência maior do que gostaríamos. Muitos nomes da história passaram por isso, e alguns deles tive o prazer de citar neste livro. Relembremos três: Sir James Dyson, fundador da britânica Dyson, talvez seja o maior exemplo de perseverança compartilhado neste livro. Foram mais de 15 anos e mais de 5 mil protótipos para chegar na versão comercial do aspirador de pó que desbancou os concorrentes, e, então, viria a dar origem a uma das empresas mais respeitadas e conhecidas do Reino Unido; David McConnell também perseverou perante as duas primeiras falhas e, a partir da observação da reação da clientela ao seu segundo método de validação (que dera errado) encontrou a oportunidade para criar a americana Avon; e Elon Musk, se não fosse a sua persistência, após três sucessivas falhas, a SpaceX não teria feito história na indústria aeroespacial e rompido com as barreiras do impossível.

Como fica a CAIXA-PRETA no cenário de invalidação da HIPÓTESE DA MORTE

Mesmo que você opte por iniciar um outro projeto totalmente diferente do anterior devido à invalidação da HIPÓTESE DA MORTE não abandone a CAIXA-PRETA. Utilize a mesma CAIXA-PRETA do ciclo anterior para não perder o histórico. Há muito o que ser aprendido com esses registros, sem falar que lá na frente, quando você chegar ao sucesso, isso será uma recordação que servirá para manter seus pés no chão e lembrá-lo de que há muitos fracassos escondidos numa trajetória próspera.

Felizes Descobertas

Bem mais do que ser apenas mais uma ferramenta no arcabouço da inovação e empreendedorismo, a Validation Rocket nasceu para ser a parceira do dia a dia dos times e organizações de maneira definitiva. Quando o projeto que originou a Validation Rocket foi iniciado, em 2011, meu objetivo foi encontrar maneiras para que as pessoas pudessem destravar seus potenciais empreendedores, canalizando suas melhores competências na conquista de objetivos sólidos e sustentáveis.

A Validation Rocket foi concebida primeiramente para acelerar a criação de novos negócios, permitindo o monitoramento e controle dos níveis de risco e incerteza, e incutindo ao longo do processo uma série de mecanismos e elementos para estimular a criatividade, a inovação e a diferenciação, por meio da colaboração e cocriação com potenciais clientes e demais possíveis stakeholders.

Graças a um intenso e longo processo de coconstrução junto aos nossos parceiros e apoiadores (executivos, empreendedores, intraempreendedores, especialistas, facilitadores de aprendizagem, dentre tantos outros) a metodologia tem cumprido seu propósito e propiciado a construção de soluções e negócios inovadores.

Felizmente, desde 2014, quando a versão 1.0 foi introduzida no mercado, vimos a Validation Rocket ser uma ferramenta extremamente eficaz para solucionar muitas outras dores, bem além do que eu poderia ter sequer imaginado. Pela visão sistêmica da Validation Rocket, investidores-anjo e fundos de investimento encontraram uma aliada indispensável para avaliar startups em estágio inicial (*early stage startups*) e, com isso, obter maior assertividade nos investimentos. Até esse ponto, não há grandes surpresas, uma vez que ainda estamos falando de atores de um mesmo ecossistema, não é mesmo? E o que você diria se eu falasse que médias e grandes empresas também utilizam a Validation Rocket, tal como instituições de ensino superior e escolas de negócios?

A influência das escolas industriais, design ágil e projetos presentes na Validation Rocket abriram portas nas médias e grandes empresas para uma variedade grande de finalidades, dentre elas: (1) treinamento de equipes comerciais, marketing, vendas, inovação e operações, com o objetivo de aumentar a agilidade e reduzir o tempo de resposta às demandas internas e externas; (2) programas de Corporate Venture (Aceleração Corporativa), para aceleração da obtenção de resultados a partir da Inovação Aberta; (3) concepção, modelagem e prototipagem rápida de novos produtos e serviços, a fim de mitigar os riscos intrínsecos aos projetos de inovação, garantindo maior retorno sobre os investimentos; (4) transformação de líderes e talentos em intraempreendedores inovadores (formação de intraempreendedores).

Por outro lado, a Validation Rocket tem uma rica base conceitual proveniente da administração e gestão de negócios, perfazendo pré-requisito para ser lecionada em cursos de graduação e pós-graduação. Fui agraciado com diversos convites para lecionar sobre a Validation Rocket para alunos de graduação, de MBA e de cursos *in company*, e o intuito foi muito além de somente apresentar a metodologia e suas ferramentas. A grande missão tem sido capacitar os participantes — por meio de projetos de verdade — para que a disseminem como bem entendam e, assim, mais e mais pessoas possam viver uma vida repleta de realizações empreendedoras. E, para minha surpresa, não foi só isso. Participei ativamente e bem de perto da implementação da metodologia em algumas disciplinas acadêmicas, e foi realmente gratificante ver a transformação provocada no modelo mental dos alunos e professores no que tange ao desenvolvimento de projetos acadêmicos e à abordagem da inovação. Essa certamente foi a descoberta mais inesperada e surpreendente de todas até hoje, pois jamais imaginei que poderia contribuir efetivamente para o desenvolvimento de pessoas e, principalmente, que a Validation Rocket pudesse ser um veículo de ensino. E adivinha em qual vertente de negócio venho empreendendo esforços desde então?

Então quer dizer que ela funciona para qualquer coisa? A Validation Rocket não foi testada em muitas áreas (ainda). Por isso, seria leviano da minha parte dizer que a metodologia será efetiva para casos diferentes dos apresentados nos parágrafos anteriores. Mas uma vez que a Validation Rocket chegou até aqui tateando horizontes completamente inusitados e ainda assim se mostrou efetiva em muitos casos, fica o convite para você. Quem sabe você não descobre uma nova finalidade para a Validation Rocket? Sinta-se à vontade para compartilhar o caso conosco via www.validationrocket.com/livro, não importa o resultado obtido. Erros e acertos fazem parte da nossa jornada. Aprendemos com ambos.

Mensagem Final

Espero ter cumprido com a minha missão neste livro de fornecer TODO o conteúdo e ferramental necessários para você aplicar a Validation Rocket aos seus projetos empreendedores e de inovação, e muito, muito em breve começar a colher os frutos de empreender em alta performance. Não se esqueça de que nada em nossas vidas vem sem esforço, sem dedicação e muita ralação. Sorte é para amadores! Preparação e execução são a essência dos profissionais de verdade!

Quanto mais íntimo você se tornar da VR, mais rapidamente sua performance crescerá. De certa maneira, o primeiro ciclo cumpre função didática, para que você se familiarize com o processo e com as entregas construídas em cada etapa. Concentrando-se bem no primeiro ciclo, em pouco tempo você estará rodando o processo intuitivamente. Seus métodos serão idealizados, planejados, construídos e testados com mais efetividade e robustez, e trarão resultados mais certeiros, para que você tenha todos os insumos necessários com o objetivo de transformar seu modelo em um negócio de sucesso, a partir de feedbacks reais vindos de pessoas de verdade.

A VR foi — e continua sendo — coconstruída com base em inúmeros feedbacks de muitas pessoas, as quais, por sinal, tenho profunda gratidão e não canso de agradecer pela honra e a oportunidade que me concederam para apresentar este meu trabalho e de aprender com elas. Muito do que você leu nestas páginas só chegou até seus olhos porque houve sugestões, críticas e compartilhamento de casos de sucessos e de fracassos. Se não fosse isso, certamente a VR não conquistaria o espaço que vem conquistando nas mentes e nos corações de empreendedores e inovadores corporativos, e jamais teria sido testada e VALIDADA para diversos fins diferentes daqueles inicialmente previstos. Sendo assim, compartilhe comigo seus pontos de vista, seus exemplos, seus projetos e o que mais desejar via www.validationrocket.com/livro. Será um prazer enorme coconstruir o futuro da Validation Rocket com sua participação e ajudar ainda mais pessoas ao redor do mundo a empreenderem em alta performance. Quem sabe a próxima edição não venha trazendo o seu negócio para inspirar outros empreendedores. Seria (será) incrível!

CONHEÇA OUTROS LIVROS DA ALTA BOOKS

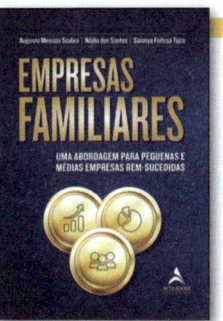

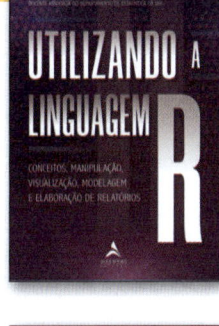

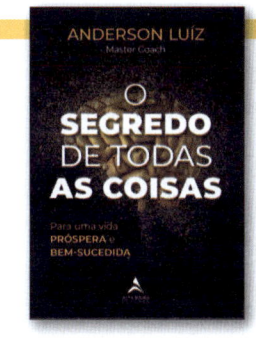

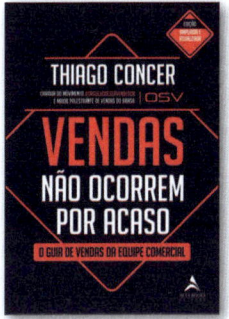

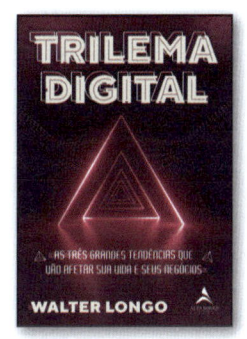

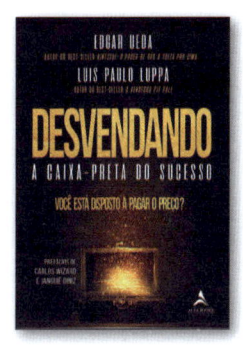

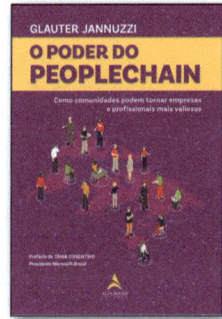

- **EMPRESAS FAMILIARES** — Uma abordagem para pequenas e médias empresas bem-sucedidas (Augusto Messias Scalco, Nádia dos Santos, Saonaya Feitosa Tairi)
- **Negociação Para Profissionais do Setor Público** — Técnicas de solução consensual com Governança Colaborativa em harmonia com Agenda 2030 da ONU (Yann Duzert, Frank Zerunyan, Márcia Moraes)
- **Economia da Felicidade** — Rumo a uma nova medição da prosperidade das nações (Carlos Alberto Ramos)
- **Utilizando a Linguagem R** — Conceitos, manipulação, visualização, modelagem e elaboração de relatórios (Luciane Ferreira Alcoforado)
- **O Segredo de Todas as Coisas** — Para uma vida próspera e bem-sucedida (Anderson Luiz, Master Coach)
- **Vendas Não Ocorrem Por Acaso** — O guia de vendas da equipe comercial (Thiago Concer / OSV)
- **Trilema Digital** — As três grandes tendências que vão afetar sua vida e seus negócios (Walter Longo)
- **Desvendando a Caixa-Preta do Sucesso** — Você está disposto a pagar o preço? (Edgar Ueda, Luis Paulo Luppa)
- **O Poder do Peoplechain** — Como comunidades podem tornar empresas e profissionais mais valiosos (Glauter Jannuzzi)
- **Jovens Promissores hoje, Profissionais de Sucesso amanhã** (Gutemberg B. de Macedo)

Todas as imagens são meramente ilustrativas.

CATEGORIAS

Negócios - Nacionais - Comunicação - Guias de Viagem
Interesse Geral - Informática - Idiomas

SEJA AUTOR DA ALTA BOOKS!

Envie a sua proposta para: autoria@altabooks.com.br

Visite também nosso site e nossas redes sociais para conhecer lançamentos e futuras publicações!

www.altabooks.com.br

ALTA BOOKS EDITORA

/altabooks · /altabooks · /alta_books

Este livro foi impresso nas oficinas gráficas da Editora Vozes Ltda.,
Rua Frei Luís, 100 – Petrópolis, RJ.